나는 어떤 리더인가

국립중앙도서관 출판시도서목록(CIP)

나는 어떤 리더인가 : 리더십이 강해지는 체크리스트 170 / 한근태 지음. -- 서울 : 올림, 2011
    p. ;   cm

ISBN 978-89-93027-25-9 03320 : ₩13000

리더십[leadership]

325.24-KDC5
658.4092-DDC21   CIP2011004673

나는 어떤 리더인가

초판 1쇄 발행_ 2011년 11월 15일

지은이_ 한근태
펴낸이_ 이성수
주간_ 박상두
편집_ 황영선, 이홍우, 박현지
디자인_ 이세영, 이희숙
마케팅_ 이현숙, 이경은
제작_ 박홍준
인쇄_ 천광인쇄

펴낸곳_ 올림
주소_ 서울시 종로구 신문로1가 163 광화문오피시아 1810호
등록_ 2000년 3월 30일 제300-2000-192호(구:제20-183호)
전화_ 02-720-3131
팩스_ 02-720-3191
이메일_ pom4u@naver.com
홈페이지_ www.ollim.com

ISBN 978-89-93027-25-9 03320

※ 이 책은 올림이 저작권자와의 계약에 따라 발행한 것이므로
　본사의 허락 없이는 어떠한 형태나 수단으로도 이 책의 내용을 이용하지 못합니다.

※ 잘못된 책은 구입하신 서점에서 바꿔드립니다.

책값은 뒤표지에 있습니다.

리더십이 강해지는 **체크리스트 170**

나는 어떤 리더인가

한근태 지음

머리말

지금은 성찰이 필요한 시간

얼마 전 필리핀의 세부로 휴가를 다녀왔다. 좋은 곳이긴 했는데 영 마음이 편치 않았다. 리조트는 호화로웠지만 그 건너편은 거의 슬럼가에 가까웠기 때문이다. 한가롭게 시내를 거닐 수도 없었다. 길거리를 나가는 순간 어린아이들이 몰려와 "1달러"를 외치면서 따라붙었다. 한국전쟁 때 우리를 도와주고, 장충체육관을 지어주었으며, 1960년대에는 아시아에서 일본 다음으로 잘살던 필리핀이 어쩌다 저 지경이 되었을까?

오래전부터 리더십에 관심을 가져왔다. 그간 몸담았던 직장에서 여러 상사를 모시면서도 리더십의 필요성을 절감하게 되었다. 비슷한 일을 해도 어떤 상사가 부서장이 되느냐에 따라 성과가 달라졌기 때문이다. 분위기도 바뀌었다. 회사를 가고 싶기도 했고, 회사 가는 일이 끔찍하게 여겨지기도 했다. 단 한 사람이 바뀌었을 뿐인데 그에 따라 주변 사람의 삶의 질이 달라졌다.

그러다가 한국리더십센터라는 회사에서 일을 하면서 본격적으로 리더십을 연구하고 관찰할 기회가 주어졌다. 수많은 사례들을 접하고 다양한 분야의 리더들을 만나면서 자기관리와 대인관계가 리더십의 두 축이라는 사실을 알게 되었다. 성공한 리더들을 인터뷰하며 그들의 이야기를 기사로 쓰기도 했고, 이를 기반으로 《한국인 성공의 조건》이란 책도 쓰게 되었다. 또한 최고경영자 과정을 진행하면서 리더십에 대해 보다 깊은 깨달음을 얻을 수 있었다.

하지만 아직도 리더십은 어렵다는 생각이다. 이론적인 정의는 가능해도 현실적인 적용과는 항상 거리가 존재하기 때문이다. 사람도 제각각이고 경우의 수도 부지기수다. 여기서 통했던 리더십이 저기서는 통하지 않는다. 평화 시의 리더십과 전쟁 때의 리더십이 다르다. 작은 조직의 리더십과 큰 조직의 리더십에도 차이가 있다. 그래서 누군가 리더십이 무어냐고 물어오면 으레 "그때그때 달라요"라는 준비된 답변을 하게 된다.

그럼에도 불구하고 이 책을 쓴 까닭은 리더십과 관련한 그간의 성과를 공유하고, 우리 시대와 조직이 갈망하는 새로운 리더십에 대한 상을 함께 그려보고 싶었기 때문이다.

리더가 절대 잊지 말아야 할 것이 있다. 바로 '시간의 개념'이다. 지금 당장 인기를 누리고 잘하는 것처럼 보이는 일도 소홀히 해서는 안 되겠지만, 시간이 흐른 후에 멋진 평가를 받는 것이 더 중요하다. 링컨의 노예해방만 해도 당시에는 별 인기가 없었고 링컨 자신도 그리 높게 평가하지 않았지만, 후세의 미국인과 역사가들은 이를 위대한 역사적 결정으로 받아들였다. 반대로 아르헨티나의 페론 대통령은 재임 시에 엄청난 인기를 누렸지만, 시간이 지나면서 아르헨티나는 남미에서 가장 못사는 나라가 되었고 지금은 아무도 그를 성공한 리더로 여기지 않는다.

  이 책을 통해 리더로서의 자신을 되돌아보는 시간을 갖기 바란다. 숨 가쁘게 돌아가는 매일매일의 일상과 업무를 잠시 내려놓고 리더로서 나는 어떤 사람인지, 괜찮은 리더인지 아닌지, 잘하는 것은 무엇이고 부족한 것은 무엇인지, 더 나은 리더가 되기 위해서는 무엇을 어떻게 해야 할지를 생각해보기 바란다. 그래서 자신이 꿈꾸었던 리더십, 조직을 다시 일으켜 세우는 리더십을 새롭게 발휘하기 바란다.

  성찰이 진정한 리더를 만든다.

2011년 11월
한근태

차례

머리말_ 지금은 성찰이 필요한 시간   4

1장 나는 진정한 리더인가_ 새로운 리더십의 출발

리더십이란 무엇인가	15
리더는 어떻게 만들어지는가	20
어려울 때는 거울을 보라	25
최고의 리더는 변신의 귀재	31
내가 만일 계급장을 뗀다면…	36
리더를 파멸시키는 함정들	43
그는 어떻게 전설의 리더가 되었을까	55

훌륭한 리더가 되는 6가지 방법_21 상황적 리더십_32 리더십에 관한 몇 가지 오해_38 영향력을 키우는 10가지 태도_40

2장 신뢰의 속도로 가라_ 리더십의 생명 '신뢰'의 모든 것

이것이 무너지면 다 무너진다	67
하늘이 두 쪽 나도 믿음을 지켜라	73
저를 믿어주세요 vs 당신을 믿습니다	81
신뢰에도 우선순위가 있다	88
정치가에게 목사가 꼭 필요한 이유	94

누군가를 구속하고 싶다면…_83 신뢰하라, 그러나 검증하라_85 신뢰의 5가지 차원_89 신뢰받는 사람이 되는 법_95 신뢰받는 조직을 만드는 법_97

3장 먼저 자신을 리드하라_ 리더십의 전제조건 '자기관리'

나는 본받고 싶은 사람인가	103
장군 중에 뚱보가 없는 이유	108
자유는 유료다	113
나의 브랜드는 무엇인가	118
경영 대가들의 자기계발 노하우	124

절대자유의 절대조건_115 나의 업을 한마디로 정의한다면?_119 자기계발 절대불변의 원칙_127 나의 자기계발은 과연 몇 점일까_135

4장 싸우는 조직이 강하다_ 성과를 창출하는 '갈등관리'

갈등은 왜 생기는가	139
갈등 없이 성과 없다	143
갈등, 어떻게 해결할 것인가	147
그들은 마침내 하나가 되었다	156

갈등의 본질_140 갈등 해결 프로세스_148 갈등관리의 비결_153

5장 리더의 한마디가 조직을 죽이고 살린다_ 소통의 리더십

커뮤니케이션은 양날의 칼	165
직원들은 왜 말을 하지 않을까	170
커뮤니케이션은 말로 하는 것이라고?	180
멋진 피드백은 상식을 초월한다	185
코칭이 사람을 성장시킨다	195

관료주의를 어떻게 타파할 것인가_166 때와 장소를 가려라_176 피드백에서 반드시 피해야 할 것_188 상습 지각생을 변화시킨 T-GROW_196

6장 어디로 갈 것인가_ 조직을 뛰게 하는 힘 '목표 설정'

항구에만 있는 배는 배가 아니다	203
침대를 박차고 나오게 하는 목표의 힘	207
좋은 목표의 조건	213
희미해진 나의 목표를 찾아서	218
쓰고, 그리고, 쪼개고, 헌신하라	223

성공에는 2가지만 있으면 된다_211 조직에는 어떤 목표가 좋을까_216 혼자만의 시간을 가져라_221 개인의 목표 세우기_223 조직의 목표 세우기_227

7장 인재는 있다!_ 채용·평가·배치의 정석

왜 인재를 알아보지 못하는가	233
먼저 좋은 회사를 만들어라	239
문을 열면 강해진다	244
도대체 어떤 인재를 원하는가	250
채용은 천천히, 해고는 빨리	255
공평한 대우가 인재를 지치게 한다?	259
열심히 하는데 성과가 없을 때	266

열린 조직의 적들_245 해고의 원칙 2가지_257 모두가 공감하는 평가방법_260 평가의 오류를 피하는 4가지 방법_264 현명한 배치의 출발_268

8장 왜 그곳에는 항상 활력이 넘칠까?_ 리더십의 열쇠 '동기부여'

선생님들을 관리하지 마세요	273
만족하면 정말 일을 더 열심히 할까?	277
사람의 마음을 얻는 법	283
5초간 기뻐하고 5시간 반성하라	290

사람들은 어떻게 맛이 가는가_274 4가지 인간 유형에 따른 4가지 동기부여_286 자신의 동기부여에 필요한 질문들_290

9장 한가함을 즐겨라_ 리더십의 완성 '임파워먼트'

직함은 상무, 업무는 대리	299
위임하면 더 강해진다	302
다들 좋다는데 왜 안 될까?	306
제일 먼저, 리더부터 할 일을 정하라	312

임파워먼트에 실패하는 10가지 이유_307 임파워먼트에 성공하려면…_310 리더가 알아야 할 임파워먼트 프로세스_313 임파워먼트에 관한 통찰_319

1장 나는 진정한 리더인가
새로운 리더십의 출발

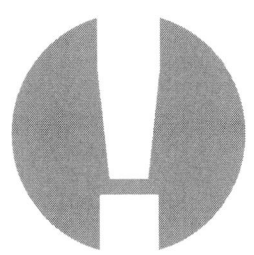

리더십이란 무엇인가

　리더십은 영원한 화두다. 시대와 지역을 불문하고 인구에 회자되는 말이다. 모두가 바라는 사회, 최강의 조직을 만들 수 있는지 여부가 전적으로 리더십에 달려 있기 때문이다.

　리더십이란 무엇일까. 미국 대통령 6명을 보좌한 학자이자 리더십의 대가인 존 가드너는 리더십을 이렇게 정의한다.

　"리더십은 설득이나 예시를 통해 개인이나 팀이, 리더가 제시하는, 혹은 리더와 추종자 간에 공유된 목표를 추구하도록 조직을 인도하는 것이다."

　인권운동가로 잘 알려진 제시 잭슨 목사는 "리더십이란 어느 한 편을 선택하는 것 이상으로 어려운 일이다. 리더십은 다양한 편을 하나로 묶어내는 것이다"라고 말한다. 그런가 하면 학교에서는 '도전적인 기회 속에서

비전을 명확히 세워 현실을 돌파해나가기 위해 조직과 사회를 동원하는 활동'이라고 가르친다.

사실 리더십은 한마디로 정의하기가 힘들다. 개인마다 조직마다 조금씩 다를 수 있다. 리더의 자격을 판단하는 기준도 그렇다.

리더에게 가장 필요한 자질은?

동양에서는 오래전부터 리더의 자격을 알아보는 기준으로 신언서판身言書判 4가지를 들었다. 즉 생긴 것, 말하는 것, 글 쓰는 것, 판단하는 것을 보고 리더십의 유무를 가렸다. 이에 비해 하버드대학 경영대학원의 제이 로시와 토머스 티어니는 인격character, 판단력judgement, 직관력intuition을 리더의 핵심 자질로 꼽는다.

인격은 리더가 영향력을 발휘할 수 있는 기본 바탕이다. 리더십의 근본이다. 모든 것을 다 갖춘 리더라 할지라도 인격이 없으면 리더십을 발휘할 수 없다. 신뢰와 존경의 원천인 인격이 부족한 리더를 누가 믿고 따르겠는가. 그런 리더는 남을 설득할 수도 없고 오히려 기피 대상이 될 뿐이다. 그런 의미에서 리더는 항상 '나는 인격적인 리더인가'를 자문할 줄 알아야 한다. 그리고 겸손, 유연성, 책임감, 칭찬, 공감, 이해와 같은 태도와 능력을 스스로 점검하고 키워야 한다.

인격이 리더십의 바탕이라면, 판단력은 리더십의 골간이다. 존경할 만한 인격을 갖추었다고 해도 판단력이 떨어져 잘못된 의사결정을 내린다면 리더로서는 자격 상실이다. 초고속으로 변화하는 현대사회에서 판단력의 중요성은 점점 더 절대성을 띠어가고 있다. 사람을 보는 능력, 사업에 대한 감각, 매일 직면하는 여러 이슈들에 대한 순발력 있는 의사결정 능력이 필요하다.

직관력은 복잡한 시스템을 파악하고 운영하는 예리한 능력이다. 각기 다른 조직의 기능이 무엇이며, 이들이 다른 조직에 어떤 영향을 주고받으며 어떤 결과를 만들어내는지 정확하게 파악할 수 있어야 한다. 직관력은 다른 말로 시스템적 사고라고 할 수 있다. 이 외에도 리더는 용기, 진실성, 비전, 정열, 확신, 인내, 도덕성 등을 갖추어야 한다.

그런데 리더십에 대한 이야기를 나누다 보면 리더에게 너무 많은 것을 요구한다는 생각이 든다. 마치 전지전능한 신이라도 되어야 할 것처럼 말이다. 그러나 리더가 되기 위해 완벽해질 필요는 없다. 세상에 그런 사람은 없기 때문이다. 그보다는 한쪽으로 치우치지 않는 균형이 중요하다. 1668년에 설립되어 오늘날까지 성공적인 경영을 하고 있는 독일의 제약·화학기업인 머크의 최고경영자 칼 루드비히 클레이의 말이다.

"리더에게 가장 중요한 것은 균형입니다. 현대 기업에서 협업과 한 팀이라는 마음가짐은 늘 중요하죠. 하지만 동시에 리더로서 마지막 결정을 내려야 할 때도 있습니다. 다시 말해 함께 토론할 때와 결정할 때 사이의 균형을 아는 것이 리더십의 핵심입니다.

두 번째 균형은 이윤 추구와 사회적 가치 사이의 균형입니다. 우리는 자선기관이 아니지만 동시에 사회의 가치를 반영하지 않고는 살아남을 수가 없지요.

세 번째 균형은 시간의 균형입니다. 미래에 투자하는 일은 즐거운 일이지만 동시에 단기이익을 내야 하지요. 저는 기업이라는 게 결국 사람이 사람을 위해 만든 지적 구조intellectual structure라고 봅니다. 기업을 운영하는 철학 역시 인간에 대한 철학과 같다고 생각해요. 인간사의 모든 것이 음양으로 이루어져 있듯이 기업 역시 그런 균형을 찾는 일이 중요하다고 생각합니다."

리더십의 5요소

그렇다면 리더십의 구성요소는 무엇일까? 하버드대학 케네디스쿨에서는 이렇게 가르친다.

첫째, 명쾌한 비전이다. 이는 성장의 원동력이다. 비전은 미래의 그림이다. 사람들이 미래를 창조하기 위해 노력해야 하는 이유를 명시적 혹은 묵시적으로 언급해야 한다. 상상이 가능해야 하며, 바람직해야 한다. 실행 가능하고, 초점이 있고 유연해야 한다. 이해할 수 있어야 한다.

둘째, 목표 설정이다. 목표는 추종자를 뛰게 하는 힘이다. 비전에 따라 목표를 설정해야 한다. 목표를 세우는 것과 이를 달성하기 위해 동기를 부여하는 일이 리더의 2가지 역할이다. 목표는 공유되어야 하며 이를 위해서는 함께 목표를 설정해야 한다. 그래야 자발적인 추종을 이끌어낼 수 있다.

셋째, 확실한 전략이다. 전략은 목표에 도달하는 방법이다. 무엇what이 아니라 어떻게how에 관한 것이다. 장기 비전을 달성하기 위해서는 장기 전략이 필요하다. 링컨의 노예해방은 그의 비전을 실현하기 위한 하나의 전략이었다. 남부 농장에서 노예들을 해방시킨 후 이들을 군에 입대시켜 전쟁을 승리로 이끌 수 있었기 때문이다.

넷째, 추종자들을 체계적으로 조직해야 한다. 팔로워와 리더는 대등한 위치에 놓인 동반자다. 단지 역할이 다를 뿐이다. 안전하고 성공적인 동행을 위해서는 양자가 서로 협력해야 한다. 리더가 유능해도 팔로워가 부족하면 리더십은 실패한다. '미국 민주주의의 아버지'로 불리는 토머스 제퍼슨은 프랑스 혁명이 미국 독립전쟁에 비해 성공적이지 못했다고 비판했다. 그것은 프랑스에 리더가 없어서가 아니라 현명한 팔로워들이 부족했기 때문이다.

다섯째, 환경의 이용이다. 시대가 영웅을 만든다. 역사적 환경이 리더가 출현할 수 있는 조건을 만들지만 특별한 리더는 다시 역사에 영향을 미친다. 환경이란 맥락context과 상황situation을 포함하는 것으로 리더십의 출현과 발휘에 광범위하게 영향을 미친다.

리더십은 누구에게나 필요하며 직급이 올라갈수록 그 중요성이 더 커진다. 더 높이 올라가고 더 큰 것을 성취하기 위해서 리더십은 필수적이다. 리더십에 따라 조직이 천당과 지옥을 왔다 갔다 할 수 있다.

체크리스트

- □ 내가 생각하는 리더십의 정의는?
- □ 리더 하면 떠오르는 사람은? 왜 그 사람이 떠오르는가?
- □ 내가 생각하는 리더의 필수 자질은?
- □ 그런 측면에서 나는 어떤 사람인가?

리더는 어떻게 만들어지는가

타고나는가, 만들어지는가. 사람들이 가장 많이 갖는 의문이다. 둘 다 답이다. 타고나는 측면을 무시할 수 없지만, 하룻밤 사이에 하늘에서 뚝 떨어지는 것도 아니다.

리더십은 매일 조금씩 나아질 수 있다. 어떤 사람은 다른 사람보다 더 좋은 자질을 가지고 태어나기도 하지만, 리더십은 결국 다양한 역량의 종합이고, 이 중 대부분은 훈련을 통해 향상될 수 있다. 여기에는 존경, 경험, 감정적 강인함, 대인관계 기술, 자제력, 비전, 동기, 타이밍 같은 많은 요소가 포함되는데, 대부분 무형의 것이다. 그래서 리더다운 리더가 되기 위해서는 긴 숙성의 시간이 필요하다.

'자리가 사람을 만든다'는 말이 있다. 일리가 있는 말이기는 하지만 나는 이 말을 좋아하지 않는다. 자리가 사람을 만드는 동안 그가 속한 조직이 치러야 할 대가가 너무 크다. 수많은 시행착오를 거쳐 그 사람의 리더십이 나아지는 동안 조직은 골병이 들 수 있기 때문이다. 준비되지 않은 리더 대신 준비된 리더가 그 자리에 앉는다면 조직은 더 효율적으로 더 큰 성과를 낼 것이다.

리더가 되기 위해서는 오랜 준비기간이 필요하다. 챔피언은 링에서 챔피언이 되는 것이 아니다. 링에서 인정받을 뿐이다. 누군가가 챔피언으로 성장하는 것을 보고 싶다면 그의 일상을 살펴보면 된다.

"전투나 인생은 준비할 수 있다. 그러나 경기가 시작되면 반사신경에 의존해야만 하고, 이는 당신의 운동량에 좌우된다. 어두운 새벽 자신을 속인다면 밝은 빛 아래 그 결과가 드러날 것이다."

전 세계 헤비급 챔피언 조 프레이저의 말이다. 리더십도 복싱처럼 매일의 준비가 중요하다. 타고난 자질을 가지고 있어도 준비하고 연마해야 성공할 수 있다.

훌륭한 리더가 되는 6가지 방법

어떻게 하면 훌륭한 리더가 될 수 있을까. 우선 개인적인 노력이 필요하다. 지금 하는 일을 좀 더 잘하기 위해 고민하고 헌신해야 한다. 그 일에 몰입해야 한다. 이런 노력으로 일정한 수준에 올라갈 수 있다. 하지만 그다음이 문제다. 수확체감의 법칙으로 인해 어느 지점 이상에서는 쏟아부은 노력만큼 결과물을 얻지 못한다. 그다음 단계로 도약하기 위해서는 개인적 노력 대신 리더십의 수준을 생각해야 한다. 혼자 열심히 하는 것보다 같이 일하는 사람에게 리더십을 발휘할 경우 엄청난 시너지 효과를 거둘 수 있다. 리더십은 곱셈 속성이 있다.

미국의 유명한 리더십 전문가인 제임스 쿠제스와 배리 포스너는 훌륭한 리더가 되기 위한 6가지 방법을 다음과 같이 소개한다.

첫째, 모델 선정이다. 자신이 처한 상황과 개인적인 특성을 고려해 닮고 싶은 리더를 정하는 것이다.

둘째, 현재의 도전을 피하지 말고 의미 있게 받아들여야 한다. 도전은 시련이지만 잘 극복하면 미래를 향한 기회가 된다.

셋째, 도전과 시련을 겪으면서 심리적인 강단을 키워라. 뜨거운 불길을 거쳐야 금과 은을 정제할 수 있고 강철도 두드려야 더 강해진다. 인내와 끝없는 정진이 리더가 되는 길이다.

넷째, 신뢰를 쌓아라. 먼저 스스로에 대한 신뢰를 구축해야 한다. 자신에 대한 확신 없이 다른 사람의 신뢰를 얻을 수는 없다. 꾸준하고 성실한 노력이 신뢰를 쌓는 길이다.

다섯째, 대인관계를 발전시켜라. 리더십은 기본적으로 인간관계인 만큼 다른 사람을 이해하고 설득하고 소통할 수 있어야 한다.

여섯째, 리더십을 계발하라. 목표를 설정하고 꾸준히 노력하라.

처칠과 루스벨트의 리더십

영국의 수상으로 취임하기 전에 윈스턴 처칠은 평범한 국회의원이었다. 하지만 2차 세계대전이 터지자 그는 놀라운 리더로 거듭났다. 국민에게 희망을 불어넣고, 광범위한 자원을 동원하기 위해 감동적인 리더십을 행사했다. 온갖 좌절을 딛고 일어선 노력의 결과였다.

그는 일찍이 젊은 나이에 하원의원에 당선되고 해군장관에 오르는 등 승승장구하는 듯했지만, 이내 패배와 불운의 긴 터널을 지나야 했다. 1차 세계대전에 참전했다가 참패를 당하고 해군장관직에서 물러나는 것을 시작으로, 재무장관 시절에는 경기침체와 실업문제로 자리를 떠나야 했으며, 세계적인 대공황 시기에는 재산을 탕진하고 힘겨운 생활을 해야 했다. 그런 속에서도 그는 냉정함을 잃지 않고 이를 오히려 배움의 기회로 삼았다. 자신이 처한 상황과 세계 정세를 깊이 분석하여 다가올 미래를 내다보는 감각을 키워나갔다. 그는 최악을 최상으로 바꾸는 역전의 리더십을 발휘하는 리더가 되었다. 어떤 위기에 처해서도 결코 포기하지 않는 용기와 긍정의 마인드로 자신을 단련하고 주변을 격려할 수 있었기에 가능했던 일이다.

영국에 처칠이 있다면 미국에는 시어도어 루스벨트가 있다. 그의 리더십 아래 미국은 초강대국이 되었다. 그는 러시아와 일본 사이의 평화협상을 이끈 공로 등으로 노벨평화상을 받은 인물이다. 1901년 윌리엄 맥킨리 대통령의 암살로 대통령직을 맡게 되었을 때 사람들은 그의 리더십에 의문을 제기했다. 하지만 3년 후 당당하게 선거를 통해 다시 대통령 자리에 올랐다. 그는 1909년 대통령 임기를 마치자마자 스미소니언재단 후원으로 결성된 과학탐험대를 이끌고 아프리카를 여행하기도 했다.

루스벨트 역시 하룻밤 사이에 위대한 리더가 된 것은 아니다. 계속적인 훈련과 성장의 결과였다. 뉴욕 경찰서장부터 미합중국 대통령까지 다양한 위치에서 일하면서 계속 배우고 성장했다. 그는 자신을 발전시켰고 점점 더 강력한 리더가 되어갔다.

1919년 1월 6일 뉴욕에서 시어도어 루스벨트는 영원히 잠들었다. 당시 부통령이었던 토머스 마셜은 이렇게 말했다.

"죽음만이 그를 잠들게 했다. 루스벨트가 깨어 있었다면 투쟁하고 있었을 것이다."

루스벨트가 숨을 거두고 나서 침대 베개 밑에서 발견된 것이 있었다. 책이었다. 그는 죽는 순간까지 학습하고 자신을 향상시키기 위해 끝없이 노력한 사람이었다. 위대한 리더는 배움을 통해 만들어진다.

□ 자리가 사람을 만든다는 말에 대해 어떻게 생각하는가?
□ 만약 무기명 투표로 리더를 선정한다면 그 결과가 어떨 것이라 생각하는가?
□ 내가 리더십의 모델로 생각하는 사람은 누구인가? 그 이유는?
□ 리더십 강화를 위해 특별히 어떤 노력을 하고 있는가?

어려울 때는 거울을 보라

리더라고 다 같은 리더는 아니다. 권투에 체급이 있듯이 리더십에도 급이 있다.

노자는 리더십의 수준을 네 종류로 나누었다. 공포정치, 법제정치, 인의정치, 무위정치가 그것이다. 군주를 대상으로 순위를 매긴 것이지만 오늘날에 적용해도 무리가 없다.

공포정치는 가장 낮은 수준의 리더십이다. 상벌, 두려움, 위협과 협박 등으로 리더십을 발휘하는 것이다. 다음은 법제정치다. 규정에 의해 조직을 다스리는 것이다. 공포정치보다는 낫지만 역시 하수의 리더십이다. 이보다 나은 것이 인의정치다. 인간다운 리더십을 의미한다. 노자가 말하는 최상의 리더십은 무위정치다. 한마디로 사람들이 리더의 존재를 의식하지 못하는 것이다. 억지가 없는 다스림이다. 사람들이 리더의 존재를 의식한다는 것 자체가 리더에 대해 어떤 부담을 느끼는 것을 의미한다. 가장 이상적인 리더십은 리더가 있다는 사실을 의식하지 못한 채 자연스럽게 굴러가는 것이다.

이에 비해 한비자는 사람을 잘 다루는 리더를 최고의 리더라고 보았다. "삼류 군주下君는 자기 능력을 사용하고, 이류 군주中君는 다른 사람의 힘을 사용하고, 일류 군주上君는 다른 사람의 지혜를 사용한다." 혼자 힘으로는 모든 일을 다 할 수도 없거니와, 설사 어떤 일에 성공한다 하더라도 리더는 힘들고 지칠 수밖에 없다. 자신을 위해서나 따르는 사람들을 위해서나 좋은 리더라고 할 수 없다. 사람들이 저마다 가지고 있는 지력을 발휘하게 해야 리더도 지치지 않고 모든 일이 잘 돌아가는 강한 조직을 만들 수 있다. 한비자는 또 "군주는 권력의 핵심만 파악하고 있으면 그걸로 충분하다"고 하면서 신하에게 맡겨도 되는 일까지 일일이 간섭할 필요가 없다는 점을 강조했다. 명의가 정확히 맥을 짚어 아픈 사람을 치료하듯 '킹핀'을 찾아내 공략하면 된다는 말이다 킹핀은 볼링에서 스트라이크를 치려면 반드시 쓰러뜨려야 하는 5번 핀, 즉 문제 해결의 열쇠를 의미한다. 사태의 본질을 파악하고 다른 사람의 지혜를 활용하여 문제를 해결하는 리더가 최고의 리더다.

요즘 흔히 거론되는 4가지 리더의 유형도 이와 일맥상통하는 면이 있다. 똑똑하고 부지런한 상사똑부, 똑똑하고 게으른 상사똑게, 멍청하고 부지런한 상사멍부, 멍청하고 게으른 상사멍게가 그것이다. 2차 세계대전 중 독일 참모본부가 '멍부형' 지휘관을 몰아냈는데, 이유는 자명했다. 멍청한데 부지런하면 자기 능력은 생각하지 않고 일을 벌이고 또 벌이기 때문이다.

그가 움직일수록 사고가 많이 난다. 결국 본인도 망가지고 조직도 무너진다. 최악이다. 머리가 나빠도 의욕이 없으면 그나마 사고가 적을 텐데 말이다. 하지만 위험하기는 똑부도 다를 바 없다. 똑똑하고 부지런한 상사는 큰 톱니바퀴가 정신없이 돌아가는 것에 비유할 수 있다. 그러면 작은 톱니바퀴들이 제 구실을 못한다. 최선은 똑게, 똑똑한 사람이 적당히 게으른 것이다.

《좋은 기업을 넘어 위대한 기업으로》의 저자이자 미국의 경영학자 짐 콜린스는 리더십을 5단계로 구분한다.

> 1단계: 능력이 뛰어난 개인들로 하여금 각자의 재능과 지식과 기술로 생산적인 기여를 하게끔 하는 단계이다.
> 2단계: 팀원들이 조직 목표 달성을 위해 개인의 능력을 발휘하며 팀워크를 이루어 다른 사람들과 효율적으로 일함으로써 성과를 내게 하는 단계이다.
> 3단계: 결정된 목표를 위해 효율적인 방향으로 사람과 자원을 조직하는 역량 있는 관리자의 단계이다.
> 4단계: 구성원들에게 분명한 비전을 제시하고 이에 대한 책임을 촉구하고 높은 목표를 내도록 자극하는 단계이다.
> 5단계: 개인적 겸양과 의지를 융합하여 지속적인 성과를 내는 단계이다. 한마디로 겸양의 리더십이다.

위대한 기업들의 공통점은 5단계 리더십을 갖춘 리더가 있다는 것이다. 겸손함을 갖춘 리더가 최고의 리더다. 목소리가 크고 눈을 부라리는 카리스마 강한 리더가 아니라 오히려 자신을 낮추는 겸손한 리더가 최고라는 말이다.

위대한 기업에는 우리가 흔히 생각하는 카리스마 있는 강력한 리더를 찾아볼 수 없다. 오히려 수줍어하고 나서길 싫어하는 조용한 리더가 많다. 5단계의 리더는 여러 모습을 가지고 있다. 겸손하면서도 의지가 굳고, 변변찮아 보이면서도 두려움이 없어 보인다. 그는 일이 잘 풀릴 때는 창문 밖을 내다보고 다른 요인으로 공을 돌린다. 다른 요인이 없을 때는 행운의 덕으로 돌린다. 일이 어려울 때는 거울을 들여다본다. 자신에게 책임을 돌리고 운을 탓하지 않는다. 미국 제지회사 킴벌리 클라크를 20년간 이끌면서 세계 최고의 기업으로 키워낸 다윈 스미스는 암을 앓은 후 완전히 다른 사람이 되었다. 시련이 그에게 겸손을 가르쳐준 것이다. 그는 다음과 같이 말한다.

"나는 직무에 적합한 사람이 되기 위해 끊임없이 노력했습니다."

성과만 좋으면 무조건 뛰어난 리더일까

21세기 들어 집중적으로 논의되고 있는 리더십은 '진정한 리더십'이다. 2002년 미국 에너지기업인 엔론이 회계부정으로 파산을 선언하고, 2008년 월스트리트를 시작으로 글로벌 금융위기가 몰아치는 등 극단적 수익 추구에 따른 엄청난 폐해들이 연달아 발생하면서 고삐 풀린 시장 만능주의에 대한 대대적인 각성이 요구되었다. 이와 함께 '높은 성과를 창출하면 뛰어난 리더'라는 오랜 등식도 깨졌다. 성과 중심의 리더십이 어떠한 결과를 가져오는지 똑똑히 목격한 결과였다. 그러면서 진정한 리더십이

21세기형 리더십의 대안으로 주목받게 되었다.

　진정한 리더십은 높은 도덕적 기준과 미래 지향적 가치관을 요구한다. 투명하게 행동하고 약속을 준수한다. 구성원들과의 공감을 중시하며 그들의 발전을 최우선 순위에 둔다. 자연 구성원들의 자존감이 높아지고, 이는 다시 좋은 성과로 이어진다. 진정한 리더십의 선순환이다. 그런데 이를 어떻게 판단할 수 있을까? 조직이론의 대가인 제임스 마치 스탠퍼드대 교수는 "어떤 사람이 진정한 리더인지를 평가하려면 그 사람으로 인해 구성원들의 자존감과 자신감이 획기적으로 높아졌는가를 보면 알 수 있다"고 말한다.

　알고 보면 진정한 리더십은 완전히 새로운 개념이 아니다. 오히려 리더십의 회복에 가깝다. 성과 달성에 급급한 도구적 리더십에서 탈피하여 '나의 의사결정으로 모두가 좋아지고 나아지는' 본질적 리더십으로 돌아가자는 움직임이다. 신동엽 연세대 경영학과 교수는 "진정한 리더십은 21세기 전환기를 맞아 기업은 물론 공공조직, 비영리조직 등의 리더 위치에 있는 모든 사람에게 시사하는 바가 크다"면서 '나는 진정한 리더인가, 혹은 단순한 성과 창출의 도구인가'라는 질문을 던져볼 것을 권한다.

　당신은 어떤 리더인가?

- 노자의 리더십 단계 중 나는 어느 단계인가?
- 한비자의 단계 중 어느 단계인가?
- 일을 추진할 때 킹핀에 집중해 일을 하는 편인가? 그 사실을 어떻게 알 수 있는가?
- 나는 짐 콜린스의 5단계 리더십 가운데 어느 단계에 해당하는가?
- 한 단계 높이 올라가기 위해 해야 할 일은 무엇인가?

최고의 리더는 변신의 귀재

"한나라 황실에는 원래 왕도王道와 패도覇道를 섞어 쓰는 전통이 있다. 속된 유생들은 때에 맞추지도 못할 뿐만 아니라 자신들이 머물 곳조차 알지 못한다."

유가와 법가를 고루 임용하여 왕도와 패도를 시의적절하게 구사할 줄 알았던 명군 한선제가 이상과 명분에 집착하여 왕도만을 고집하는 유생들의 폐단을 통박하면서 한 말이다.

역사적으로 봐도 한선제와 같은 명군을 찾기 어렵다. 도리어 왕도와 패도 어느 한쪽에 치우친 나머지 상황이 요구하는 리더십을 발휘하지 못하여 나라와 백성을 도탄에 빠뜨린 경우가 흔하다. 조선시대 최악의 임금이라 일컬어지는 연산군은 시대에 맞지 않는 강도 높은 패도를 구사하다가 국정을 혼란스럽게 하고, 결국에는 신하들에 의해 쫓겨나는 처지가 되고 말았다. 다가오는 전운을 감지하지 못한 채 신하들과 공허한 왕도 논쟁을 일삼은 선조는 급기야 임진왜란 때 왕궁을 버리고 달아나는 굴욕을 당해야 했다. 칼을 써야 할 때 붓을 쓰고, 붓을 써야 할 때 칼을 쓴 탓이다.

상황적 리더십

언제 어디서나 통하는 리더십이란 없다. 상황이나 구성원, 시대에 따라 달라져야 한다. 비행기 엔진이 꺼져서 10분 후면 추락하는 상황이라면 기장은 어떤 리더십을 발휘해야 할까? 승객들에게 이 사실을 알리고 5명씩 조를 만들어 의견을 내라고 한다면 어떨까? 있을 수 없는 일이다. 이처럼 급박한 상황에서는 기장이 알아서 움직여야 한다. 독선적인 리더십이 답일 수 있다. 반대로 엘리트 집단에 전문성이 없는 사람이 수장을 맡았다면 어떨까? 업무 파악에만 몇 달이 걸릴 수 있고, 워낙 전문성을 요하는 일이라 제대로 파악하지 못할 수도 있다. 이럴 때는 어떻게 리더십을 발휘해야 할까? 정답은 없다. 상황에 맞게 리더십을 발휘해야 한다. 이것이 '상황적 리더십'이다.

리더십을 발휘할 때는 구성원의 특성을 고려해야 한다. 구성원의 수준이나 성향이 각기 다르므로 이들이 어떻게 받아들이느냐에 따라 리더십의 효과가 달라지기 때문이다.

미국의 경영전문가 폴 허쉬 박사와 켄 블랜차드 박사가 개발한 '상황대응 리더십'에서는 리더 유형이 아닌 직원 유형에 따라 리더십이 달라져야 한다고 주장한다. 직원의 역량과 사기, 조직을 둘러싼 환경에 맞게 리더십이 변해야 한다는 것이다. 그들은 직원에 따른 리더십 스킬을 이렇게 정리했다.

첫째, 일에 대한 자신감이 부족한 부하직원들이 있다R1 타입. 주로 신입직원, 전입한 직원들이다. 이들은 일을 할 줄 모른다. 전문성도 없고 일 처리 스킬도 없다. 이런 직원에게는 구체적 지시와 밀착 감독이 필요하다.

둘째, 의욕과 자신감은 있지만 역량이 떨어지는 직원들이 있다R2 타입. 이들에게는 업무 지시를 구체적으로 하고 기회를 제공하여 의욕을 불러일으켜야 한다.

셋째, 업무는 잘하지만 의욕이 떨어지는 직원들이 있다R3 타입. 오랜 기간 그 일을 한 경우, 비슷한 일을 계속 한 경우가 그렇다. 이 경우는 소통을 많이 해야 한다. 관심을 갖고 스스로 목표 설정을 하게끔 도와주어야 한다.

넷째, 의욕도 있고 역량도 되는 경우다R4 타입. 이들에게는 임파워먼트가 필요하다. 장애물을 제거하고 자원을 공급해야 한다. 주기적으로 인정하고 격려해야 한다.

포지셔널 리더십

리더십에서 가장 중요한 것은 역할이다. 가정에서도 부모의 역할을 어떻게 정의하느냐에 따라 분위기가 크게 달라진다. 어떤 부모는 아이들을 감시하는 것이 자기 역할이라고 생각한다. 아이가 제대로 행동하지 못하는 나이일 때는 이런 역할이 맞을 수 있다. 하지만 나이가 들어 자아가 뚜렷해진 뒤에도 똑같은 역할을 고집하면 문제가 생길 수 있다. 리더의 역할은 끊임없이 바뀐다. 팀장일 때, 임원일 때, 사장일 때의 역할이 같을 수 없다. 역할이 바뀌면 필요한 스킬, 지식, 시간관리도 달라진다. 여기에도 정해진 답은 없다. 조직의 규모, 직원들의 성향, 회사 사정에 따라 달라진다. 중요한 것은 역할이 끊임없이 바뀐다는 사실이다.

그렇기 때문에 리더들은 계속해서 자신의 역할에 대해 질문해야 한다. 현재 이 조직에서 내게 주어진 역할은 무엇인지, 이를 제대로 하고 있는지를 물어야 한다. 한때 잘나갔던 리더가 무너지는 가장 큰 이유는, 지위나 상황에 따른 변화된 역할을 인식하지 못하고 변화에 실패했기 때문이다.

이를 잘한 사람이 잭 웰치다. 그는 화공학 박사였다. 그래서 사람들이 성 앞에 닥터란 호칭을 붙였다. 사업부장으로 승진한 뒤 그는 사람들에게 더 이상 닥터란 호칭을 쓰지 말도록 부탁했다. 그 이유는 다른 게 아니다. "닥터란 호칭은 전문가를 뜻합니다. 사업부장은 그런 전문가가 아닙니다. 사업부장은 사업 전반을 책임지는 역할을 해야 하는데, 닥터란 호칭은 부적합하지요." 이처럼 잭 웰치는 늘 자신의 역할에 대해 생각하고 생각했다.

브라질의 루이스 이나시우 룰라 다시우바 대통령도 그랬다. 그는 좌파 중의 좌파였지만 대통령이 된 후 달라졌다. 역할이 변했다는 사실을 파악하고 위상에 걸맞게 스스로를 변신시켰다. "저는 변신의 귀재입니다"라는 말을 즐겨 쓰며 자신이 처한 위치와 역할에 충실할 줄 알았다. 노동자 시절 작업복에 덥수룩한 턱수염이 트레이드마크였던 그는 말끔한 양복에 잘 다듬어진 턱수염의 대통령으로 변모했다. 외양만 그런 것이 아니었다. 투쟁 일선에 선 '빨갱이 룰라'에서 '유연한 대통령'으로 변모했다.

변신에 성공한 대통령은 집권 8년 동안 IMF 구제금융을 받던 브라질을 세계 8대 경제대국으로 끌어올리고 빈곤층 2,000만 명을 중산층으로 만드는 등 서민의 삶을 크게 개선시켰다. 뿐만 아니라 좌와 우, 진보와 보수를 가리지 않는 탕평인사로 포용과 소통의 정치를 펼쳤다.

룰라 대통령은 "당신은 공산주의자인가, 사회주의자인가, 사민주의자인가?"라는 질문을 받을 때마다 "나는 금속노동자일 뿐"이라고 답했다. "우리는 사회주의자라는 말을 사용하지 않습니다. 그 말은 우리에게 아무런 의미도 없어요. 우리 현실에 적합한 브라질 모델만 원할 뿐이죠."

그는 어떤 자리에서 어떤 리더십을 발휘해야 하는지 누구보다 잘 아는 사람이었고, 그런 사람답게 자신의 위치에서 최고의 모습을 보여주었다. 2010년 12월 31일, 그는 87%라는 놀라운 지지율을 기록하며 영광스러운 퇴임식을 가졌고, 21세기 들어 가장 행복한 대통령으로 불리게 되었다.

- □ 현재 우리 조직의 상황은 어떠한가?
- □ 거기에 맞는 리더십은 무엇이라고 생각하는가?
- □ R1~R4의 타입 중 우리 직원들은 어디에 해당하는가?
- □ 거기에 맞는 리더십을 발휘하기 위해 필요한 것은?
- □ 현재 나의 가장 중요한 역할 3가지는 무엇인가? 직원이나 상사도 거기에 동의하는가? 또 부족한 역할이 있다면 무엇인가?

내가 만일 계급장을 뗀다면…

리더십의 본질은 영향력이다. 영향력이 있으면 누구나 리더가 될 수 있다. 반면 높은 위치에 있더라도 아무런 영향력을 행사할 수 없다면 그는 더 이상 리더가 아니다. 그것은 자신이 갖고 있던 것이 사라졌을 때 그 정체를 드러낸다. 내가 가진 직위, 돈, 명예 등이 없을 때 사람들이 어떻게 행동할 것인가를 생각해보면 자신이 어떤 리더인지 알 수 있다.

리더는 자기가 원한다고 되는 것이 아니다. 남들이 인정을 해야 리더가 된다. 높은 자리에 올라갔다고 리더가 되는 것도 아니다. 간디 같은 사람은 공식적인 직함은 없었지만 엄청난 영향력을 가졌다. 그래서 누구나 그를 리더로 인정했다. 높은 자리에 있긴 하지만 아무도 리더로 인정하지 않는 사람이 있다. 사람들은 그가 가진 파워 때문에 앞에서는 비굴한 태도를 보이지만 그가 보이지 않는 곳에서는 무시하고 경멸한다. 리더십은 영향력 그 이상도 그 이하도 아니다. 지위와 돈에서도 영향력이 나오지만 이런 것에 의존한 리더십은 지위와 돈이 사라지면 같이 사라진다.

다이애나 왕세자비와 테레사 수녀

1997년 여름에 2가지 사건이 있었다. 다이애나 왕세자비와 테레사 수녀의 죽음이다. 표면적으로 두 여성은 많이 다르다. 한 명은 키가 크고 젊고 매력적인 영국 상류층 출신 왕세자비였다. 노벨평화상 수상자인 다른 한 명은 알바니아 출신으로 인도 캘커타에서 빈민을 위해 봉사한 키 작은 늙은 수녀였다. 하지만 영향력은 비슷했다. 1996년 런던 데일리 조사에 따르면 다이애나 비와 테레사 수녀는 세계에서 영향력이 큰 인물 1위와 2위 자리를 차지했다.

1981년 다이애나와 찰스 황태자의 결혼식은 큰 화제가 되었다. 10억 명의 사람이 세인트 폴 성당에서 거행된 결혼식을 지켜봤다. 하지만 그때부터 그녀에 관한 소식을 접할 수 없었다. 사람들은 유치원 교사 출신의 다이애나에 대해 강한 호기심을 보였다. 처음 그녀는 지나친 관심에 압도되어 수줍어했다. 결혼 초 일부 언론은 다이애나 비가 왕실의 책무를 수행하는 것을 즐기지 않았다고 전했다. 하지만 그녀는 새로운 역할에 적응했다. 수많은 자선 조직을 위한 기금 조성과 봉사를 목표로 삼았다. 그 과정에서 정치인, 인도적 단체, 기업인, 그리고 각국의 정상들과 중요한 인간관계를 맺었다.

다이애나는 사람들에게 에이즈 연구, 나병환자 보호, 지뢰금지 단체를 위한 원조를 요청했다. 그녀는 세계 지도자들에게 그런 문제를 부각시키는 데 큰 영향력을 발휘했다. 죽기 몇 달 전 미국 방문 때는 클린턴 행정부로 하여금 폭발물을 금지하는 오슬로협약에 지지할 것을 호소했다. 그리고 몇 주 후 그들은 입장 변화를 보였다. 그 문제에 관한 그녀의 관심이 클린턴에게 영향을 준 것이다.

처음에는 다이애나 비라는 지위가 그녀에게 영향력을 제공했지만, 이후로 그녀는 자신만의 영향력을 쌓게 되었다. 1996년 찰스 황태자와의 이혼으로 왕비라는 지위는 잃었지만 그녀의 영향력은 줄지 않았다. 죽은 후에도 다이애나는 다른 이들에게 영향력을 행사했다. 그녀의 장례식은 텔레비전과 BBC라디오를 통해 방송되었는데 40개국 이상에서 이를 방송했다. NBC는 그 광경을 지켜본 사람이 25억 명이 넘을 거라고 추정했다. 그녀의 결혼식을 지켜본 사람의 2배가 넘는 숫자다. 그녀는 영향력이 있었기 때문에 일을 해낼 수 있었다. 영향력이 곧 리더십이다.

리더십에 관한 몇 가지 오해

관리와 리더십을 혼동하는 사람들이 있다. 마찬가지로 이들은 관리자와 리더도 비슷한 개념으로 간주한다. 개념이 없는 사람들이다. 리더십이 있을 리 없다.

관리는 기존의 시스템과 프로세스를 유지하는 데 중점을 둔다. 그에 비해 리더십은 사람들로 하여금 따라오게 만드는 힘이다. 관리의 중심이 유지라고 한다면, 리더십의 중심은 변화라고 할 수 있다. 관리자를 넘어 리더가 되기 위해서는 긍정적인 변화를 만들어낼 수 있어야 한다. 이를 위해 필요한 것이 영향력이다.

지위가 있으면 리더십이 생긴다는 것도 큰 오해다. 리더십은 지위에서 오는 것이 아니다. 그 반대다. 리더십이 지위를 만든다. 1994년 사치&사치라는 광고회사에서 일어난 일이다. 기관투자자들이 CEO인 모리스 사치를 해고하라며 이사회를 압박했다. 표면적인 이유는 실적 악화였지만 진짜 이유는 파격적인 대우에 대한 불만이었다. 결과는 어땠을까? 몇몇 이사들이 끝까지 그를 지지했다. 브리티시항공을 포함한 주요 거래처들도 그를 믿고 따랐다. 사치의 영향력이 어떠했는지를 충분히 짐작케 한다. 하지만 결국 그는 해임되고 말았다. 임원들이 그를 따라 사직하고 거래처들은 거래를 중단했다. 주가도 덩달아 폭락했다. 사치는 비록 CEO라는 지위를 잃었지만 그의 리더십은 여전히 건재했다. 과연 그는 M&C사치라는 새로운 광고회사를 차려 재기에 성공했을 뿐만 아니라 사치&사치를 능가하는 회사로 키워냈다.

리더십과 지위의 관계를 극명하게 보여주는 곳이 봉사단체다. 지위가 보장하는 리더십은 봉사단체에서는 작동되지 않는다. 이해관계로 얽혀 있지 않기 때문이다. 순수한 영향력만이 효력을 발휘한다. 그런 의미에서 봉사단체는 한 사람의 리더십을 가늠하는 최적의 시험대다. 이와 달리 일반 조직에서는 지위를 가진 사람의 영향력이 대단하다. 상명하복으로 움직이는 군대에서는 계급을 활용할 수 있다. 명령이 안 통하면 영창에 집어넣을 수도 있다. 회사에서는 인사와 급여, 각종 혜택을 이용하여 영향력을 행사한다. 직원들은 생계 때문에 따를 수밖에 없다. 하지만 자선이나 구호를 목적으로 하는 봉사단체에서는 순수한 형태의 리더십만이 작동한다. NGO 직원에게 한 배를 타도록 강요할 수는 없다. 스스로 마음에서 우러나와 움직이게 해야 한다. 리더의 영향력은 하나부터 열까지 다른 사람들의 동참을 통해서만 행사될 수 있으며, 그래야만 조직도 운영될 수 있다. 따라서 영향력 없는 리더가 이끌어가는 봉사단체는 잡음이 끊이지 않거나 오래가지 못하고 와해된다. 당신의 직원에게 진정한 리더십이 있는지를 알고 싶으면 자원봉사 활동에 파견해보라. 만약 그런 조직에서 사람을 따라오게 할 수 있다면, 그는 진정한 영향력과 리더십을 갖춘 사람이다.

북미에서 가장 영향력 있다고 평가받는 윌로크릭교회의 빌 하이벨스 목사는 교회가 가장 리더십 지향적인 단체라고 말한다. 봉사단체와는 성격이 좀 다르지만 수긍이 가는 말이다.

영향력을 키우는 10가지 태도

《성공하는 사람들의 7가지 습관》으로 유명한 스티븐 코비는 '영향력의 원' 개념으로 리더십을 설명한다. 관심의 원과 영향력의 원이 있는데, 리더십을 키우기 위해서는 영향력의 원에 에너지를 집중해야 한다는 것이다. 그것을 풀어놓은 것이 7가지 습관이다. 그 습관은 자기관리와 대인관계로 나뉜다. 주도적일 것, 목표를 설정하고 행동할 것, 소중한 것을 먼저 할 것은 자기관리에 관한 것이다. 승승win-win하라, 경청 후 이해시켜라, 시너지를 내라는 대인관계에 관한 것이다. 7번째 습관은 심신을 단련하라는 것이다. 한마디로 수신제가 후에 치국평천하를 하라는 말이다.

영향력을 키우기 위해서는 우선 자기관리가 되어야 한다. 건강보조식품을 잘 팔기 위해서는 파는 사람이 혈색도 좋고 건강해 보여야 한다. 이

것은 기본 중 기본이다. 다음은 대인관계다. 주변 사람들과 좋은 관계를 유지해야 한다. 그래야 영향력을 행사할 수 있다. 사이가 틀어진 상태에서는 어떤 영향력도 행사할 수 없다.

리더십의 대가 존 맥스웰은 진정한 영향력을 갖기 위한 10가지 태도를 다음과 같이 꼽는다.

- 매 순간 진실하라 Integrity
- 믿음과 격려로 양육하라 Nurtures
- 성공할 수 있다는 믿음을 심어주어라 Faith
- 타인의 말을 경청하라 Listens
- 인정하고 이해하라 Understands
- 더 크게 성장시켜라 Enlarges
- 홀로 설 수 있을 때까지 함께 항해하라 Navigates
- 특별한 관계를 맺어라 Connects
- 권한을 부여하라 Empowers
- 또 다른 리더를 양성하라 Reproduces

각각의 첫 철자를 조합하면 'INFLUENCER 영향력 있는 사람'가 된다. 맥스웰은 이를 다시 4단계로 설정했는데 역할모델 되기, 동기부여하기, 멘토 되기, 확장하기가 그것이다.

사람들을 이끌고 있다고 생각하지만 따르는 사람이 없는 사람은 단지 혼자 산책하는 것일 뿐이다. 그는 리더가 아니다. 영향력이 리더십을 가른다.

- □ 나는 관리자인가 아니면 리더인가? 그것을 어떻게 알 수 있는가?
- □ 나의 영향력은 어디서 나오는 것인가?(지위, 돈, 나이, 계급, 육체적 힘 등)
- □ 만약 계급장을 떼도 지금의 직원들이 나를 따를까? 그것을 어떻게 알 수 있는가?
- □ 지금 조직 내 나의 영향력 수준은 어떠한가?
- □ 영향력을 키우기 위해 보완해야 할 것은 무엇인가?(스티븐 코비와 존 맥스웰의 모델에 비추어보았을 때)

리더를 파멸시키는 함정들

리더십에는 늘 함정이 있다. 다른 것을 다 잘해도 이런 함정에 빠지면 한방에 무너진다. 마치 지뢰를 밟는 것과 같다. 전도가 양양해 보이던 리더가 하루아침에 곤경에 처하고, 잘나가던 기업이 갑자기 파산지경으로 몰리는 결정적 이유는 함정을 넘어서지 못했기 때문이다.

리더는 신이 아니다. 리더도 똑같은 인간이다. 모두 단점이 있고 인간적 결함이 있다. 하지만 직급이 높을수록 이런 개인적 함정이 조직을 파멸시킬 위험성이 높아진다. 따라서 사전에 그런 함정을 생각하고 경계해야 한다.

누구나 두세 가지 함정을 가지고 있다. 극심한 스트레스에 노출될 수밖에 없는 CEO들은 이런 함정에 쉽게 빠지곤 한다. 그들이 받고 있는 중

압감은 보통 사람은 이해하기 힘들다. 스포트라이트를 받으며 수많은 직원을 책임져야 하고, 단기이익과 장기적 생존을 동시에 추구해야 하며, 노조와 투자자 사이의 갈등도 해결해야 한다. 지도자급 인사들이 심심찮게 자살하는 것도 이런 극심한 스트레스를 이겨내지 못했기 때문이다. 하지만 잘 극복하면 함정은 강점이 될 수도 있다.

리더를 위협하는 함정에는 어떤 것이 있을까? 함정을 넘어서는 해법은 과연 무엇일까?《당신을 성공으로 이끄는 1%의 리더십》을 쓴 데이비드 도트리치와 피터 카이로의 말을 들어보자.

자만심의 함정

자부심은 성공의 원천이지만 지나치면 자만심으로 변해 패망의 선봉이 된다. 자만심은 뛰어나고 똑똑한 사람들이 가장 쉽게 빠지는 함정이다. 그들은 다른 사람의 의견을 듣기도 전에 자기 의견이 옳다고 생각한다. 자기 의견이 꺾이는 것을 무엇보다 싫어하며, 자신이 내놓은 전략이나 아이디어가 채택되지 않으면 책임지기를 거부한다. 또한 모든 상황을 자기 생각에 맞추어 재해석한다.

드러나는 현상
> 받는 정보량이 줄어든다. 괜히 이야기를 꺼냈다가 본전도 못 찾을까 두려워 직원들이 말하지 않기 때문이다.
> 책임질 일에 대해 발뺌을 한다.
> 변화에 저항한다. 자기 생각이 너무 강하기 때문에 수정하려 하지 않

는다.
> 자기 한계를 인정하지 않는다.

문제의 해법
> 자신이 거만하다는 사실을 깨달아야 한다.
> 조직 내에 진실을 말할 수 있는 사람이 있어야 한다. 눈치 보지 않고 이야기할 수 있는 사람을 두고 주기적으로 피드백을 받아야 한다.
> 작은 실패를 계기로 한발 물러나 사태를 바라볼 수 있어야 한다.
> 드러나지 않는 자만심을 더 조심해야 한다. 겉으로는 무척 겸손한 것 같지만 속으로는 절대 동의하지 않는 사람이 더 위험하다.

스타의식의 함정

그들은 항상 다른 사람의 주목을 받고 싶어 한다. 회의실을 연극무대로 변질시킨다. 자부심이 선을 넘으면 자만심이 되듯, 인상적인 감화를 주는 행동이 선을 넘으면 스타의식으로 변할 수 있다. 말이 앞서는 리더가 흔히 이런 실수를 저지른다. 환호하는 대중을 보기 위해 멋진 약속과 비전을 남발한다. 회의 중 남이 말할 기회를 주지 않고 끊임없이 말을 한다. 여러 방법으로 관심을 끌려 한다. 이들은 다른 사람에게는 관심이 없고 오로지 자신에게만 관심이 있다.

드러나는 현상
> 말하는 데 초점이 없다. 얼핏 그럴듯하게 들리지만, 조리와 일관성이 없

고 요점 정리가 안 된다. 그래서 도대체 무얼 어떻게 하겠다는 것인지 이해하기 힘들다.
> 인재들이 떠난다. 사람들이 소외감을 느끼거나 필요 없는 존재라고 느끼게 된다.
> 쓸데없이 기대치를 높이게 만든다.

문제의 해법
> 주기적으로 피드백을 받아야 한다. 자기 볼륨을 조금 줄여보라. 입에 발린 말을 하고 싶은 충동을 억눌러야 한다.
> 자기 모습을 녹화하게 하고 그것을 보라. 아마 느낄 수 있을 것이다. 화려한 제스처, 그럴듯한 말들, 거기에 실망하는 직원들의 모습을 직접 보라.
> 듣고 반성하는 시간을 가져라.

다혈질의 함정

사소한 실수에 대해 분명치 않은 이유로 화를 낸다. 같은 행동에 대해서 어느 날은 칭찬을 하고 어느 날은 심하게 꾸짖는다. 별명도 '예측불허'다. 열정이 넘치다가도 갑자기 다른 사람을 겁주는 말과 행동을 한다. 감정기복이 심하다. 기분에 따라 결정을 번복한다.

드러나는 현상
> 사람들이 교류하기를 꺼리고 함께 밥 먹으려 하지 않는다. 옆에 아무도

앉으려 하지 않는다.
> 부하들이 눈치를 심하게 본다.
> 사람들과의 관계가 소원해지는 것을 느낀다.

문제의 해법
> 변덕스러움을 경고해줄 수 있는 믿을 만한 조언자를 구하라.
> 한 발짝 물러서 보라. 혼자만의 시간을 갖고 반성해보라. 말하기 전에 그 말이 주는 영향에 대해 생각해보라.

신중함의 함정

뭐든지 지나치면 문제가 된다. 신중함도 그렇다. 결재를 하지 않고 계속 묵히는 리더가 있다. 뭔가 잘못될지 모른다는 염려, 다양한 의견을 들어보지 않고서는 결정을 내릴 수 없다는 불안감이 그를 휩싸고 있다. 직원들은 결정을 기다리느라 아무 일도 하지 못한다.

뛰어난 분석력을 가진 리더들 가운데 이런 사람이 많다. 지나친 신중함과 조심성 때문에 아무것도 하지 않는다. 지미 카터가 대표적이다. 그는 분석적이고 자료 중심적이었다. 만에 하나라도 잘못될 경우를 늘 생각했다. 무수한 보고서를 읽어본 후 결정을 내렸다. 상반되는 보고서가 있는 경우 결정은 더욱 늦어졌다. 레이건은 달랐다. 작은 정부, 강력한 안보, 세금 인하라는 분명한 가치를 기반으로 의사결정을 했고 훌륭한 리더로 평가받았다.

드러나는 현상

> 직원을 해고하지 못한다.
> 행동하지 않고 우왕좌왕한다.
> 강력히 의견을 주장하거나 약속을 하지 않는다.

문제의 해법

> 우선순위를 정한다.
> 해본 적이 없는 일을 해본다. 공장을 둘러본다든지, 논쟁을 해본다든지, 평소에 안 가본 곳을 가본다든지….
> 과거의 성공을 기억하라. 두려움이 없어진다.
> 최악의 두려움에 맞서라. 죽기밖에 더 하겠냐고 생각하면 못할 일이 없다.

불신의 함정

다각적으로 분석하고 재검토하는 데 능한 리더들이 쉽게 빠지는 함정이다. 그들은 늘 부정적인 면만 보고 비판적인 피드백만 준다. 사람들은 근본적으로 악하며 개인적인 이익 때문에 움직인다고 생각하기 때문에 의심하는 버릇이 몸에 배어 있다.

리처드 닉슨은 불신의 리더로 알려져 있다. 불신 때문에 추락한 것은 아니지만 그것이 큰 몫을 한 것은 사실이다. 그는 자기 대화를 녹음했고, 정적들의 목록을 만들고 그들의 활동에 대한 정보를 모으고 염탐했다.

의심의 눈초리 아래서 모험을 감수할 사람은 없다. 그러는 동안 문제가 발생한다. 조직에 불신풍조가 팽배해진다. 리더는 지위가 올라갈수록 다른 사람을 신뢰하고 의존해야 한다.

드러나는 현상
> 다른 사람의 행동 동기에 대해 늘 의심을 품는다.
> 부하들의 행동이 방어적으로 변한다. 상사의 행동 예측에 엄청난 에너지를 소모하느라 정작 다른 일은 못한다.
> 외부 집단 혹은 다른 회사와 동맹관계를 맺는 데 어려움이 있다.

문제의 해법
> 불신감이 높은 사람들은 대체로 논리적이다. 불신의 배후에 감추어진 이유를 분석하라. 왜 사람들을 의심하는지, 그래서 얻는 것이 무엇인지. 성장과정에서의 부정적인 경험이 원인인 경우가 많다.
> 가까운 사람부터 의심하기를 중단해보라. 그리고 관찰하라. 어떤 일이 벌어지는지.
> 긍정적으로 생각하는 연습을 하라.

무관심과 고립의 함정

사무적이고 독자적인 업무에 능숙한 리더에게서 흔히 나타나는 모습이다. 그는 스스로를 고립시킴으로써 중요한 인물과 멀어지고 그들로부터 고급 정보를 받지 못한다. 사람들과 팀이나 동맹관계를 이루어 일하는 것을 매우 힘들어한다. 자기 약점이나 진짜 모습을 타인에게 보이는 것을 병적으로 싫어하기 때문이다. 감정 표현이 허락되지 않는 냉랭한 분위기를 조성한다. 이런 리더는 위기상황이나 반대의견에 부딪히면 곧잘 후퇴하는 경향이 있다.

드러나는 현상
> 사람들 앞에 나타나지 않는다.
> 갈등을 무시한다.
> 직원들이 열심히 일하지 않는다.
> 사내에 억측과 오해가 난무한다.
> 열정이 없는 조직문화가 만들어진다. 서로에게 감정을 표시하지 않고 데면데면하다.

문제의 해법
> 당신이 어떤 사람인지를 있는 그대로 보여주라.
> 내가 마음 문을 열어야 상대도 마음 문을 연다는 사실을 기억하라.
> 다른 사람에게 관심을 갖고 질문을 하라.

정치성의 함정

정치력으로 리더 지위에 오른 사람들은 지나친 정치성으로 인한 함정에 빠질 수 있다. 업무상 성과보다는 그 일을 할 때 정치적으로 어떤 이점이 있는가를 계산한다. 말과 행동이 다르다. 어느 누구와도 공유하지 않는 사적인 내심을 가지고 있으며 일체 반대의사를 표하지 않는다. 이렇게 리더가 정치적이면 주변 사람도 다 정치인으로 변한다. 말도 정치적으로 한다. 겉과 속이 다른 조직으로 변질된다.

드러나는 현상
> 직원들이 혼란스러워하고 분개한다.
> 냉소주의가 만연한다.
> 파트너십이 붕괴된다.
> 직원들 모두가 생각과는 다른 립서비스만을 내놓는다.

문제의 해법
> 느끼는 것과 말하고 행동하는 것 사이의 차이를 이해해야 한다.
> 함께 일하는 사람의 입장에 서보아야 한다.
> 갈등의 소지가 있는 분야에 뛰어들어보라.

완벽주의의 함정

큰일은 잘못되어도 사소한 일은 완벽하게 하려 한다. 완벽주의 성향의 리더는 세부적인 일에 치우친 나머지 큰 그림을 놓치고, 정작 리더로서 자신이 할 일에는 소홀하다. 리더에게 바라는 사람들의 요구는 뒤로하고 프로세스 관리에만 시간을 투자한다. 내용보다 형식에 더 신경을 쓴다. 무엇이 조직을 위해 진정으로 필요한 것인지 헷갈리고, 자신이 원하는 대로 되지 않으면 그냥 넘어가지 못한다.

드러나는 현상

> 리더가 홍길동이라는 이야기를 듣는다. 남에게 일을 맡기지 못해 혼자만 바쁘고 직원들은 한가하다.
> 기능보다는 형식을, 실제보다는 스타일을 중시한다.
> 명백한 일을 간과하는 경우가 왕왕 있다.
> 스트레스의 악순환에 시달린다.

문제의 해법

> 지나친 스트레스, 기회 상실, 직원의 사기 저하 등 완벽주의로 인한 대가를 생각하라.
> 우선순위를 기억하라. 가장 소중한 일이 무엇인지를 파악하고 거기에 몰입하라. 상대적으로 덜 소중한 일은 다소 불완전해도 참아라.

예스맨의 함정

예스맨 성향의 리더는 갈등을 병적으로 싫어한다. 늘 남들을 기쁘게 해야 한다는 강박관념을 갖고 있다. 불협화음이나 갈등의 소지가 있는 아이디어는 바로 없앤다. 그러다 보니 늘 뻔한 아이디어만 맴돈다. 반대하는 법도 없다. 그저 모든 사람을 지지하고 편들기에 바쁘다. 자기 생각이나 감정을 강하게 드러내는 경우는 거의 없다. 때로는 외로운 결단을 내릴 줄 알아야 한다는 사실을 모른다. 이런 리더는 '인기'라는 유혹에 빠져 조직을 망칠 수 있다.

드러나는 현상
> 주변 사람들의 지지와 충성심을 잃는다.
> 열의가 부족한 환경을 만든다. 창의적 긴장감이 없기 때문이다. 갈등이 없기 때문에 열정적으로 설명할 필요가 없다.
> 인사와 관련한 어려운 결정을 내리기 힘들다.

문제의 해법
> 자기 생각을 분명히 하라.
> 필요하다면 싸우고 부딪쳐라.
> 보호할 가치가 있는 사람을 보호하라.

함정은 어디에나 있고, 누구나 이 함정에 빠질 수 있다. 하지만 리더의 함정은 질적으로 다르다. 결코 빠져들어서는 안 된다. 리더 한 사람의 문제로 끝나지 않고 조직 전체를 파멸로 몰아갈 수 있기 때문이다.

그래서 리더는 항상 자신을 함정에 빠뜨릴 수 있는 위험요소를 자각하고, 미연에 방지할 수 있는 방법을 강구해야 한다. 또한 자신의 약점을 인정하고 관리할 수 있어야 한다.

- □ 자만심, 스타의식, 다혈질, 신중함의 함정 중 내가 빠지기 쉬운 함정이 있다면?
- □ 불신, 무관심과 고립, 정치성, 완벽주의, 예스맨의 함정 중 빠지기 쉬운 함정은?
- □ 함정에 빠진 리더를 본 적이 있는가? 결과가 어땠는가?
- □ 그것으로부터 무엇을 배웠는가?
- □ 이를 방지하기 위해 무엇을 어떻게 하면 되겠는가?

그는 어떻게 전설의 리더가 되었을까

어떤 사람이 제대로 살았는지는 그가 죽었을 때 사람들의 반응을 보면 금세 알 수 있다. '정승 개 죽은 데는 문상을 가도 정승 죽은 데는 문상을 안 간다'는 속담이 있다. 얄팍한 세태를 비꼰 표현이지만, 정승이 인생을 잘못 살았기 때문일 수도 있지 않을까. 장례식장 풍경을 보면 그의 삶이 어땠는지를 알 수 있다.

그런 의미에서 미국 미시간대 풋볼팀의 전설적인 감독 보 스켐베클러는 위대한 인생을 산 인물이다. 2005년 그가 심장병으로 사망하자 스포츠 전문 채널 ESPN은 특집방송을 편성했다. 〈뉴욕타임스〉는 관련 소식을 1면에 대서특필했고, 미시간대학 웹사이트는 하루 만에 평소 1년간 접속 건수를 넘어서는 기록을 세웠다. 그가 사망한 당일 미시간대학에서는 철야기도회가 열렸으며, 사흘 뒤 열린 공식 추도회에는 조문객만 2만 명이 넘었다. 도대체 왜 이렇게 많은 사람들이 그의 죽음을 애도했을까? 그 비밀은 무엇일까?

위대한 리더십의 비밀

보 스켐베클러는 '전설의 리더'로 불린다. 그런 명예로운 이름을 얻게 된 이유는 무엇보다 탁월한 성과 때문이다. 미시간대학 풋볼 감독을 맡은 1969년부터 은퇴한 1989년까지 그는 234승, 승률 85%라는 대기록을 달성했다. 빅텐 미국 중서부 대학리그에서 13회, 볼 게임 미국 대학리그에서 5회 우승했다. 국가대표 33명, 빅텐 대표 126명을 배출했다. 그는 누구나 인정하는 '감독 중의 감독'이었다.

하지만 기록만으로 보가 발휘한 리더십의 위대성을 설명할 수는 없다. 그는 필드에서는 불같은 감독이었다. 시합 중 소리를 질러대고 헤드세트를 내동댕이치기도 하고 욕도 많이 하는 다혈질이었다. 하지만 필드 밖에서는 선수들을 알뜰히 보살피는, 부드럽고 인간적인 감독이었다. 돈이 없어 먼 외곽에 살 수밖에 없었던 선수에게 집을 얻어주고, 선수들의 학교 성적도 일일이 챙겼다. 원래 사람을 좋아했기 때문이다.

그는 선수들과 동고동락했다. 24시간 붙어 있다시피 하면서 코치, 선수, 스태프들과 시간을 보냈고, 그들의 이야기를 듣기 위해 노력했다. 리더의 가장 중요한 역할인 시간 내기와 경청을 통해 선수들에게 '나는 필요한 사람'이라는 인식을 심어주었다. 뿐만 아니라 현장의 문제를 제때 발견하여 해결할 수 있었다.

일에 대한 열정도 남달랐다. 일을 좋아하는 것은 리더십의 전제조건이다. 다른 모든 것이 충족되어도 자기 일에 열정을 보이지 않거나 좋아하지 않으면 리더십은 발휘되지 않는다. 그는 풋볼에 미친 사람이었다. 풋볼에 빠져 평생을 보낸 사람이다. 다른 일에는 신경조차 써본 적이 없다. 그는 이렇게 이야기했다.

"하는 일을 한낱 밥벌이 수단으로 여기면 남들도 내 일을 한낱 밥벌이 수단으로밖에 보지 않을 것이다. 그렇기 때문에 내가 진정으로 하고 싶은 일을 찾고 거기에 모든 것을 쏟아부어야 한다. 나는 평생 일자리를 구해본 적이 없다. 이력서를 써본 적도 없다. 내 분야에서 열심히 일하면서 실력을 쌓으면 늘 좋은 기회가 왔다."

그는 돈에 대해서도 무심했다.

"처음 어딘가에 발을 내디딜 때는 많은 돈을 받으면서 별 볼일 없는 리더 밑에서 일하기보다는 푼돈을 받더라도 훌륭한 리더 밑에서 일하는 편이 낫다. 훌륭한 리더가 되려면 훌륭한 리더를 보고 배우는 것이 최선이다. 연봉협상 때도 난 돈에는 관심이 없다고 답했다. 계약서도 없었다. 처음 뭔가를 시작할 때 필요한 것은 돈이 아니라 자원이다."

빈말이 아니다. 그가 미시간대학에서 탁월한 성과를 내자 1982년 텍사스 A&M에서 10년간 225만 달러를 주겠다는, 거절하기 어려운 제안을 했다. 그가 받고 있는 돈의 4배에 가까운 금액이었다. 주변 사람들은 옮기라고 권했지만 그는 거절했다.

"선수들보다 돈이 중요하다면 그건 감독이 선수를 첫째로 생각하고 있지 않다는 뜻이다. 나를 위해 죽어라 뛰어준 사람들, 선수와 코치와 스태프들에게 대한 의리가 아니다."

생존하고 싶으면 원칙을 지켜라

보 스켐베클러는 가치 지향적인 사람이다. 자기만의 원칙을 명확히 하고 선수들이 따라올 것을 강력히 주문했다. 선수들이 원하는 것을 들어주기보다는 "나는 이것을 원한다. 이 팀에서 생존하고 싶으면 이것을 반드시 지켜라" 하는 식이었다. 그가 흔들림 없이 20년 동안 탁월한 성과를 낸 것은 바로 그런 원칙 때문이다.

대표적인 것이 시간 엄수다. 그는 시간 엄수에 관한 한 병적일 정도였다. 늘 "이른 것이 제때이고, 제때인 것은 늦은 것이다"라고 말했다. 시간에 늦는 것은 절대 용납하지 않았다. 한 번도 인원 점검을 해본 적이 없었다. 시간이 되면 무조건 시작했기 때문이다. 버스로 이동 시에는 더욱 살벌했다. 제시간에 오지 않으면 인원점검 없이 무조건 출발했다. 이런 일을 몇 번 겪고 나니 시간에 관한 한 모두가 칼이 되었다.

이 밖에도 그가 선수들에게 강조한 행동원칙들은 이런 것들이었다. 발바닥은 바닥에 단단히 붙인다, 시선은 정면을 응시한다, 상체는 앞으로 기울여 집중한다, 껌이나 담배 등 입 안에 있는 것은 모두 뱉는다, 모자는 반드시 벗는다, 건물 내에서는 자전거 통행을 금지한다, 급식 줄에 끼어들지 않는다.

어떤 학생이 왜 우리가 옷까지 간섭을 받아야 하냐며 따지듯 질문을 던졌다. 그는 이렇게 답변했다.

"옷을 제대로 입으면 행동도 점잖아지고, 스스로 더 나은 사람이 된 기분이 들기 때문이다."

맞다. 외모가 생각을 바꾼다. 어찌 보면 사소하다 할 수 있지만 사실 가장 중요한 것이다. 기본이 무너지면 조직이 무너진다.

그가 내세운 최고의 가치는 팀이었다. 그는 모든 선수들에게 팀으로 보고, 팀으로 행동하고, 팀으로 뛸 것을 요구했다. 감독인 자신을 포함해서 그 누구도 예외가 없었다. 그는 늘 이렇게 말했다.

"아무리 뛰어난 선수도 팀보다 중요하지는 않다. 아무리 뛰어난 감독도 팀보다 중요하지는 않다. 팀, 팀, 팀만이 전부다. 무언가의 일부가 되는 것, 그것이 팀이다."

그는 자신만의 팀을 만들기 위해 노력했다. 그렇다고 자기 마음대로 할 수 있는 팀을 만들고자 한 것이 아니었다. "내가 리더로서 책임을 지고, 팀원들이 나를 리더로서 믿고 따라올 수 있는 최고의 조직을 만든다"는 의미였다. 그런 그에게 스타인가 아닌가는 중요치 않았다. 팀에 필요한 자와 그렇지 않은 자가 있을 뿐이었다.

희한한 것은 팀에서 끝까지 살아남으면 챔피언 반지를 낄 수 있었다는 사실이다. 그 어떤 것도 팀보다 앞설 수 없다는, 팀 중심의 원칙이 무적의 팀을 만든 것이다. 재능이라곤 눈을 씻고 찾아봐도 없는 선수들이 수두룩한데도 챔피언에 오른 위대한 신화는 그렇게 쓰여졌다.

제발 스타를 띄우지 마라

보 스켐베클러는 최고의 인사전문가였다. 그가 선수들에게 적용한 원칙과 철학, 팀의 운영방침을 살펴보면 배울 점이 많다.

그는 채용에 많은 시간을 할애했다. '지금 고생하지 않으면 나중에 고생한다. 시간은 앞당겨 사용해야 효용성이 높다'고 생각했다. 그는 하고 싶어 안달이 난 사람을 우선적으로 채용했다. 운동은 잘해도 의욕이 약하거나 자신에 대한 믿음이 부족한 사람은 절대 채용하지 않았다. 거만한 사람은 질색이었다. 뽑아봤자 메뚜기처럼 다른 곳으로 갈 가능성이 높고 팀워크만 해친다고 생각했기 때문이다. 그가 선호하는 사람은 다소 실력이 떨어져도 품성이 좋고 충성심이 높고 다른 곳에 갈 가능성이 낮은 사람이었다.

해고 철학도 신선하다. "채용은 가능한 한 신중하게, 해고는 재빨리 하라." 그는 팀에서 마음이 떠난 사람을 방치하는 것은 사과상자 안에 썩은 사과를 그대로 두는 것과 같다고 생각했다. 그냥 놔두면 다른 멀쩡한 사과까지 금방 썩게 된다는 것이다.

그는 모든 일을 혼자 떠맡지 않았다. 일을 나누어야 아랫사람을 성장시킬 수 있고, 그래야 리더도 편하고 직원들도 신바람이 나기 때문이다. 혼자서 북 치고 장구 치는 리더 밑에서는 누구나 나태하고 안하무인이 되기 쉽다는 사실을 잘 알고 있었다.

그는 또 모든 선수를 공평하게 대했다. 내부 경쟁을 통해 철저히 성과 위주로 선수를 선발했다. 처음에는 시원치 않아도 꾸준히 노력해서 가능성을 보이면 선발로 뛰게 해주었다. 하지만 스타랍시고 게으름을 피우거나 훈련을 제대로 하지 않으면 선발명단에서 빼버렸다. 자연 선수들의 최대 관심사는 열심히 훈련해서 선발로 활약하는 것이 되었다. 스타선수에 대한 우대도 철저히 금지했다. 팀 전체 사기를 떨어뜨리는 비결은 스타에게 특별대우를 해주는 것이라고 생각한 그는 홍보담당에게도 늘 이렇게 주문했다.

"제발 어느 한 선수를 다른 선수들보다 띄우지 마세요. 그건 우리 원칙에서 벗어납니다."

자기가 팀보다 우선이라는 생각을 가진 선수가 있으면 팀을 성공적으로 이끌 수 없다. 한두 사람은 뛰어날지 몰라도 팀은 영원히 하위권을 맴돌게 된다. 그는 스타보다는 중간급 선수들의 사기를 북돋아줌으로써 강팀을 만들었다.

보 스켐베클러는 승진도 조직 내부에서만 이루어지도록 했다. 동기부여를 위해서였다. 열심히 일한 내부인을 제쳐두고 외부에서 인재를 끌어오는 것만큼 내부인의 기운을 빼는 일도 없다. 물론 내부에서 해결할 수 없는 경우도 있다. 그런 경우가 아니면 내부인을 우선 키우는 것이 낫다. 페덱스나 P&G 같은 글로벌기업의 인사철학도 이와 같다.

기적은 훈련이 만든다

리더는 명확한 목표를 제시하는 사람이다. 올라야 할 고지가 어디라는 것을 공유하고 팀원들로 하여금 그곳을 향해 뛰게 하는 사람이다.

보 스켐베클러는 모두 함께 달성할 목표를 세웠다. 하지만 일방적으로 세우지 않았다. 선수들에게 스스로 목표를 설정하고 그것을 이루기 위해 무엇을 할 것인지 생각하게 했다. 이런 식이다. 4학년 선수를 앞으로 불러내 다른 선수들에게 이번 시즌에 어떤 목표를 세우면 좋을지 물어보고 제시된 의견을 칠판에 죽 적게 한다. '오하이오를 박살내자, 빅텐에 진출하자…' 그렇게 해서 팀 목표를 정한 다음 개인 목표를 쓰게 한다. 두 장을 작성해 한 장은 감독에게 제출하고 한 장은 개인이 보관하게 한다. 매일 아침 눈 뜰 때와 잠자리에 들 때 목표를 되새기게 한다.

목표는 리더십을 발휘하는 기준이 되었다. 선수들 면담에서도 목표가 토대가 되었으며, 가혹한 훈련에 반발하는 선수들을 지도할 때도 목표는 좋은 약이 되었다.

목표가 정해진 다음 할 일은 오로지 훈련이었다. 그는 실전처럼 훈련을 시키고, 훈련을 제대로 하지 않으면 무섭게 다그쳤다. 누구도 예외를 두지 않았다. 덩치가 산만한 선수들 전원이 1,600미터를 6분 안에 뛰게 했다. 죽음에 가까운 훈련이지만 모든 선수가 이를 통과했다. 풋볼경기에서 허들, 즉 선수들이 함께 전략을 짜는 것에서 다시 일렬로 정렬하여 볼을 던질 때까지 감독에게 주어진 시간은 단 25초. 이런 일을 경기당 100번 정도 치른다. 25초를 최대한 활용하기 위해서는 실전에 앞서 조직화하고 완전히 몸으로 체득해야 한다. 절대적 긴장감이 요구된다.

사람들은 긴장감 속에서 가장 많은 것을 배운다. 훈련과정에는 긴장감이 있어야 하고 리더는 긴장감을 불어넣을 수 있어야 한다. 훈련은 실전처럼, 실전은 연습처럼 해야 한다. 철저한 훈련만이 강팀을 만든다. 2차 세계대전 당시 독일의 전쟁 영웅 에르빈 롬멜은 "사령관이나 군대가 병사에게 해줄 수 있는 가장 큰 복지는 훈련이다"라고 말했다.

인생에는 2가지 고통이 있다. 하나는 훈련의 고통이고, 또 하나는 후회의 고통이다. 훈련의 고통은 가볍지만 후회의 고통은 무겁다.

만화가 이현세의 작품 중에 〈공포의 외인구단〉이 있다. 야인이 된 감독이 별 볼일 없는 선수를 끌어모아 최고의 팀으로 만들고 끝내 우승을 하게 된다는 내용이다. 보 스켐베클러가 바로 그런 사람이다. 사람들 내면에 깃든 잠재력을 일깨우고, 자신도 몰랐던 강점을 끄집어내 꽃을 피우게 도와주었다. 그 결과 불멸의 기록을 낳았다. 하지만 그는 결코 승부에만 집착하지 않았다. 패배의 고통도 껴안을 줄 알았다. 후회의 고통을 없애기 위해 선수들에게 훈련의 고통을 가했지만, 막상 시합에 졌을 때는 격려하고 위로했다. 훈련 중 다그치는 것은 도움이 되지만 시합이 끝난 후에 다그치는 것은 도움이 되지 않기 때문이다.

세상에 성과만 좋은 리더는 얼마든지 있다. 하지만 당대는 물론 후세에까지 지속적이고 긍정적인 영향을 미치는 리더는 찾아보기 힘들다. 보 스켐베클러는 살아서 위대한 리더였고, 죽어서는 사람들 기억 속에 영원히 남을 전설의 리더가 되었다.

생각해보라. 훗날 내 장례식에는 어떤 사람들이 얼마나 와서 어떤 식으로 나를 회상하게 될까? 지금 내가 어떤 리더인지, 앞으로 어떤 리더가 되어야 할지 떠오르지 않는가.

> ☐ 보 스켐베클러 감독을 통해 무엇을 배웠는가?
> ☐ 사람을 좋아하는가? 자신이 하는 일을 좋아하는가? 그렇지 않다면 어떻게 해야 하는가?
> ☐ 나만의 원칙이 있다면 무엇인가? 그것을 제대로 지키고 있는가?
> ☐ 우리 조직의 스타는 누구인가? 그 때문에 소외된 팀원은 없는가?
> ☐ 보 스켐베클러의 채용원칙에 대해 어떻게 생각하는가? 나만의 원칙은 있는가?

2장 신뢰의 속도로 가라
리더십의 생명 '신뢰'의 모든 것

이것이 무너지면 다 무너진다

건강은 인생의 에너지다. 인생이 순항하려면 반드시 건강이라는 에너지가 필요하다. 건강 없는 인생은 무기력하고 쓸쓸하기 짝이 없다. 우리 모두가 건강을 중시하는 이유다. 마찬가지로 신뢰는 모든 인간관계의 원천이다. 신뢰 없이 유지되는 관계는 세상 어디에도 없다. 우정도 사랑도 신뢰의 기반이 없으면 이내 시들어버리고 만다. 직장생활에서도 사업에서도 신뢰는 생명이다. 동대문시장에서 큰돈을 번 어느 상인의 이야기다.

"신용이 없으면 장사를 못해요. 항상 남을 즐겁게 해준다는 마음으로 장사를 합니다. 장사 밑천은 신용이지요. 하자 있는 물건을 한두 번은 팔 수 있지만, 그것이 쌓이면 손님들은 등을 돌립니다. 납품처도 마찬가지입니다. 신용을 잃으면 언젠가는 대가를 치릅니다. 반대로 신용이 있으면 지금 당장 돈이 없어도 물건을 받을 수 있습니다. 그래서 장사에서 가장 중요한 것은 신용을 얻는 것입니다."

사업하는 사람에게 신뢰가 얼마나 중요한지 단적으로 알 수 있다. 상인의 말대로 사업은 신뢰 없이 할 수 없다. 설사 한다 하더라도 오래가지 못한다. 돈을 벌어도 큰돈은 벌 수 없다. 신뢰가 밑천이다. 신뢰가 있어야 사업을 할 수 있고 돈이 떨어져도 위기를 모면할 수 있다.

2002년 11월 상공회의소가 성공한 상인 225명을 대상으로 성공요인을 조사했다. 1위는 신용이었다. 무려 74.2%가 이를 첫째로 꼽았다. 장사 수완은 15.1%, 재력은 4.4%, 운은 3.6%에 불과했다.

화려한 승자의 말로

신뢰를 얻지 못했을 때 어떤 일이 벌어지는지를 아주 잘 보여주는 사례가 있다. 북미아이스하키리그NHL에서 있었던 일이다.

마이크 키넌은 NHL에서 잘나가는 감독이었다. 여섯 번의 지역타이틀 획득, 네 번의 챔피언결정전 진출, 한 번의 NHL리그 우승 등 화려한 경력을 자랑했다. 이 같은 경력에도 불구하고 그는 한 팀에 오래 머물지 못했다. 11시즌 반 동안 네 번이나 팀을 바꾸었고, 네 번째 팀인 세인트루이스 블루스에서 물러난 다음에는 오랫동안 일할 기회를 잡지 못했다. 왜 그랬을까?

키넌은 리더의 자리에 있었지만 리더십을 발휘하지 못했다. 공격적인 말투와 독재적인 팀 운영으로 가는 곳마다 마찰을 빚었다. 선수들은 그를 따르지 않았고 구단주조차 믿지 않았다. 스포츠기자들은 "키넌을 꺼리는 이유는 명백하다. 그는 가는 곳마다 운영팀과도 선수들과도 잘 지내지 못했다"고 평가했다.

뛰어난 능력에도 불구하고 더 이상 빛을 보지 못하거나, 최고의 자리에 올랐지만 영광을 누리지 못하고 역사의 뒤안길로 사라진 이들이 적지 않다. 그들은 공통적으로 성품에 결함이 있었다. 독단, 자만심, 탐욕 등이 그들의 신뢰를 떨어뜨리고 몰락을 불렀다. 한 번의 실수가 그들에게는 결정타가 되었다. 능력이 부족해서 저지른 실수였다면 결과가 달랐을 수도 있다. 용서의 여지가 있기 때문이다. 하지만 성품문제 때문에 일어난 실수는 그렇지 않다. 조그만 실수도 치명적이다. 그대로 추락이다. 신뢰를 저버린 사람은 용서받지 못한다.

성품은 그 사람의 인생이다. 누구도 자기 성품의 한계를 넘어설 수 없다. 펩시콜라 회장을 역임한 크레이그 웨더럽은 "신뢰에 대해 이야기한다고 해서 신뢰가 쌓이는 것이 아니다. 항상 진실한 자세로 함께 일하는 동료를 인간적으로 배려하면서 획득한 결과를 통해 신뢰는 향상된다"고 말한다.

신뢰의 출발은 훌륭한 성품이다. 열심히 하고 성과도 좋은데 왜 남들이 믿지 않는지 의아하다면 자신부터 돌아볼 일이다.

불신의 혹독한 대가

키넌의 경우처럼 개인에 대한 불신은 개인의 불행을 가져온다. 그는 감독이었기에 선수들과 구단 전체에 미친 부정적 여파가 적지 않았다. 사기가 떨어지고 구단 운영에도 큰 어려움을 겪었다. 사회적 불신은 어떨까?

2001년 9·11테러가 발생했다. 항공기가 파괴되고 빌딩이 붕괴하면서 많은 사람이 목숨을 잃었고 세계는 경악을 금치 못했다. 잃은 것은 그뿐이 아니었다. 테러 직후 안전에 대한 신뢰도 함께 실종되었다. 항공여행에 대한 불안감과 보안시스템에 대한 불신이 커졌고 이를 해소하기 위한 조치가 뒤따랐다. 검색이 강화되고, 항공기 이착륙과 탑승에 따르는 절차가 더욱 까다로워졌다. 9·11테러 전에는 이륙 30분 전 공항에 도착해도 충분했지만, 이후로는 1시간 30분 전에 도착해야 했다. 해외여행의 경우에는 2,3시간 전부터 대기해야 했다. 또한 티켓을 끊을 때마다 신설된 보안세를 내야 했다. 안전에 대한 신뢰가 낮아져 나타난 결과였다.

신뢰가 떨어지면 속도가 느려지고 비용이 올라간다. 끊임없이 확인하고 또 확인해야 하기 때문이다. 그만큼 시간과 인원이 더 투입될 수밖에 없다. 9·11테러 이후 벌어진 공항의 살풍경이 이를 대변한다. 미국의 시인이자 사상가 랠프 왈도 에머슨은 "불신은 대단히 비싼 대가를 치른다"고 말했다. 불신사회는 고비용사회다.

겉으로는 신뢰, 안으로는 의심

수많은 기업이 신뢰를 부르짖는다. 사장은 직원에게 자기를 믿고 따라오라 하고 고객에게는 충성을 다짐한다. 하지만 속으로는 직원을 의심에 찬 눈초리로 바라보고 당장의 이익을 위해 고객과의 약속을 가볍게 저버린다.

회사가 직원을 믿지 않는 대표적 사례가 출퇴근시간 체크다. 이것은 직원들에게 '회사는 당신을 신뢰하지 않는다. 조금만 한눈을 팔면 딴짓할 수도 있기 때문에 출퇴근시간을 확인할 수밖에 없다'는 강력한 메시지로 다가간다. 이런 상황에 대한 직원들의 반응은 뻔하다. '출퇴근시간을 확인하다니, 나를 믿지 않는다는 의미군. 그렇다면 나도 거기에 걸맞게 행동할 수밖에.' 신뢰를 얻지 못한 직원은 대부분 그에 걸맞게 행동한다.

믿고 맡기는 법이 없이 하나부터 열까지 일일이 체크하고 지시하는 조직은 제대로 굴러가는 조직이 아니다. 매사가 수동적으로 돌아가고 조직의 피로감은 점점 쌓여간다. 되는 일이 없다. 창의성은 물 건너간다. 갈수록 뒤처지는 조직으로 전락한다.

그렇게 해도 그럭저럭 먹고살 수 있는 때가 있었다. 저임금을 바탕으로 한 저가공세의 시기가 그랬다. 가격 자체가 경쟁력이었다. 시대가 변하면서 품질과 기술이 경쟁의 원천이 되었다. 지금은 그마저 통하지 않는다. 개인과 조직의 가치, 신뢰, 이미지가 가장 중요한 경쟁력으로 자리 잡았다. 고객을 포함하여 시장과 사회에 가치와 신뢰를 주지 못하는 기업은 도태될 수밖에 없다. 2008년 글로벌 금융위기의 도화선이 된 투자은행 리먼브러더스의 파산과 자동차 신화를 일거에 무너뜨린 도요타의 대량 리콜사태도 신뢰 추락이 야기한 재앙이었다.

그런 의미에서 오늘날 기업은 길거리에서 흔하게 듣는 '불신지옥'이라는 말을 '불신파산'으로 바꿔 들어야 한다. 항상 경각심을 갖고 긴장을 늦추지 말아야 한다.

명심하라. 신뢰가 무너지는 순간 모든 것이 무너진다는 것을.

- 나와 조직의 신뢰 정도는 어떤가?
- 내가 무슨 말을 해도 믿고 따라줄 사람이 있는가?
- 그것을 어떻게 알 수 있는가? 주기적으로 신뢰성을 확인하는 방법이 있는가?
- 신뢰성을 높이기 위해 당장 해야 할 일이 있다면?

하늘이 두 쪽 나도 믿음을 지켜라

사람은 기대대로 행동한다. 결재를 받으러 갔는데 이런 상사가 있다면 어떻게 하겠는가? 결재서류는 보지도 않은 채 당신 눈을 쳐다보며 "나는 자네를 믿네. 자네를 안 믿으면 누굴 믿겠나?" 하며 사인을 한다면 기분이 어떨까? 당신은 엄청난 의무감과 책임감을 느낄 것이다. 당신을 믿어준 상사를 위해 분골쇄신 일하겠다는 결심을 굳힐 것이다. 이처럼 신뢰는 사람들에게 의무감을 심어놓는다. 강한 구속력을 갖는다.

세계적인 컴퓨터업체 휴렛팩커드HP는 일찍이 이 같은 신뢰의 힘을 알았다. 1972년 CEO 루이스 플랫은 직원에 대한 강력한 신뢰를 바탕으로 출근시간 확인제도를 폐지했다. 하지만 이 때문에 HP의 경쟁력이 떨어지는 일은 없었다. 오히려 상호신뢰 문화가 정착되면서 성장을 거듭했다. 직원에 대한 신뢰가 책임감을 높였던 것이다.

믿음이 믿음을 낳는다. 믿음의 연쇄작용이다. 아는 관계에서만 일어나는 것은 아니다. 익명의 상태에서도 믿음은 강한 전염성을 띤다. 이런 일이 있었다. 출퇴근시간 뉴욕에서 도넛과 커피를 파는 사람이 있었다. 혼자서 장사를 하는데 너무 많은 사람들이 몰려 돈을 받고 거스름돈을 주는 일이 만만치 않았다. 궁리 끝에 그는 매대 옆에 지폐와 동전이 가득한 바구니를 비치했다. 알아서 거스름돈을 가져가라는 것이다. 결과는 어땠을까? 우선 자신이 거스름돈을 주고받을 시간에 물건을 파니 매출이 늘었다. 손님들도 좋아했다. 자신을 믿어주는 것에 대한 보답으로 평소보다 많은 팁을 남기고 가는 사람도 생겨났다. 믿음을 보인 결과 원원한 것이다.

강한 신뢰의 힘은 감동의 기적을 만들어낸다. 아래에 몇 가지 일화를 소개한다.

죽어서 신용을 남긴 스위스 용병들

스위스의 호반도시 루체른에 가면 '빈사의 사자상'이 있다. 수십 발의 창에 꽂혀 헐떡거리며 죽어가는 사자 모습을 그린 조각상이다. 프랑스혁명 당시 루이 16세의 부르봉왕가를 지키다 시민군의 창 아래 쓰러져간 스위스 용병들의 최후를 기념해 만들어졌다. 왜 그들은 자기 나라도 아닌 곳에서 목숨을 걸고 싸웠으며, 이를 기념하기 위한 사자상은 또 뭘까? 거기엔 가슴 아픈 사연이 있다.

과거 스위스는 지금 같은 강소국이 아니었다. 국토의 대부분이 산이고 얼마 안 되는 경작지마저 척박해 먹고살기 힘들었다. 하지만 그들은 악조건 속에서 강인하게 살아남았고, 주변국의 전쟁에 용병으로 참여해 뛰어난 활약을 보여주었다. 프랑스혁명 당시에 부르봉왕가의 요청으로 시민군으로부터 왕가를 호위하는 임무를 맡게 되었다. 물론 용병 중에는 스위스 출신만 있는 건 아니었다. 시민군이 왕궁을 포위하면서 절망적 상황이 되자 다른 나라 용병들은 모두 달아나고 스위스 용병만 남게 되었다. 모든 것이 끝났다고 판단한 왕은 돌아가도 좋다고 말했지만 그들은 끝까지 왕가를 호위하다가 결국 장렬히 전사했다. 모두 786명이었다. 그들은 목숨보다 신용을 더 중시했던 것이다.

숭고한 스위스 용병들의 죽음은 헛되지 않았다. 그들의 희생정신은 후대 스위스인들에게 소중한 정신적 자산이 되었으며, 세상 사람들에게 어떤 경우에도 스위스인들은 신의를 지킨다는 인식을 심어주었다.

영국 경제를 주름잡은 퀘이커교도들

18세기와 19세기 초반에 걸쳐 영국 경제의 상당 부분은 퀘이커교도에 의해 운영되었다. 그들이 경제 주역으로 영향력을 발휘하게 된 것은 특별한 경영수완이 있어서가 아니다.

17세기에 영국인 조지 폭스가 창시한 퀘이커는 개신교의 한 교파로, 영국 국교회에 반대하는 입장을 취했다는 이유로 각종 탄압을 받았다. 전문직에 종사하기 어려웠던 퀘이커교도들은 할 수 없이 사업의 길로 접어들었다. 당시만 해도 약자 입장이었던 이들은 같은 신도들끼리 거래관계를 형성, 정직을 최우선으로 삼고 모든 면에서 신뢰를 강조하고 실천했다. 장부를 엄격하고 꼼꼼하게 관리하고, 정찰제 같은 거래의 투명성을 보장하는 혁신적 방침을 도입했다. 그러자 퀘이커교도가 아닌 사람들도 이들과 거래하고 싶어 했다. 그들과의 거래는 믿을 수 있고, 성공확률도 높았기 때문이다. 오늘날 퀘이커교도들의 영향력은 종교는 물론 비즈니스와 정치 등 모든 부문에 작용하고 있다.

신뢰는 눈에 보이지 않지만 눈에 보이는 그 어떤 것보다 크고 막강한 자산이다. 신뢰도가 높은 사람과 조직은 그만큼 성공할 가능성이 높다.

수십만 원을 잃고 수백만 원을 얻다

한국유리공업을 세계 최고의 수준으로 끌어올린 사람이 있다. 최태섭 회장이다. 그는 눈앞의 이익을 버리고 상대의 마음을 얻음으로써 거상이 되었다.

최 회장은 해방 전 만주 봉천에서 일본의 미쓰이 같은 큰 회사로부터 물건을 대량으로 들여와 중국에 되파는 사업을 벌였다. 콩기름을 취급할 때의 일이다. 무슨 이유에서인지 콩기름값이 폭등했다. 중국인들과는 이미 전매계약을 한 뒤였고, 물건은 아직 넘기기 전이었다. 계약대로 하지 않고 폭등한 시세로 판다면 단번에 수십만 원을 벌 수 있는 절호의 기회였다.당시의 수십만 원은 지금의 수십억에 해당되는 큰돈이었다. 그는 욕심이 생겼다. 돈이냐 신용이냐를 놓고 고민했다. 결국 그는 신용을 택했다.

계약한 대로 오르지 않은 가격에 콩기름을 공급해주자 정작 놀란 것은 중국 상인들이었다. 그들이 보기에도 최 회장의 약속 이행은 비상식적이었다. 엄연히 계약을 하기는 했지만 가격이 치솟은 현실을 감안할 수밖에 없지 않느냐는 것이 그들의 판단이었다. 최 회장의 결단에 그들은 깊은 감명을 받았고, 이후 시장에서 최고의 응원군이 되어주었다. 덕분에 최 회장의 사업은 날로 번창할 수 있었다. 수십만 원의 희생이 수백만 원의 보답으로 돌아왔다.

특히 최 회장이 잊을 수 없는 것은 중국 상인들의 도움을 받아 공산화되던 중국에서 무사히 빠져나올 수 있었다는 점이다. 가족은 물론 그간 모은 재물까지 온전히 지킬 수 있었다.

한국에 와서도 최 회장의 신용철학은 여전했다. 장사를 하던 그가 은행에서 빌린 5,000만 원을 갚으려 했을 때의 일이다. 공교롭게도 6·25전쟁이 터졌다. 다른 사람이라면 당연히 상환을 미룰 터였다. 하지만 그는 약속한 날짜에 은행을 찾았다. 사람들은 보이지 않고 경비원 몇 명만 하릴없이 앉아 있었다. 돈을 내밀자 그들은 받기를 망설였다. 이런 난리통에 무슨 상환이냐며 그런 돈은 안 갚아도 된다고까지 말했다. 순간 그는 '그럴까' 하는 유혹을 느꼈지만, 결국 떠맡기다시피 돈을 주고는 영수증을 받아들고 나왔다.

피난 시절에는 부산에서 군납사업을 했다. 생선을 납품하기 위해 큰 배가 필요했는데 여유자금이 없었다. 마침 그는 예전에 거래한 은행이 부산에 있다는 이야기를 듣고 전에 받은 영수증을 들고 찾아가 그 자리에서 수억 원의 대출을 받았다.

참으로 믿기 힘든 거짓말 같은 이야기다. 최 회장은 당장의 욕심과 유혹을 단호히 뿌리치고 신용을 지킴으로써 오히려 더 큰 도움과 이익을 얻을 수 있었다. 신용이란 이런 것이다.

악수 한 번으로 인수합병 끝

기업의 인수합병 시에도 신뢰는 중요한 역할을 한다. 때로는 모든 절차가 생략된 채 일사천리로 끝나버리기도 한다. 신뢰가 있어서다.

2003년 버크셔 해서웨이가 월마트로부터 맥레인 유통사업부를 인수한 과정을 보자. 월마트와 해서웨이 두 기업은 모두 공개기업이기 때문에 인수합병을 위해서는 온갖 종류의 검사와 감독을 받아야 했다. 보통의 경우라면 몇 달이 걸렸을 것이고, 모든 자료를 검증하고 확인하기 위해 회계사, 감독관, 변호사에게 수백만 달러를 지불해야 했다. 하지만 이 경우는 달랐다. 두 기업은 높은 신뢰를 바탕으로 단 한 번의 미팅과 악수로 협상을 끝냈다. 인수작업을 시작한 지 채 한 달도 되지 않아 인수합병 계약에 서로 사인한 것이다. 그야말로 통 큰 결정이다. 이에 대해 워런 버핏 버크셔 해서웨이 회장은 말한다.

"실사實査를 하지 않았습니다. 모든 것이 월마트에서 말한 그대로 될 것이라 생각했고, 실제로 그랬습니다."

신뢰가 높으면 속도는 빨라지고 비용은 낮아진다는 사실을 보여주는 극명한 사례다.

신뢰가 있으면 쓰러져도 금방 일어선다

신뢰는 조직의 기본 인프라다. 아무리 잘나가는 조직도 신뢰가 없으면 곧 무너진다. 반대로 지금 당장은 어렵고 고달파도 존중하고 신뢰하는 문화가 살아 있다면 반드시 일어선다. 따라서 리더는 늘 조직 내의 신뢰상태를 점검하고 적절한 조치를 취해야 한다. 허정무 전 축구 국가대표 감독은 2010 남아프리카공화국 월드컵 때 아르헨티나전에서 1대 4로 대패한 뒤에도 "오늘 경기가 보약이 될 것"이라며 무한신뢰를 보냄으로써 흔들리는 선수들의 마음을 다잡아 원정 월드컵 16강의 꿈을 이루었다.

신뢰는 조직을 이어주는 접합제요, 조직을 잘 굴러가게 하는 윤활유다. 신뢰가 있으면 못할 것이 없다. 신뢰는 고객을 끌어들이고, 시장 대응력을 높이고, 협력을 이끌어내고, 변화에 대한 저항을 없애고, 생산성을 끌어올린다. 신뢰 있는 조직은 강하고 유연하다. 신뢰가 경쟁력이다.

세계적인 화학회사 듀폰은 직원들 간 신뢰가 높은 것으로 유명하다. 이곳에서는 불필요한 비용이 발생하지 않는다. 서로 믿기 때문에 사소한 것까지 확인하고 통제할 필요를 느끼지 않는다. 커뮤니케이션도 쉽고 즉각적으로 일어난다. 전체적으로 일이 잘 돌아갈 수밖에 없다. 신뢰는 듀폰의 진정한 힘이다.

걸프전의 영웅 노먼 슈워츠코프 장군은 이렇게까지 말했다.

"지휘란 전략과 신뢰를 견고하게 혼합시켜 놓은 것이다. 하지만 둘 중 하나를 포기해야만 한다면 전략을 포기하라."

공자도 비슷한 말을 했다.

"경제, 국방, 신뢰가 필요하다. 그중 하나를 포기하라 하면 국방을 포기해야 한다. 또 하나를 포기하라고 하면 경제를 포기해야 한다. 하지만 신뢰는 마지막까지 포기해서는 안 된다. 신뢰 없이 국가가 일어설 수 없기 때문이다."

체크리스트

- □ 신뢰를 통해 의무감을 주거나 받은 경험이 있는가? 무엇을 느꼈는가?
- □ 시장에서 우리 조직의 신뢰에 대한 평가는 어떤가?
- □ 신뢰를 위해 무언가를 희생한 경험이 있는가?
- □ 신뢰 덕분에 뭔가 보상받은 경험이 있는가?
- □ 지금 신뢰 증진을 위해 해야 할 일은 무엇인가?

저를 믿어주세요 vs 당신을 믿습니다

'믿는 대로 이루어진다'는 말이 있다. 사람도 그렇다. 사람은 신뢰받으면 신뢰할 수 있는 사람이 되고, 책임감 있는 사람으로 대접받으면 책임감 있게 행동한다. 고대 로마의 철학자 세네카도 "그 사람을 충직하다고 생각하라. 그러면 그 사람은 충직한 사람이 될 것이다"라고 말했다. 신뢰는 전제인 동시에 결과다.

신뢰는 공기처럼 순환하며 주변으로 전파된다. 그렇기 때문에 가두거나 억지로 끌어들이기보다 편안하게 밖을 향하도록 열어두어야 한다. "저를 믿어주세요" 하는 말보다 "나는 당신을 신뢰합니다"라는 말이 더 효과적이다.

의외로 신뢰를 잘못 알고 있는 사람들이 많다. 신뢰는 무조건적이어야 한다거나, 믿고 싶어도 믿을 것이 없다는 식으로 생각하는 사람들이다. 믿어서 손해 보는 경우는 있지만 믿지 않아 손해 보는 경우는 없다고도 말한다. 신뢰를 제대로 알지 못해 하는 소리다.

    속지 않는 가장 좋은 방법은 무엇일까? 모든 것을 불신하는 것? 매우 약아 보이지만 실은 가장 미련한 방법이다. 믿었다가 속았을 때 우리는 배신당했다고 말한다. 이와 또 다른 배신이 있다. 바로 믿지 않은 것으로부터의 배신이다. 믿지 못했는데 실상은 믿을 만한 것이었다면? 역시 배신당한 것이다. 그런 배신이 믿었다가 당하는 배신보다 일어날 확률이 훨씬 높다. 단지 우리가 의식하지 못할 뿐이다.

신뢰란 무엇인가

    신뢰는 위험을 수반한다. 하지만 불신은 더 큰 위험을 수반한다. 그런데도 세상에 믿을 것은 자신밖에 없다며 어느 누구도 믿지 않으려는 사람이 있다. 주로 완벽주의자들 중 그런 사람이 많다. 그들은 사람을 너무 믿어 희생자가 될 가능성을 극도로 경계한다. 남을 신뢰할 능력이 없는 사람이다. 우울하고 불행할 수밖에 없다. 돈은 많지만 사람을 믿을 수 없어 파출부를 쓰지 못하는 사람이 있다. 말년의 히틀러는 오로지 자기 셰퍼드만을 신뢰했다. 참 딱한 일이다.

    신뢰는 능력이다. 능력이 있어야 남을 믿을 수 있다. 능력이 없는 사람은 남을 믿지 못한다. 속는 것을 감당할 수 없기 때문이다. 능력 있는 사람은 언제나 위험요소를 계산에 넣는다. 설혹 삐끗해도 무리 없이 대처한다. 그런 의미에서 리더에게 가장 큰 능력은 사람을 믿어주는 능력이다.

기회 있을 때마다 "저를 믿어주세요!"라고 부르짖는 사람이 있다. 그런다고 신뢰가 생길까? 신뢰는 구걸할수록 멀어진다. 얻으려고 안간힘을 쓰면 쓸수록 신뢰는 멀어진다. 신뢰를 구하려 애써 노력하지 않는 것이 오히려 더 신뢰할 만한 사람이 되는 길이다.

신뢰가 있는 사람들은 그 사실을 굳이 말로 표현하지 않는다. 믿어달라는 말도 하지 않는다. 그럴 필요성을 느끼지 못한다. 하지만 사람들은 믿는다. 반대로 신뢰가 없는 사람일수록 자신이 그렇지 않다는 사실을 증명하기 위해 믿어달라는 이야기를 길게 늘어놓는다. 그래도 사람들은 믿지 않는다. 신뢰의 패러독스다.

신뢰는 말의 문제가 아니다. 행동의 문제다. 믿을 만한 행동의 결과로 신뢰를 받는 것이다. 나를 믿지 못하는 사람을 비난할 것이 아니라 과연 내가 믿을 수 있게 행동했는지부터 찬찬히 따져봐야 한다.

누군가를 구속하고 싶다면…

앤드류 그로브가 고든 무어와 함께 인텔을 설립할 당시 그들에게는 변변한 사업계획서 한 장 없었다. 후에 그로브는 벤처캐피탈이 자신의 인격을 신뢰한다는 이유만으로 자금을 사용하게 해주었던 것이 그 어떤 계약서보다 더 큰 의무감을 심어주었다고 회상한다.

신뢰가 요구를 만든다. 믿어주면 사람들은 의무감을 느낀다. 신뢰 때문에 상대방이 위험을 감수하면 그만큼 의무감도 커진다. 지금까지 인간이 이룬 엄청난 성취들도 알고 보면 신뢰를 보낸 사람들이 있었기 때문이었다.

프랑스의 사상가 몽테뉴는 이렇게 말했다.

"여행 중 어떤 사람에게 회계를 맡길 경우 나는 어떤 통제도 하지 않고 그에게 모든 일을 통째로 넘긴다. 하려고만 든다면 그는 간단하게 나를 속일 수 있다. 하지만 그 사람은 내가 보여주는 신뢰로 인해 더욱 정직하게 행동할 것이다."

다른 사람을 신뢰하는 것은 상상의 계좌에 입금을 하는 것과 같다. 계좌에 입금을 하면 입금받은 사람은 보상을 할 수밖에 없다. 심리적 불균형 상태로 살고 싶어 하는 사람은 없기 때문이다. 누구나 신세를 지면서 사는 것을 불편해한다. 선물이든 신뢰든 무언가를 받으면 그것을 준 사람에게 부담을 느끼게 마련이다. 다시 그에게 무언가를 돌려주어야만 그 부담감에서 벗어날 수 있다. 이처럼 신뢰에는 심리적으로 사람을 구속하는 힘이 있다.

확실한 것만 믿는다?

'1 더하기 1은 2다', '물은 위에서 아래로 흐른다'는 사실을 모르는 사람은 없다. 누가 봐도 확실한 명제다. 그래서 이를 두고 믿는다, 믿지 않는다는 말을 쓰지 않는다.

믿음은 아는 것을 대상으로 하지 않는다. 확실하다면 무슨 믿음이 필요하겠는가. 만약 인간이 신의 실체를 알게 된다면 종교는 사라질 것이다. 목사가 하느님을 믿으라고 소리칠 이유가 없다. 마찬가지로 사람 마음속을 엑스레이처럼 훤히 들여다볼 수 있다면 믿음이란 단어도 필요치 않을 것이다. 보이지 않고 인식되지 않기에 믿음이 존재하고 필요한 것이다.

불확실성이야말로 신뢰가 존재하는 전제조건이다. 뭔가 알 수 없는 구석이 있고 어떻게 될지 모르니까 믿고 의지하는 것이다. 다른 사람이 나를 속일 가능성이 전혀 없다면 믿을 필요가 없어진다. 그렇게 알고 그냥 목적과 역할에 충실한 관계를 형성하면 그것으로 족하다. 그런데 세상에 그런 경우는 존재하지 않는다. 신뢰는 모든 가능성을 껴안는 행위다.

신뢰하라, 그러나 검증하라

사람을 믿는다고 해서 모든 것을 믿는다는 뜻은 아니다. 무한신뢰와 무조건적 신뢰는 다르다. 신뢰에도 어느 정도 조건이 붙는다. 일정한 점검과 통제가 그것이다. 함께 살고 일하면서 공동의 목표를 달성하기 위해, 또는 진행과정을 공유하고 보조를 맞추기 위해 반드시 필요한 일이다.

월트 디즈니는 매일 밤 만화가들이 퇴근한 다음 사무실을 돌아다니며 그들이 그린 그림을 살펴보았다. 대신 출근시간 기록기 같은 것은 없앴다. 하루에 얼마나 그려야 할지도 요구하지 않았다. 하지만 스스로 만족할 수 없는 작품은 가차 없이 버리라고 말했다. 이런 식으로 통제와 신뢰의 조화를 도모했다. 당연히 디즈니 직원들은 훌륭한 대접을 받고 있다고 느꼈다.

신뢰와 통제는 모순적 요소가 아니다. 통제 없는 신뢰는 생각할 수 없다. 통제는 신뢰의 조건이자 신뢰를 이끌어내는 기초다. 신뢰가 제 기능을 발휘하려면 통제라는 탐색과정을 거쳐야 한다. 통제를 거치지 않는 신뢰는 위험하다. 비극적인 결말을 가져올 수 있다.

한 시대를 풍미했던 독재자들의 공통점은 매력적이라는 것이다. 다른 사람의 마음 문을 쉽게 연다. 사람들은 금방 넘어간다. 섣부른 판단으로 지지와 신뢰를 보낸다. 유명한 지성인들조차 예외는 아니다. 《타임머신》 등으로 이름을 떨친 영국 작가 H. G. 웰스는 소련의 독재자 스탈린과 대화를 나눈 후 이렇게 말했다.

"나는 지금까지 그 사람처럼 개방적이고 공정하며 진심으로 대하는 사람을 만나지 못했다. 그 누구도 그를 두려워하지 않는다. 그래서 그는 모든 사람들로부터 신뢰받는다."

섣부른 신뢰도 위험하지만 맹목적 신뢰도 경계해야 한다. 브라질의 아일톤 세나는 전 시대를 통틀어 가장 성공한 자동차경주 선수다. 신을 믿었고 덕분에 마음이 늘 평안했다. 팀 동료 알랭 프로스트는 "세나는 신에 대한 확고한 믿음을 바탕으로 자신은 죽지 않는다고 믿었다. 바로 그 때문에 극도로 위험한 지점에서 누구보다 오랫동안 견딜 수 있었다"고 말했다. 하지만 정말 근거 없는 믿음이었다. 그는 1994년 5월 1일 스페인 이몰라대회에서 악명 높은 탐부렐로 커브를 돌다가 생을 마감한다. 주의를 기울여야 하는데 이를 무시했기 때문이다.

신뢰는 확인이나 통제의 포기를 의미하지 않는다. 맹목적 신뢰는 무절제에 불과하다. 통제가 신뢰를 보장한다. 로널드 레이건 전 미국 대통령은 "신뢰하라, 그러나 검증하라"고 말했다.

- 믿어서 손해 본 경험이 있는가?
- 믿지 않아서 손해 본 경험이 있는가?
- 신뢰도 능력이라는 말에 동의하는가?
- 현재 무조건 믿고 있는 것 중 확인해야 할 것이 있는가?
- 믿지 말아야 하는데 믿고 있는 것이 있는가?

신뢰에도 우선순위가 있다

 자부심이 있는 사람은 긍정적이고 매사에 열심이며 변화를 주도한다. 주어진 상황에 억지로 자신을 맞추기보다는 이를 어떻게 하면 바꿀 수 있을까를 생각한다. 자신감, 즉 자기 신뢰가 있기 때문이다. 자신이 무너지는 꼴을 참지 못하기 때문이다. 그래서 항상 자기관리에 신경을 쓴다.
 자기 신뢰보다 중요한 것은 없다. 자신에 대한 믿음으로부터 모든 것이 시작된다. 자기를 못 믿는 사람이 무엇을 믿을 수 있을까. 어떤 일을 할 수 있을까. 성공은 아예 꿈도 꾸지 못할 것이다. 자기 신뢰는 인생의 대지이자 신뢰의 핵심이다.
 자기 신뢰는 목표를 정하고 달성하는 능력, 약속을 지키는 능력, 언어와 행동이 일치하는 능력에서 나온다. 한마디로 자기관리 능력이다. 자기관리를 잘하는 사람은 언제나 자신감이 있다. 비슷한 사람들이 모인다. 유유상종이다. 사람들은 끼리끼리 논다. 그들 사이에는 두터운 신뢰 기반이 형성된다. 말하지 않아도 그들끼리는 서로 통한다. 반면 게으르고 약속을 지키지 않는, 그렇고 그런 사람 주변에는 비슷한 특성을 가진 사람들이 몰려든다. 당연히 약속을 지키지 않는다. 성실하지 않다. 그런 사람일수록 인간에 대한 불신의 골이 깊다. 신뢰는 자기 신뢰로부터 출발한다.

신뢰의 5가지 차원

자기 신뢰 다음으로 생각할 것이 대인관계 신뢰다. 혼자 사는 사람에게 신뢰는 의미가 없다. 사람들 사이에서 발현되어야 비로소 가치가 있다. 이를 위해서는 내가 먼저 믿어야 한다. 남이 나를 믿어주기 전에 내가 먼저 믿음을 보여야 한다. 하지만 말처럼 쉽지 않다. 안전에 대한 집착과 불신에 대한 두려움 때문이다. 극복해야 한다. 세상에 안전한 것은 아무것도 없다. 실연이 두려워 사랑을 안 하는 사람처럼 어리석은 사람은 없다. 그런 사람은 사랑하는 사람을 영원히 만나지 못할 것이다.

줄 수 있어야 받을 수 있다. 사랑하는 사람을 만나려면 누군가를 사랑해야 한다. 신뢰할 만한 사람을 만나는 가장 좋은 방법도 내가 먼저 그 사람을 신뢰하는 것이다. 그러면 그는 신뢰로 화답할 것이고, 그 신뢰는 이전보다 커져 있을 것이다.

조직 신뢰는 대인관계 신뢰보다 좀 더 확장된 개념이다. 조직 내에 신뢰가 부족한 데는 리더의 책임이 가장 크다. 마음을 열지 않고 끊임없이 의심하거나 간섭하는 리더, 요점이 불분명하게 말하는 리더, 수단과 방법을 가리지 않고 성과 달성에 혈안이 된 리더에게 신뢰를 보낼 직원은 없다. 신뢰 있는 조직은 개인의 존재감 같은 직원들의 정서까지 보살피는 리더십을 요구한다.

조직이 생존하고 발전하기 위해서는 시장 신뢰가 절대적으로 필요하다. 시장 신뢰의 핵심은 평판이고, 결과는 브랜드 가치로 나타난다. 고객이나 투자자 같은 시장 관계자들의 관심과 요구를 귀 기울여 듣고, 이를 충족시키기 위해 끊임없이 노력해야 한다. 그러한 기업만이 시장 신뢰를 얻고 고객의 환영을 받는다.

마지막은 사회 신뢰다. 정의롭고 공정한 사회란 무엇인가? 바로 믿을 수 있는 사회다. 학부모가 학교를 믿고 국민이 정부를 믿을 수 있어야 한다. 돈 있고 힘 있는 사람들이 존경받는 사회에 신뢰가 있다. 그러기 위해서는 지도층이 솔선수범하고 기부와 나눔 같은 사회공헌 활동이 활발히 일어나야 한다.

이처럼 신뢰에는 5가지 차원이 있다. 어느 하나 중요하지 않은 것이 없고 선을 긋듯 분명하게 경계를 나누기도 어렵지만, 신뢰는 역시 자기로부터 출발하여 대인관계와 조직, 시장, 사회로 동심원을 그리며 점점 더 커져간다고 볼 수 있다.

남편에게 수술을 맡기지 않는 이유

신뢰에는 5가지 차원이 있지만 대상과 범위에서 차이를 보일 뿐, 그 근거가 되는 기본 요소들은 비슷하다.

신뢰는 성품과 역량으로 구성되어 있다. 둘이 조화를 이루어 함께 발현될 때 신뢰가 만들어진다. 성품에는 성실성, 의도, 동기 등이 있고, 역량에는 능력, 성과, 기술 등이 포함된다. 이 가운데 모자란 부분이 있으면 온전한 신뢰가 성립되지 않는다. 신뢰는 제한적이다. 아내가 남편을 믿고 사랑하지만 의사가 아닌 남편에게 수술을 맡기지는 않는다. 그 방면에 기술이 없기 때문이다. 사람이 정직하고 성실해도 성과를 내지 못한다면 신뢰하기 어렵다. 반대 경우도 마찬가지다. 능력이 뛰어나고 성과가 좋아도 정직하지 않다면 신뢰할 수 없다. 사적인 관계에서는 역량이 조금 부족해도 성품이 좋으면 신뢰관계가 유지되지만, 비즈니스에서는 다르다. 성품과 역량 2가지 측면을 다 생각해야 한다. 좀 더 자세히 알아보자.

첫째, 성실성이다. 말한 대로 행동하는가? 성실성은 진실을 전달하는 정직성, 의도와 행동 사이의 일치, 원칙을 우선시하는 태도, 어려운 상황에서도 옳은 일을 할 수 있는 용기를 포함한다.

2005년 이탈리아 로마에서 열린 마스터스 테니스대회 3라운드에서 벌어진 일이다. 미국의 앤디 로딕과 스페인의 페르난도 베르다스코가 만났다. 로딕에게 유리한 매치포인트의 순간, 심판이 베르다스코의 두 번째 서브를 아웃이라고 판정했다. 로딕의 승리라고 판단한 관중들이 환호를 보냈다. 경기가 끝났다고 생각한 베르다스코도 악수하러 네트로 걸어갔다. 이때 로딕이 이의를 제기했다. 코트 위의 희미한 자국을 가리키며 주심에게 공이 선 안에 들어왔다고 말해버린 것이다. 놀란 주심은 로딕의 이의를 받아들여 판정을 번복했고 포인트는 베르다스코에게 주어졌다. 사람들은 모두 깜짝 놀랐다. 경기는 속개되었고 로딕은 졌다. 로딕은 게임을 잃었지만 엄청난 것을 얻었다. 바로 신뢰다.

성실성은 나무의 뿌리에 해당한다. 다른 것이 다 좋아도 성실성이 없으면 신뢰를 얻을 수 없다. 그래서 워런 버핏은 "사람을 고용할 때 성실성과 지능, 열정을 보는 데 성실성이 없다면 나머지 2가지는 필요 없다"고 말했다.

둘째, 의도다. 신뢰받기 위해서는 의도가 순수해야 한다. 재판에서도 의도가 매우 중요한 기준으로 작용한다. 당신의 의도는 무엇인가? 그것이 핵심 쟁점이다.

의도는 나무의 줄기에 해당한다. 일부는 땅속에 숨어 보이지 않고, 일부는 겉으로 훤히 드러나 보인다. 신뢰를 얻기 위해서는 보이거나 보이지 않는 의도를 점검하고 분명히 밝혀야 한다.

나는 꼭 필요한 사람인가

셋째, 능력이다. 신뢰를 받기 위해서는 능력이 있어야 한다. 영업하는 사람에게 인간성도 중요하지만 상품을 팔지 못한다면 아무 소용이 없다. 능력은 TASKS로 요약할 수 있다. 재능Talents, 태도Attitude, 스킬Skills, 지식Knowledge, 스타일Style이 그것이다.

자신의 능력을 알아보기 위해서는 스스로 '나는 꼭 필요한 사람인가?'라는 질문을 던져보면 된다. 추가로 나의 강점과 재능은 무엇인지, 어느 분야에서 크게 발휘될 수 있는지, 어떻게 재능을 극대화할 수 있는지, 아직 개발되지 않은 재능에는 무엇이 있는지도 점검해보아야 한다. 강점을 극대화해야 한다. 항상 필요한 사람이 되어야 한다.

넷째, 성과다. 재능과 노력만으로는 부족하다. 열심히 해도 결과가 없으면 곤란하다. 신뢰를 증명하는 최선은 다름 아닌 성과다. 성과를 내기 위해서는 '나는 어떤 실적을 올렸는가? 어떻게 이런 실적을 냈는가?'라는 질문을 늘 떠올려야 한다. 기업도 그렇다. 기업 스스로 과거 실적, 현재 실적, 미래에 기대되는 실적을 확인하고 예상해봐야 한다. 결과를 책임져야 한다. 승리를 기대해야 한다. 확실하게 마무리해야 한다. 성과는 신뢰를 높이는 최고의 무기다.

신뢰는 요구할 수 없다. 신뢰는 갖고 싶다고 가질 수 있는 것도 아니다. 신뢰는 성품과 역량의 결과로 주어지는 것이다. 바람직한 성품에 역량을 더한 사람에게만 주어지는 선물이다. 인간성이 좋아도 실력이 없다면 신뢰를 얻을 수 없다. 아무리 실력이 좋아도 인간성이 나쁘면 그 또한 신뢰를 얻을 수 없다. 신뢰를 위해서는 성실해야 한다. 의도와 동기가 좋아야 한다. 능력과 기술이 있고, 이를 성과로 나타내야 한다.

체크리스트

- 나는 자신을 믿고 있는가? 이를 어떻게 알 수 있는가?
- 5가지 차원의 신뢰 중 자신 있는 부분과 그렇지 않은 부분은? 이를 보강하기 위한 전략은?
- 성품과 역량 측면에서 나는 어떤가? 둘 다 괜찮은가, 아니면 둘 다 부족한가? 이를 어떻게 알 수 있는가?
- 앤디 로딕과 같은 성실성을 보여준 사례를 알고 있는가?
- 현재 나의 성실성 점수를 높이기 위해 해야 할 일은?

정치가에게 목사가 꼭 필요한 이유

2000년 8월 10일, 시카고 윌로크릭의 리더십 콘퍼런스에 빌 클린턴이 나타났다. 기독교 지도자들이 모여 리더십을 배우는 자리에 섹스 스캔들 등으로 도덕성에 치명타를 입은 그가 모습을 보인 것이다. 극심한 반대를 무릅쓰고 빌 하이벨스 목사가 초청하여 이루어진 만남이었다.

다소 초췌해진 얼굴의 클린턴은 이렇게 말했다. "정치에 뛰어드는 모든 사람은 자신의 영혼을 잃어버릴 각오를 해야 합니다." 그러면서 권력이란 것이 얼마나 사람의 내적 세계를 황폐하게 만들 수 있는지를 몰랐다고 고백했다. 자신이 정말 씻을 수 없는 도덕적 실수를 저질렀고, 그로 인해 부서진 자신의 삶, 가족의 삶을 아주 힘겹게 조금씩 재건해가는 중이라고 솔직히 말했다. 자신을 초청한 하이벨스 목사가 미국 교회 지도자들로부터 많은 비난을 받게 되어 가슴 아프다고도 했다. 그러나 자신은 정말 외로웠고 누군가 이야기할 사람이 필요했다고 말하면서, 자기를 포기하지 않고 기회를 준 하이벨스 목사에게 감사를 표했다.

"정치가에게는 정말 목사가 필요합니다. 저만 봐도 그것을 알 수 있지 않습니까? 병자에게 의사가 필요한 것처럼 저 같은 사람에게는 교회가 더 필요합니다."

그날 사람들은 이상한 감동에 사로잡혀 퇴장하는 클린턴에게 기립박수를 보냈다.

신뢰받는 사람이 되는 법

신뢰를 얻는 법은 간단하다. 신뢰받을 만한 행동을 하면 된다. 언제나 진술하고, 약속을 잘 지키고, 업무에서 전문성을 발휘하고, 일관성이 있고, 다른 사람을 배려하는 사람에게는 자연스레 신뢰가 따른다. 그중에서도 가장 중요한 것은 정직, 솔직함이다. 다른 게 다 좋아도 거짓말 하나가 그 사람의 모든 것을 앗아가버릴 수 있다. 반대로 잘못을 저질렀을 때 솔직히 인정하고 사과하면 용서받고 다시 일어설 수 있다. 클린턴이 퇴임 후에도 존경을 받는 것은 바로 이 솔직함 때문이다.

직장인들 가운데 상사가 솔직하다고 답한 비율이 40%에 불과하다. 상사의 의도를 알기 위해 별도 미팅을 갖는 경우도 있다. 이 같은 병폐를 없애려면 용기를 가지고 솔직하게 말할 수 있어야 한다. 임금님은 벌거벗었다고 말할 수 있어야 한다.

신뢰를 얻는 첫째 요건이 솔직함이라면 둘째는 상대에 대한 존중이다.

비서의 어머니가 입원했다는 사실을 알게 된 사장이 불시에 병문안을 갔다. 비서는 예상치 못한 일에 깜짝 놀랐다. 그 후 비서가 달라진 것은 말할 것도 없다. 자신이 존중받는다는 생각이 들었기 때문이다.

또한 투명하게 행동해야 한다. 햇볕은 최고의 살균제다. 빛은 어둠을 몰아내고 그늘을 없앤다. 장마철에 이불에 핀 곰팡이를 없애려면 햇볕을 쬐면 된다. 신뢰를 위해서는 되도록 많은 정보를 모든 사람들이 보고 알 수 있게 해야 한다. 한 점 의혹이 없게 해야 한다. 하지만 균형감각은 필요하다. 모든 이들의 연봉을 공개하는 것은 투명성이 아니다.

현실을 직시해야 한다. 현실 직시는 어려운 문제를 정면으로 다루는 것을 말한다. 이는 용기, 책임, 자각, 존중에 기초를 둔다. 2001년 최악의 상황에서 앤 멀케이가 제록스를 맡았다. 만성적자, 거액의 부채, 고비용, 매출 감소, 유동성 위기 속에서 인재들이 속속 회사를 떠나고 있었다. 비즈니스모델은 나빴고 제품과 서비스에 변화가 없었다. 주가는 64달러에서 4달러로 떨어졌다. 멀케이는 회사의 총체적 위기를 인식하고 비즈니스 모델 혁신 같은 획기적인 재창조가 필요하다고 솔직하게 이야기했다. 분명히 존재하고 있지만 방치되고 있는 문제를 기꺼이 끌어안았다. 그러자 직원들의 신뢰가 올라갔고, 이후 놀랄 만큼 경영상태가 좋아졌다.

리더가 신뢰를 쌓으려면 기대하는 바도 분명히 해야 한다. 바라는 것을 명확히 밝혀 이야기하고, 확인하고, 필요하면 다시 협상해야 한다. 말하기 전 경청하고 상대의 말을 이해해야 한다. 경청은 그 어떤 행동보다 신뢰감을 준다.

책임 있는 행동도 필요하다. 리더가 일에 나서기를 주저하고 문제 발생 시 면피에 급급하면 사람들은 절망한다. 먼저 책임지는 자세를 보여야 한다. 책임의 소재를 확실히 해놓아야 한다. 그래야 나중에 분란이 생기지 않는다.

이 밖에 말과 행동을 일치시키고, 신중하게 약속하고 약속은 반드시 지키며, 잘못한 경우에는 신속히 사과하고, 가능하면 보상할 줄 알아야 한다. 다른 사람의 공을 기쁘게 인정하고, 당사자가 없더라도 있을 때처럼 이야기해야 한다. 성과를 내야 하고, 이를 위해 끊임없이 개선하려는 노력을 기울여야 한다. 개선을 위해서는 3가지 질문을 해야 한다. 내가 하는 일 중에서 계속할 것은 무엇인가? 중단할 것은 무엇인가? 새롭게 시작할 것은 무엇인가?

신뢰를 얻는 법은 간단할지 모르지만, 갈 길은 결코 가깝지 않다.

신뢰받는 조직을 만드는 법

개인이 신뢰를 얻는 것보다 더 어려운 것이 신뢰 있는 조직을 만드는 일이다. 그것은 어떻게 가능할까? 사마천의 《사기》에 나오는 '이목지신移木之信' 이야기에서 힌트를 얻을 수 있다.

상앙이 진나라 재상으로 부임했다. 그는 나라의 기강이 서지 않는 것은 백성들이 나라를 믿지 못하기 때문이라고 생각했다. 그래서 대궐 앞에 나무를 세우고 다음과 같은 방문을 써 붙였다.

'이 나무를 옮기는 사람에게 백금을 하사한다.'

하지만 옮기는 사람이 없었다. 그래서 상금을 천금으로 올렸다. 그래도 옮기는 사람이 없었다. 그만큼 불신이 깊었다. 그래서 다시 상금을 만금으로 인상했다. 그때 어떤 사람이 나섰다. 상금을 기대하지는 않았지만 그래 봤자 밑질 것도 없다고 생각했다. 그래서 장난삼아 그 나무를 옮겼더니 약속대로 만금을 하사받았다. 이후로 나라의 정책이 백성의 신뢰를 받게 되었다. 그러면서 진나라는 부국강병에 성공했다.

신뢰의 중요성을 잘 말해주는 이야기다. '무신불립無信不立'이라는 말이 있다. 신뢰가 없으면 나라가 설 수 없다는 뜻이다. 신뢰가 낮은 조직의 모습은 이렇다. 사실을 조작하고 왜곡한다, 정보를 숨긴다, 새로운 아이디어는 공개적인 저항에 부딪힌다, 대부분 상대방 탓을 한다, 삼삼오오 대화가 많다, 에너지가 낮다, 되는 일이 없다, 직원들의 마음속에 다른 꿍꿍이만 가득하다.

직원들에 대한 신뢰가 높은 세계적인 백화점 노드스트롬의 규정집은 단 한 장의 카드뿐이다.

'여기 들어오신 것을 환영합니다. 함께 일하게 되어 기쁩니다. 제1 목표는 우수한 고객서비스를 제공하는 것입니다. 당신의 개인적, 직업적 목표를 높게 잡으세요. 당신이 목표를 달성할 수 있으리라고 굳게 믿습니다. 직원 규정은 간단합니다. 1가지 규칙만이 있습니다.'

뒷면에 적힌 1가지 규칙도 간단하다.

'모든 상황에서 잘 판단하십시오. 백화점 매니저, 매장 매니저, 인사담당 사무실에 물어보십시오. 언제든 어떤 질문이든 자유롭게 하십시오.'

다른 곳에서 구입한 자동차 타이어까지 환불해주는 고객감동 서비스의 신화가 탄생할 수 있었던 배경에는 이처럼 직원에 대한 전폭적인 신뢰가 있었다.

신뢰가 높은 조직에는 7가지 배당의 혜택이 돌아간다. 가치의 증대, 성장의 가속화, 혁신의 활성화, 협업 증대, 파트너십 강화, 실행력 향상, 충성심 증대가 그것이다. 반면에 신뢰가 낮은 조직은 7가지 세금을 내야 한다. 불필요한 중복, 복잡한 관료주의, 갈등의 정치, 만연한 태만, 잦은 이직, 이해당사자의 이탈, 속임수와 부정이 그것이다.

휴렛팩커드는 설립 초기부터 회사 내 신뢰를 높이기 위해 애썼다. 한번은 휴일에 회사에 나간 휴렛이 창고가 잠겨 있는 것을 발견했다. 짜증이 난 그는 자물쇠를 부수고 다음과 같은 메모를 남겼다.

'HP는 직원들을 신뢰합니다.'

이후 회사는 신뢰가 높은 조직으로 변화했다. 조직 신뢰를 높이기 위해서는 이처럼 한 방향 정렬에 힘써야 한다. 무엇보다 시스템을 바로 세워야 한다. '악착같이, 끝까지, 독종처럼' 일하는 문화를 주장하는 회사가 있다. 이 구호를 볼 때마다 기이하다는 생각이 든다. 이런 것은 구호로 해결할 문제가 아니다. 악착같이 하지 않으면 안 되게끔 시스템을 만들면 저절로 되는 것이다. 악착같이 하는 사람이 좋은 평가를 받게끔 하면 된다.

신뢰는 쌓기는 힘들지만 잃는 것은 순간이다. 20년을 공들여 쌓아올린 신뢰도 허물어지는 데는 5분이면 충분하다. 일본 도요타자동차와 골프 황제 타이거 우즈를 보라.

신뢰보다 더 큰 자산은 없다. 지금 모든 것을 다 잃었다 해도 신뢰를 잃지 않았다면 조만간 재기에 성공할 수 있다. 그런 의미에서 신뢰는 완벽한 유형자산이다. 한번 잃어버리면 돈과 사람보다도 되찾기 어려운 것이 신뢰이기 때문이다.

- □ 클린턴처럼 솔직하게 이야기해서 반전에 성공한 경우가 있는가?
- □ 솔직하지 않았던 탓에 개인도 조직도 힘들었던 경험이 있는가?
- □ 현재 우리 조직의 투명성은 어떤가? 다른 사람도 그렇게 생각하는가?
- □ 신뢰 있는 조직을 만들기 위해 어떤 일을 해야 한다고 생각하는가?
- □ 주장하는 바와 시스템이 한 방향으로 정렬되지 않은 것이 있는가?

3장 먼저 자신을 리드하라
리더십의 전제조건 '자기관리'

나는 본받고 싶은 사람인가

기업인들을 상대로 자주 강의를 하는 한 교수가 있다. 풍부한 지식과 다양한 사례, 빛나는 통찰력, 강한 설득력으로 명성이 높다. 그의 강연 주제는 경쟁력과 핵심 역량, 경영자의 신뢰 등이다.

그런데 그에게는 약점이 하나 있다. 약속시간을 안 지키는 것이다. 하도 상습적으로 늦기 때문에 누구도 그가 늦는 것에 대해 이야기하지 않는다. 으레 그러려니 생각한다. 그러다 보니 멋지게 보이던 그의 저서와 강의도 왠지 거짓처럼 느껴지고 신뢰가 가질 않는다. 그럴듯한 이야기를 해도 그냥 흘려듣게 된다. '시간 약속 하나 못 지키는 사람이 무슨 신뢰에 대해 강의를 하나' 하는 생각을 하게 된다.

비슷한 경우는 또 있다. 건강보조식품을 파는 사람을 만난 적이 있다.

말이 청산유수다. 그의 말대로 그가 파는 약은 만병통치약처럼 느껴진다. 못 고치는 병이 없을 것 같다. 진시황이 찾던 불로초가 따로 없다. 하지만 그 사람 얼굴은 완전 맛이 갔다. 건강하고는 거리가 먼 얼굴이다. 순간 나도 모르게 '이 약을 먹으면 당신처럼 되는가? 그렇게 좋은 약을 먹은 당신은 어째 그 모양이냐?'고 묻고 싶은 충동을 느낀다. 약에 대해 신뢰가 가지 않는다.

마찬가지로, 리더십은 말만으로는 부족하다. 상대가 가슴으로 느낄 수 있어야 한다.

나의 관리 점수는?

누군가를 다스리기 위해서는 먼저 자신을 다스릴 수 있어야 한다. 자신을 관리하지 못하는 사람이 어떻게 남에게 콩 놔라 팥 놔라 할 수 있겠는가. 항상 자신을 돌아보고 질문을 던지고, 그에 대한 올바른 답을 내놓을 수 있어야 한다. 나의 자기관리 점수는 얼마나 될까? 건강은 괜찮은가? 경제 사정은 어떤가? 경력관리를 위해 노력은 하고 있는가? 직책에 걸맞은 지식을 갖추고 있는가? 학교 졸업 후에 제대로 읽은 책이 있는가?

이런 질문에도 답할 수 있어야 한다. 내 분야에서 어느 정도의 위치를 점하고 있는가? 밥값은 하고 있는가? 하루하루 나아지고 있는가? 내 일을 대신할 사람이 있는가? 현재 내가 하는 일은 누구나 할 수 있는 것인가? 내가 회사에 신세를 지고 있는가, 아니면 회사가 나에게 신세를 지고 있는가? 고객들이 나를 보고 오는가, 아니면 회사를 보고 오는가?

리더십은 내가 주장한다고 생기는 것이 아니다. 남들이 인정해야 한다.

자기관리가 전제조건이다. 남들이 보기에 저 사람처럼 행동하고 싶다, 저 사람을 본받고 싶다, 저 사람을 따르고 싶다는 생각이 들어야 한다. 역할 모델이 될 만한 자기관리가 선행되어야 리더십이 생긴다. 먼저 수신제가 해야 치국평천하할 수 있다. 자기관리가 제대로 된 후에야 비로소 천하를 다스릴 수 있다.

타의 추종을 불허하는 체력의 비밀

정상으로 가는 길은 거칠고 험하다. 대부분 사람들이 최고의 자리에 도달하지 못하고 중도에 도태된다. 오직 소수만이 자신이 꿈꾸는 위치에 오른다. 차이가 뭘까?

제리 라이스는 미식축구에서 최고의 와이드 리시버로 활약한 선수다. 주변 사람들은 그가 타고난 소질을 가졌기 때문이라고 말한다. 신이 내려준 육체를 가졌다는 것이다. 하지만 그렇지 않다. 그의 체력은 철저한 자기관리 덕분이다. 그는 샌프란시스코 산카를로스에 있는 바위투성이 언덕을 훈련의 기본 코스로 삼았다. 그는 이 코스를 전력 질주하면서 몸을 단련했다. 그러나 그것은 시즌 중 그의 일상의 일부분에 불과했다. 시즌이 끝나 다른 선수들이 낚시를 하거나 휴식을 즐길 때도 그는 오전 7시부터 정오까지 규칙적으로 운동했다. 꾸준한 운동의 결과는 달랐다. 정상급 선수들이 그에게 뒤지지 않으려고 무진 애를 썼지만 그를 따라잡지 못했고, 모두 그의 체력에 혀를 내둘렀다.

라이스는 20년간 활약하면서 '올해의 선수'에 2번 선정되었고, 자신의 팀인 샌프란시스코 포티나이너스에 3번의 슈퍼볼 타이틀을 안겨주었다.

리시빙을 비롯하여 무려 38개에 달하는 기록도 새로 썼다. 모두 그의 철저한 투지와 자기규율 덕이었다. 2005년 그가 은퇴할 당시 미국 언론들은 "제리 라이스와 같은 리시버를 다시 보기 힘들 것"이라며 떠나는 그를 추억했다.

자기관리 없이는 어떤 사람도 성공을 거두거나 유지하지 못한다. 관리하지 않으면 망가진다. 세상만사가 다 그렇다. 가정도 그렇고, 대인관계도 그렇고, 조직도 그렇다. 아무리 타고난 리더라 하더라도 평소에 자기 수양을 하지 않고 전력을 다하지 않으면 자질을 발휘할 수 없다. 자기관리는 리더를 높은 수준으로 끌어올려주는, 지속적인 리더십의 핵심이다.

자기관리가 안 되는데도 성공한 사람은 상상하기 어렵다. 성공은 자기관리에서 출발한다. 그런 면에서 성공한 사람들이 보이는 자기관리의 특징을 알아보자.

다음은 윤은기 중앙공무원교육원 원장이 말하는 지식사회 골드칼라의 모습이다.

- 특정 분야에서 전문가로 일한다.
- 일을 즐기며 자발적으로 일한다.
- 팀워크가 뛰어나며 친화력이 있다.
- 발상이 자유롭고 창의적으로 일한다.
- 긍정적 태도를 갖고 있다.
- 학력, 경력에 묶이지 않고 끊임없이 새로운 것에 도전한다.
- 승진에 연연하지 않고 성취감을 즐긴다.
- 평생직장이 아닌 평생직업을 중시한다.

- 직업을 생계수단이 아닌 자아실현의 장으로 여긴다.

MBC에서 조사한 신세대 전문가의 특징도 참고해보자.

- 아침에 일찍 기상한다. 그들만의 마술의 시간magic time을 갖고 있다.
- 독서량이 많다. 리더leader는 바로 리더reader다. 1년 평균 50권 이상의 책을 읽는다.
- 규칙적으로 운동한다.
- 가정적이다. 사랑받는 자녀, 존경받는 부모의 역할을 한다.
- 뛰어난 외국어 실력을 갖고 있다.
- 뛰어난 컴퓨터 실력을 갖고 있다.
- 수준급의 취미생활을 한다. 업무와 무관한 취미를 갖고 있다. 운동을 좋아한다.
- 패션감각이 뛰어나다.
- 미식가가 많다.
- 절제된 텔레비전 시청을 한다. 일주일에 4시간 미만이다.

□ 마술의 시간 항목을 점검한 후 느낌은 어떤가?
□ 신세대 전문가의 특징 중 내게 해당하는 것은 몇 개인가? 느낌은?

장군 중에 뚱보가 없는 이유

　자기관리에는 건강관리, 금전관리, 경력관리, 시간관리, 인맥관리, 지식관리 등이 있다. 이 중에서도 건강관리, 몸관리는 자기관리의 기본이다. 자기 몸 하나 제대로 관리하지 못하면서 리더십 운운하는 것은 어불성설이다. 장군 가운데 비만인 사람이 없는 이유도 그 때문이다. 자기 몸을 관리하지 못하는 사람은 장군이 될 수 없다.

　건강은 습관의 문제다. 사람의 얼굴은 평소 그 사람의 성격을 반영하는 거울이고, 몸은 평소 그 사람의 습관을 대변하는 실체다. 분노를 다스릴 줄 모르고, 매사에 불만이고, 걸핏하면 화를 내는 사람에게 평화로운 얼굴을 기대할 수 없다. 그런 성격이 얼굴에 나타나고, 시간이 지나면서 깊게 각인된다. 움직이는 것을 싫어하고 기름진 음식을 좋아하는 사람이 날씬한 몸매를 갖고 건강하기를 기대할 수는 없다. 습관은 체중이나 체형을 통해 그대로 나타난다. 몸은 정직하다. 물만 먹어도 살이 찐다는 사람이 있는데, 세상에 그런 거짓말은 없다. 무언가 많이 먹거나 충분히 움직이지 않기 때문에 살이 찌는 것이다. 그러면 건강을 위해서 어떤 습관을 가져야 할까?

건강의 우군과 적군

첫째, 균형 있는 생활이다. 건강은 육체적인 면, 정신적인 면, 대인관계적인 면, 영혼적인 면으로 나누어 생각해볼 수 있다. 매일 조깅을 10킬로미터씩 하더라도 늘 미움으로 가득 차 있다면 결코 건강을 유지할 수 없다. 대인관계도 원만하고 정신적으로 건강한 생활을 하더라도 전혀 움직이지 않으면서 기름진 음식만을 먹는다면 역시 건강할 수 없다. 일만 하고 쉬지 않는 것은 생산에 욕심이 생겨 쉬지 않고 기계를 돌리다 기계가 망가지는 것과 같다. 하는 일 없이 놀기만 하는 것도 건강에 해롭기는 마찬가지다. 4가지 측면 사이의 균형을 유지하는 것이 건강의 필수조건이다. 그런 의미에서 주경야독은 건강한 생활의 표본이다. 낮에는 밭에서 일하고 밤에는 공부하면 육체적인 면과 정신적인 면 사이에 균형을 이룰 수 있다.

둘째, 절제의 중요성이다. 늘 과한 것이 문제다. 그중 음식을 탐하고 과욕을 부리는 것이 건강을 해치는 주범이다. 적게 먹어 탈이 나는 경우는 드물다. 대부분 먹는 것에 비해 움직임이 적기 때문에 탈이 난다. 건강을 해치는 최대 적은 기름진 음식과 너무 편안한 생활이다. '건강과 다식多食

은 동행하지 않는다'는 포르투갈 속담이나 '우유를 마시는 사람보다 우유를 배달하는 사람이 더 건강하다'는 영국 속담에서도 알 수 있듯이 건강의 기본은 많이 움직이는 것이다. 하지만 우리 생활환경은 어떤가. 자동차, 에스컬레이터, 엘리베이터 등 각종 편의시설로 가득 차 있다. 운동을 방해하는 적들이 곳곳에 포진한 셈이다.

셋째, 스트레스를 잘 이겨내야 한다. 육체적으로 문제가 없다고 해서 건강하다고 말할 수 없다. 정신적 건강, 영적 건강이 뒷받침될 때 진정한 건강이 보장된다. 이를 위해 가정이나 직장에서 일상적으로 받게 되는 스트레스에 잘 대응하는 것이 중요하다. 하버드대 의대는 21세기에 인류를 위협하는 질병 중 하나로 스트레스성 조울증을 꼽았다. 단기적 스트레스는 몸을 긴장시켜 생산성을 높이지만, 장기적으로 스트레스에 노출되면 탈진현상이 일어나고 이를 방치하면 각종 질병으로 연결된다.

스트레스를 해소하려면 "피할 수 없으면 즐겨라"라는 말처럼 우선 즐길 줄 알아야 한다. 쇼핑도 누군가에 의해 끌려가면 하품이 나오고 힘들지만, 적극적으로 마음을 바꾸면 얼마든지 즐길 수 있다. 여자들이 그렇게 즐거워하는 쇼핑이 남자들에게는 얼른 벗어나고 싶은 고역이라는 게 신기하지 않은가.

또한 의미를 찾아야 한다. 군복무가 의무이긴 하지만 의무감만으로 생활하기에는 너무 힘겹다. 내 덕분에 부모님, 형제들, 동포들이 편히 잘 수 있다고 생각하면 뿌듯해진다. 밤잠을 못 자고 일했던 김우중 회장은 늘 그런 이야기를 했다. "희생하는 세대가 있어야 다음 세대가 잘살 수 있다." 아마 그런 자긍심이 휴가 없이 열심히 일하는 에너지를 제공했을 것이다.

현재에 만족할 줄도 알아야 한다. 스트레스는, 여기에 있으면서 다른 곳을 바라기 때문에 생긴다. 현재에 있으면서 미래에 있기를 바라기 때문에 생긴다. 행복은 미래에 올 수 없다. 어디서 무슨 일을 하든 그 일을 존중하고 인정하고 충분히 받아들여라. 지금 가진 것에 대해, 존재하는 것에 대해 만족하라.

넷째, 건강하려면 감사한 마음을 가져야 한다. 제주에 있는 고급호텔은 방향에 따라 가격이 천차만별이다. 바다 쪽을 향하고 있느냐 아니냐에 따라 10만 원 이상 차이가 난다. 방향이 차이를 결정한다. 삶도 마찬가지다. 사람이 어떻게 사느냐는, 그 사람에게 어떤 사건이 일어나느냐가 아니라, 일어나는 일을 어느 방향으로 어떻게 바라보느냐에 따라 달라진다. 그래서 관점이 중요하다.

무조건 즐거울 것

다섯째, 일에서 즐거움을 느껴야 한다. 장수하는 노인의 공통점은 죽을 때까지 일을 손에서 놓지 않는다는 것이다. 일은 단순한 밥벌이 이상의 가치를 갖는다. 직장인들은 누구나 일에서 벗어난 자유로운 삶을 꿈꾸지만, 일 없는 삶이란 사실 끔찍한 것이다. 무위도식은 사람을 피폐하게 한다. 직장이 있다는 것, 나를 필요로 하는 사람이 있다는 것만큼 다행한 일도 없다.

여섯째, 흡연문제다. 약간의 술은 건강에 도움이 되지만 담배는 절대 그렇지 않다. 내가 아는 어느 미국 친구는 "담배를 피우는 것은 가장 잔인한 자해 행위다. 특히 마흔이 넘은 가장이 담배를 피우는 것은 직무유기에 해당한다"고 말한다. 담배를 계속 피우고 싶다면 종합병원의 암 병동을 한번 방문해볼 것을 권한다. 미래의 자기 모습을 생생하게 볼 수 있을 테니까.

자기를 다스리는 사람만이 남을 다스릴 수 있다. 자기 마음 하나 다스리지 못하는 사람이 어떻게 남에게 이래라 저래라 이야기할 수 있겠는가. 그런 면에서 자기관리는 리더십의 기본 중 기본이다. 이게 되지 않으면 다른 모든 것이 아무리 훌륭해도 리더십을 발휘할 수 없다.

□ 나의 자기관리 점수는 어떠한가?
□ 그것을 어떻게 알 수 있는가?
□ 건강 습관 중 잘하고 있는 것과 그렇지 않은 것은?

자유는 유료다

나는 공직자의 재산 공개를 흥미롭게 본다. 그들이 얼마만한 돈을 가졌는지, 어떻게 벌었는지 궁금해서가 아니다. 나라 살림을 꾸려온 사람들이 정당하게 살아왔는지, 지도자로서 자격이 있는지를 가늠할 수 있을뿐더러 우리 사회의 자화상을 알 수 있기 때문이다.

사람들은 공직자가 돈 많은 것을 비난한다. 부정한 방법으로 모았을 것이라는 선입견 탓이다. 하지만 공직자라고 해서 돈을 모으지 말라는 법은 없다. 부모로부터 물려받았거나 정당한 방법으로 번 돈이라면 문제될 게 없다. 오히려 치하하고 권장할 일이다. 그런 사람이 정치를 하고 공직을 수행해야 검은 돈의 유혹으로부터 자유로울 수 있고, 그럼으로써 공정하고 투명한 사회를 이룩할 수 있다.

경제적 독립은 자기관리의 중요한 축이다. 경제적으로 자유롭지 못하면 사고도 제한되고 행동도 위축된다. 여기저기 눈치를 봐야 한다.

애를 더 낳을까요?

평생 부모 신세를 지면서 사는 사람이 있다. 학교 다닐 때는 물론 해외 유학 비용도 전부 부모가 댔다. 10년 정도 유학하면서 얼추 몇 억은 쓴 것 같다고 했다.

학위를 따서 한국에 돌아왔지만 교수 월급으로 풍족하게 살기는 쉽지 않았다. 아파트 구입부터 아이들 과외비까지 부모에게 손을 벌리지 않으면 생활이 안 되었다. 경제적 문제를 부모에게 의존해서 해결하다 보니 일일이 부모의 간섭을 받는다. 집을 옮기는 문제부터 애를 더 낳는 문제까지, 온갖 일에 대해 부모와 상의하거나 허락을 받아야 했다. 다 큰 자식 생활에 감 놔라 대추 놔라 간섭하는 부모가 싫었지만 처지가 처지인지라 내색도 할 수 없다. 그는 지금도 그렇게 살고 있다.

사람은 누구나 자유로운 삶을 꿈꾼다. 누구의 간섭도 받지 않고 하고 싶은 대로 하면서 살고 싶어 한다. 출근하고 싶을 때 출근하고, 여행하고 싶을 때 여행하고, 아무것도 하고 싶지 않으면 퍼져 있고, 사고 싶은 것이 있으면 눈치 보지 않고 사고…. 하지만 자유롭기 위해 무엇을 어떻게 해야 하는지에 대해서는 별로 생각을 하지 않는다.

절대자유의 절대조건

"자유는 책임을 의미한다. 그래서 대부분 사람들은 자유를 두려워한다."

영국의 작가 버나드 쇼가 한 말이다. 자유에 따르는 책임은 자유를 위한 조건으로 이해하면 된다. 자유에는 조건이 붙는다.

첫째, 남의 신세를 지지 말아야 한다. 스스로 생계를 책임질 수 있어야 한다. 남한테 아쉬운 소리를 하지 않을 수 있어야 최소한의 자유라도 누릴 수 있다. 타인의 돈으로 활동할 때 자유란 없다. 공짜 점심이란 따지고 보면 사실 공짜가 아니다. 돈만 내지 않을 뿐이지 구속감을 느끼게 마련이다. 돈과 같은 물질적 도움을 받으면 구속감은 커진다. 부모 자식 간에도 관계의 본질은 다르지 않다. 부모에게 의존하면 자기 뜻대로 살아가기 어렵다. 앞의 교수처럼 말이다.

경제적 자립을 이루어야 한다. 다른 사람에게 의지하는 순간 자유의 침해를 각오해야 한다. 미끼를 알지 못하는 자는 미끼에 현혹되어 결국 죽게 되지만, 미끼를 깨닫는 자는 미끼를 뿌리치고 물리침으로써 자유를 얻는다.

둘째, 자기만의 전문성과 실력을 쌓고 인정받을 수 있어야 한다. 세상의 인정을 받으면 토대가 튼튼해지고 선택의 자유가 커진다. 자기계발에 돈과 시간을 투자하고 멋진 커리어를 위해 불철주야 노력하는 것도 따지고 보면 자유를 위해 실력을 갖추기 위함이다. 나만의 브랜드를 만들고 가치를 높이는 것이 중요하다고 역설하는 이유도 매한가지다.

자유를 얻는 것은 쉬운 문제가 아니다. 모두가 갈망하지만 진정한 자유를 누리는 사람은 극소수인 것은 그 때문이다. 많은 봉급생활자들이 자유를 꿈꾸며 기회 있을 때마다 독립을 외치지만 실제로 독립하는 사람은 얼마 되지 않는다.

가수 윤도현의 자유론

자유란 내가 좋아하는 것을 하기 위해, 좋아하지 않는 것으로부터 벗어나는 것이다. 자기 삶에 책임을 지는 것이다. 자기 힘으로 우뚝 서는 것이다. 자유를 원한다면 내가 좋아하는 일을 찾고 거기서 힘을 길러야 한다. 거친 시장에서 생존할 수 있는 전문성을 갖춰야 한다. 그런 것 없이 남에게 기대어 뭔가를 요구하는 것은 '나는 자유인이 아니고 영원한 노예로 남고 싶다'고 광고하는 것이나 다름없다. 그런 의미에서 가수 윤도현은 자유의 의미를 제대로 파악하고 있는 사람이다.

"진정한 자유를 얻으려면 뭐든 열심히 해야 합니다. 열심히 하는 자에게 주어지는 것이 진정한 자유이거든요."

게으른 자는 절대 자유인이 될 수 없다. 열심히 일함으로써 자기만의 전문성을 획득할 때 자유라는 말을 입에 올릴 수 있다. 외부로부터의 구속과 억압을 단호히 뿌리칠 수 있는 경제적 성취도 전문성이 있어야만 가능한 일이다.

자유롭고 싶은가? 전문가적 실력으로 당당히 우뚝 서는 경제적 자립을 이루어라. 이것이 절대자유를 위한 절대조건이다.

- 현재 어느 정도 자유로운가? 더 많은 자유를 원하는가?
- 자유를 구속하는 대표적인 것은 무엇인가?
- 경제적 자유를 갖고 있는가? 아니면 누군가에게 의존하고 있는가?
- 더 많은 자유를 위해 가장 신경을 써야 할 것은 무엇인가?
- 절대자유의 조건에 대해 어떻게 생각하는가?

나의 브랜드는 무엇인가

　두 사람이 있다. 한 사람은 일류 대학을 나왔지만 30년 동안 특별한 노력을 기울이지 않았다. 또 다른 사람은 대학을 제대로 나오지 못했지만 30년 동안 열심히 자기 경력을 관리하여 최고 위치에 올랐다.
　경력관리는 자기관리의 또 다른 축이다. 아무리 건강관리를 잘하고 대인관계가 좋아도 남들 앞에 내세울 수 있는 브랜드가 없으면 한계가 있다. 자기만의 대표 상품이 있어야 한다. 그것이 현재와 미래의 나를 지켜주는 확실한 자산이다. 이를 위해서는 멋진 커리어를 쌓아야 한다. 어떻게 하면 될까?
　첫째, 지금 하는 일에 열중해야 한다. 무슨 일을 하느냐보다 중요한 것은 그 일을 얼마나 비범하게 하느냐다. 그러기 위해서는 지금 하는 일에 몰입해야 한다. 자기 적성에 맞지 않는다며 건성건성 하다가 쉽게 포기하고 메뚜기처럼 여기저기 옮겨 다니는 사람들이 많은데, 위험하다. 그러면서 세월만 흐른다. 무슨 일이든 열심히 하는 사람만이 적성을 발견할 수 있다. 너무 멀리서 찾지 말고 현재 일에 집중해야 한다. 기회가 찾아오고, 천직을 얻게 될 것이다.

둘째, 밥그릇을 걸어야 한다. 배우 윤여정 씨에게 가장 연기가 잘될 때가 언제인지 물었다. 그녀는 "생계가 달려 있을 때"라고 답했다. 공지영 씨도 비슷하다. 먹고사는 문제가 달려 있을 때 글이 가장 잘 써진단다. 그만큼 먹고사는 문제는 신성하다. 그게 있어야 동력이 생긴다.

절박함 없이는 자기 브랜드를 가질 수 없다. 브랜드 없이는 생존을 보장받기 힘들다. 그런 브랜드는 어느 날 갑자기 생겨나는 게 아니다. 오랜 노력과 관리의 결과가 바로 브랜드다. 보고서 하나를 쓸 때도 '내 이름을 걸고 쓴다. 만약 이것이 통과되지 않으면 이번 달 월급을 받지 못한다'는 각오로 쓰면 품질이 달라진다.

나의 업을 한마디로 정의한다면?

셋째, 업業을 정의해야 한다. 직장보다 중요한 것은 직업이다. 많은 사람들이 직장에 다니지만 직업이 뭐냐고 물으면 당황해한다. 생각해본 적이 없기 때문이다. 내가 도대체 무엇을 하면서 밥을 먹는 사람인지, 그것이 업이다. 업이 직職보다 중요하다. 교수나 논설위원 같은 직은 그 자리를 떠나면 그만이지만, 업은 일생을 통해 끝까지 지속된다. 정진홍 중앙일보 논설위원은 스스로를 '콘텐츠 크리에이터'로 정의한다. 끊임없이 새로운 콘텐츠를 개발하고 이를 강의하고 책으로 펴내기 때문이다. 나는 자신을 '인사이트 세일즈맨'이라 정의한다. 문제점을 새로운 시선으로 보고, 가장 핵심이 되는 통찰력을 고객에게 제시하는 존재로 생각하기 때문이다.

업을 정의하고 나면 내가 할 일과 하지 말아야 할 일이 저절로 구분된다. 콘텐츠를 만드는 사람은 남들보다 수십 배 더 많은 책을 읽는다. 공연도 보고 영화도 본다. 통찰력을 키우는 사람은 사소한 사건이나 현상도 그냥 지나치지 않는다. 또 고수들을 찾아다니며 그들의 안목과 경륜을 배운다. 관심 있는 모든 것을 관찰하고 왜 그런지 질문하며 자신의 업을 집중 육성해나간다.

넷째, 내부고객을 만족시켜야 한다. 개인 브랜드의 출발점은 조직 내부의 고객이다. 그들을 사로잡아 열성적인 지지세력으로 만들어야 한다. 내부고객이 만족하지 않으면 외부고객은 절대 만족하지 않고, 내부고객이 움직이지 않으면 외부고객은 꿈쩍도 하지 않는다. 내로라하는 스타들은 이미 자기 동네에서 스타였던 사람이다. 그러다가 차츰 밖으로 이름이 알려져 대중적인 스타가 된 것이다.

다섯째, 나만의 주특기가 있어야 한다. 다른 사람이 하지 못하는 자신만의 그 무엇이 있는가? 그렇다면 당신은 시장에서 오랫동안 살아남을 수 있다.

주특기를 관리하고 육성하는 좋은 방법으로 '자기소개서'를 써볼 것을 권한다. 일류 대학을 나와 10년이 지났는데도 마땅히 쓸 거리가 없다면 인생에 빨간불이 켜진 것이다. 반면 대학을 나오지 않았어도 꾸준히 경력관리에 신경을 썼다면 몇 장으로도 부족할 것이다.

자기소개서로는 단연 레오나르도 다빈치가 쓴 것을 최고로 꼽는다. '나는 그림을 잘 그린다. 조각도 잘한다. 기중기도 설계했다. 인체 해부도도 잘 그린다…' 누가 이런 인재를 쓰지 않겠는가. 누가 이런 인재를 붙잡고 싶지 않겠는가. 현재 내가 잘하는 것은 무엇일까? 나만이 할 수 있는 일에는 어떤 것이 있을까? 심각하게 짚고 넘어가야 할 문제다.

여섯째, 경력관리는 철저히 개인의 책임이다. 어느 누구도 이를 대신할 수 없다. 목마른 사람이 우물을 파야 한다. 그런데도 수많은 사람들이 남 탓, 환경 탓을 하면서 시간을 허비한다. 비전이 없다고, 교육을 시켜주지 않는다고 회사를 탓하고 정부를 비판한다. 소중한 자기 경력을 조직에 위임하는 꼴이다. 그래가지고는 아무런 일도 일어나지 않는다.

경력관리에 성공하려면 남에게 의존하지 않는 그런 목마름, 의욕이 있어야 한다. 무언가를 배우겠다고 결심하면 작은 것에서도 많은 것을 배울 수 있지만, 아무 의욕이 없다면 중원의 고수가 나타난다 해도 아무 배움도 얻을 수 없다. 뜻이 있는 곳에 길이 있다. 할 의향만 있으면 방법은 얼마든지 생긴다.

경력을 쌓기 위한 노력들이 이어져 평판을 낳는다. 평판은 최고의 소개장이다. 눈에 보이지 않는 날개를 갖고 있어 생각하지도 못한 곳까지 날아간다. 평판이 좋은 사람은 수천 장의 소개장을 뿌린 것이나 다름없다. 화려한 이력을 열거한 이력서보다 입소문을 통한 좋은 소개장이 더 큰 영향력을 발휘한다. 자기만의 평판을 갖는 것, 자기만의 브랜드를 갖는 것이 중요한 까닭이다.

결코 무시할 수 없는 지명도의 차이

일본에 가면 '무인양품無印良品'이라는 팻말을 흔히 볼 수 있다. 이름은 알려져 있지 않지만 품질은 좋은 상품이라는 뜻이다. 가격이 저렴하여 서민들이 자주 찾는다. 사실 품질만 놓고 보면 이름 있는 상품과 큰 차이가 나지 않는다.

세상의 모든 상품이 그렇다. 이름이 있느냐 없느냐가 가격 차이를 결정한다. 지하상가에서 단돈 몇 만 원에 살 수 있는 가방도 백화점에 가면 100만 원이 넘는다. 상품만 그런 게 아니다. 사람도 다르지 않다. 무명 강사는 서너 시간 열심히 뛰어봐야 몇 십만 원 정도의 강사료밖에 받지 못한다. 그나마도 잘릴까봐 눈치를 살핀다. 유명 강사는 시간당 수백만 원의 강사료를 받는다. 그러면서도 시간이 맞지 않는다, 거리가 멀다 하면서 큰소리를 떵떵 친다. 정말 사는 게 천차만별이다. 같은 회사 안에서도 천양지차다. 어떤 사람은 구조조정 이야기만 나오면 오금이 저리는 반면에, 어떤 사람은 그가 그만둘까 봐 회사가 전전긍긍한다. 이 모두가 평판, 지명도, 브랜드 차이 때문이다. 그리고 그것은 오랜 이미지관리, 경력관리의 산물이다.

누구나 인정받고 대접받기를 바란다. 실력도 좋아야 하지만 경력을 잘 관리해야 한다. 브랜드가 약하면 좋은 실력도 빛을 발하지 못하기 때문이다. 효과적 경력관리를 통한 나만의 브랜드 형성이 자기관리의 요체다.

- 지금까지 자신의 경력관리에 대해 평가한다면?
- 잘하고 있는 부분과 약한 부분이 있다면?
- 나는 현재 하는 일에 밥그릇을 걸고 있다고 생각하는가? 아니면 한발을 걸치는 수준인가?
- 회사 내에서 내 브랜드는 어떤가? 혹시 무인양품 수준이 아닌가?
- 나의 업은 무엇인가? 나는 무엇을 하면서 밥을 먹는가?

경영 대가들의 자기계발 노하우

자기계발에서 가장 중요한 것은 일신우일신日新又日新, 한꺼번에 뭔가를 이루는 것이 아니라 매일 조금씩 새로워지고 좋아지는 것이다. 그것을 가장 잘 실천한 사람이 20세기 경영학의 아버지 피터 드러커다. 그는 어떻게 자기를 계발했을까?

드러커는 작곡가 베르디가 80세의 나이에 작곡한 오페라 〈폴스타프〉를 듣고 충격을 받았다. 그는 "나는 음악가로서 일생 동안 완벽을 추구했다. 완벽하게 작곡하려 애썼지만 하나의 작품이 완성될 때마다 늘 아쉬움이 남았다. 이 때문에 나는 한 번 더 도전해야 한다는 의무감을 늘 가지고 살았다"는 베르디의 말을 인생의 길잡이로 삼았다. 나이를 먹더라도 포기하지 않고 늘 정진하리라, 완벽은 언제나 자신을 피해가겠지만 그럼에도 언제나 완벽을 추구하리라 결심했다. 완벽에의 추구는 드러커의 평생 목표가 되었다. 그는 사람들이 어느 책이 최고냐고 물을 때마다 "다음에 나올 책입니다"라고 대답했다.

그는 또한 '내가 하는 일을 하느님이 보고 있다'는 생각으로 살았다. 다른 사람은 눈치를 채지 못해도 하느님만은 알고 있다고 여겼고, 그렇게 행동 하나하나에 주의를 기울였다. 혼자 있을 때도 도리에 어긋나지 않도록 몸가짐을 바로 하고 언행을 삼간다는, 이른바 '신독愼獨'을 실천하기 위해 힘썼다. 매순간 자기관리에 엄격했다고 볼 수 있다.

공부할 때는 한 주제만을 천착하지 않았다. 3~4년마다 다른 주제를 선택하여 새로운 시각, 남다른 방법을 갖고자 노력했다. 그는 법률, 국제관계, 역사, 재무, 통계학, 일본 미술, 경제학 등에 걸쳐 상당한 지식과 통찰력을 갖추게 되었다. 한 곳에 정체되지 않고 끊임없이 변화하는 흐름을 통찰하기 위한 그만의 개방적인 공부법 덕이었다.

오랫동안 유능했던 사람이 승진하면서 무능해지는 이유는 무엇일까? 새로운 직무를 맡은 뒤에도 변함없이 예전의 사고와 업무방식으로 일을 계속하기 때문이다. 무능해진 것이 아니라 정말 해야 할 일을 놔두고 다른 부적절한 일을 했기 때문이다. 환경이 변하고 직무가 바뀌면 그에 맞게 사람도 달라져야 한다. 새롭게 요구되는 일에 대한 집중이 필요하다.

잘못한 일, 잘했지만 더 잘할 수 있었던 일

드러커는 바쁜 일상 속에서도 중간중간 질문을 통해 현재의 상태를 점검하는 일을 게을리하지 않았다. 조직에 대해서는 주기적으로 다음과 같은 질문을 던졌다.

> 지난 6개월간 우리가 잘한 일은?
> 잘하려고 노력했던 일은?
> 잘하려고 노력하지 않았던 부분은?
> 잘못했거나 실패한 부분은?
> 앞으로 6개월간 해야 할 일은?(집중할 일, 개선할 일, 각자가 배워야 할 일)

자기 자신에 대해서도 여름휴가 때마다 지난 일을 반성했다.

> 잘했지만 더 잘할 수 있었거나 더 잘했어야만 하는 일은?
> 잘못한 일은?
> 마땅히 했어야 했지만 하지 않은 일은?

이런 점검을 끝낸 후 컨설팅과 저술, 강의의 우선순위를 정하고 계획을 수립했다. 늘 계획대로 움직인 것은 아니지만 그는 이를 통해 완벽을 추구하며 살았다.

드러커가 중학교 3학년 때의 일이다. 담임인 필리글러 신부님이 어느 날 "여러분들은 죽을 때 어떤 모습으로 기억되기를 바랍니까?"라는 질문을 던졌다. 이 질문이 이후 자신을 만들었다고 드러커는 회고했다. 어떤 결정을 내릴 때마다 그 말을 떠올렸다.

주기적으로 자신에게 이 질문을 던져야 한다. 만약 지금 하는 일이 원하는 일이 아니라면 방향을 달리해야 한다. 후회 없는 삶을 살기는 쉽지 않겠지만 후회가 적은 삶은 선택할 수 있다. 이것이 자기계발의 기본 원칙이다.

자기계발 절대불변의 원칙

토머스 제퍼슨은 제3대 미국 대통령을 지낸 인물이다. 독립선언서를 기초한 것으로 유명한 그는 미국 역사상 가장 위대한 대통령 중 한 사람으로 거론된다. 뿐만 아니라 그는 매일 아침 동이 트기 전에 일어나 그날 할 일을 작성하는 자기관리의 대가였다. 그가 제시한 '자기계발 10계명'을 보면 이를 잘 알 수 있다.

> 오늘 할 수 있는 일을 내일로 미루지 않는다.
> 스스로 해결할 수 있는 일로 다른 사람을 괴롭히지 않는다.
> 번 만큼만 쓴다.
> 값이 싸다는 이유로 원하지 않는 물건을 사지 않는다.
> 자만은 허기, 갈증, 추위보다 많은 대가를 요구한다.
> 소식小食한다.
> 낙관적인 태도를 갖는다.
> 기우杞憂는 마음을 병들게 한다.
> 무리 없이 일을 처리한다.
> 화가 치밀 때는 열까지 센 다음 말한다.

제퍼슨의 10계명을 통해서도 알 수 있듯이 효과적인 자기계발을 위해서는 반드시 알아두어야 할 원칙이 있다. 하나하나 살펴보자.

필요성을 절감해야 한다

목이 마르지 않은 말을 개울가까지 끌고 갈 수는 있지만 물을 억지로 먹일 수는 없다. 아이들 공부도 다그친다고 될 일이 아니다. 그저 부모 입만 아플 뿐이다. 갈증이 물을 마시게 하고 허기가 밥을 먹게 하듯, 공부를 왜 해야 하는지 필요성을 깨달아야 알아서 할 수 있다. 자기계발 역시 뚜렷한 이유가 있어야 한다. 먹고사는 데 지장 없고, 등 따습고 배부르면 굳이 필요를 느끼지 못한다.

'사무왕교지의師無往敎之義'라는 말이 있다. 스승은 결코 제 발로 찾아가 가르치지 않는다는 뜻이다. 본인 스스로 부족함을 깨닫고 배우려고 할 때 비로소 스승은 나타난다. 먼저 배우고자 해야 가르침이 시작되고 효과도 볼 수 있다.

강의를 다니다 보면 참석자들은 뒤부터 자리를 채운다. 얼굴에서 지루함이 느껴진다. 인질로 끌려온 이들 같다. 배움에 대한 욕구가 없지만 회사에서 가라고 하니까 할 수 없이 온 표정이다. 이런 사람들에게 뭔가를 가르친다는 것은 불가능에 가깝다. 이들은 지금의 행동이 미래의 삶에 어떤 영향을 끼치는지 생각하지 않는다. 구조조정 명단에 자기 이름이 오를 때야 비로소 땅을 치며 자기계발에 게을렀던 자신을 미워할 것이다. 외국어를 배워둘걸, 주특기를 다듬어 최고 경지에 올려놓을걸, 책을 좀 더 읽을걸, 담배를 끊을걸, 운동을 할걸, 사람들과 잘 지낼걸… 걸걸걸 하며 후회할 것이다.

목표를 설정하라

모든 일의 출발점은 목표 설정이다. 얼마 전 300페이지가 넘는 강의안을 만들기로 계약한 후 생활을 완전히 바꾸었다. 그렇잖아도 빠듯한 일상에서 이 같은 작업을 완수하기란 보통 일이 아니었다. 긴요하지 않은 약속, 술자리, 모임을 모두 끊었다. 그동안 모은 자료와 써둔 메모를 정리하고 오직 한 가지 화두에 몸과 마음을 집중했다. 쉽지 않았지만 엄청난 에너지가 나오는 걸 느꼈다. 목표가 생겼기 때문이다.

"한 분야에서 궁극적인 힘이 되는 것은 목표를 향한 열정이다. 어떤 결과를 바라는 마음이 절실하면 바라는 결과에 도달할 수 있다. 선인이 되길 바라면 선인이 될 것이요, 부자가 되길 바란다면 부자가 될 것이고, 학자가 되고 싶다면 학자가 될 수 있다. 그러기 위해서는 목적 외에 이것과 양립할 수 없는 일을 버리고 목적만을 진실로 염원해야 한다."

미국 심리학자 윌리엄 제임스의 말이다.

현재 있는 곳에서 시작하라

대우중공업 김규환 명장은 강사로 유명한 분이다. 제대로 학교를 나오지 못했지만 특유의 성실성으로 오늘의 성공을 거둔 실화가 사람들에게 진한 감동을 준다. 그의 이야기다.

"저는 심청가를 1,000번 이상 듣고 완창하게 되었습니다. 심청가에 보면 다음과 같은 구절이 있습니다. '한 번밖에 없는 인생 돈의 노예가 되지 마라. 지금 하고 있는 일이 네 인생이다. 지금 하는 일에 최선을 다하는 자는 영화를 얻는다.' 힘들고 어려운 길은 반드시 행복으로 가는 길입니다. 목숨 걸고 노력하면 안 되는 것이 없습니다. 목숨 걸고 일을 하십시오, 내가 하는 분야에서 아무도 다가올 수 없을 정도로 정상에 오르면 돈이 문제가 아닙니다."

최선의 자기계발은 현재 위치에서 자신이 하는 일에 최선을 다하는 것이다. 그런데도 사람들은 늘 한눈을 팔면서 지낸다. 지금 일을 해봤자 무슨 수가 있겠어, 몸만 고되고 뻔한 것 아니겠어, 뭔가 다른 일이 없을까 하며 주변을 기웃거린다. 자기 일은 대충 하면서 언젠가 올 행운과 백마 타고 나타날 사람을 기다린다. 하지만 그런 일은 절대 일어나지 않는다. 괴테도 말했듯이, 노력은 적게 하면서 많은 것을 얻으려는 곳에는 한숨만 일어날 뿐이다.

자신을 알라

사람은 모두 다르다. 잘하는 것도, 관심 분야도, 성향도 취미도 모두 다르다. 그렇기 때문에 자기계발에는 정해진 법칙이나 왕도가 없다. 자기가 어떤 사람인지를 파악해서 자기에게 맞는 길을 찾아야 한다. 남이 하는 대로 따라 하거나 자기를 바꾸어 다른 사람이 되는 것은 가능하지도 않고, 설혹 된다 해도 효과가 적다. 자기계발의 관건은 자기를 바꾸는 것이 아니라 진정한 자신을 찾는 것이다.

사람 중에는 읽으면서 깨닫는 스타일이 있고, 들으면서 깨닫는 스타일이 있다. 그런가 하면 쓰면서 정리하는 스타일도 있다. GM의 기초를 닦은 알프레드 슬론 회장은 회의가 끝나면 편지를 썼다. 반면 링컨은 말하면서 생각을 정리하는 스타일이다. 행동하면서 정리하는 사람도 있다. 일하는 방식도 제각기 다르다. 혼자 일할 때 성과가 나는 사람이 있고, 팀으로 일할 때 성과가 나는 사람이 있다. 관계에 따라서도 다르다. 맨 꼭대기에서 지휘를 해야 힘이 나는 사람이 있고, 팀원일 때 능력을 발휘하는 사람이 있다. 조직 안에서 일할 때보다 밖에서 자문이나 코치 역할을 할 때 실력을 발휘하는 사람도 있다. 긴장감 속에서 일할 때 역량을 발휘하는 사람이 있고, 충분한 시간이 주어졌을 때 힘을 쓰는 사람이 있다. 거친 환경에서 쾌감을 느끼는 사람이 있고, 구조화되고 예측 가능한 환경 속에서 편안함을 느끼는 사람이 있다.

당신은 어떤 스타일인가? 성과를 내려면 자신을 잘 들여다보아야 한다. 그래서 자기가 어떤 스타일인지를 알고 거기에 맞는 일과 방식을 찾아 움직여야 한다. 화가 장욱진은 "나는 내 뜻과 같지 않게 사는 것은 질색이다. 나를 잃어버리고 남의 인생을 살아주는 셈이 되기 때문이다. 먼저 자기 마음대로 해보는 것이 중요하다. 그래야 참된 자기 것을 가질 수 있다"고 말했다.

자기 자신을 파악하는 일은 평생을 두고 끊임없이 수행해야 하는 작업이다. 좀 더 구체적이고 체계적으로 자신에 대해 알아보려면 심리학자들이 개발한 MBTI the Myers-Briggs Type Indicator. 마이어브릭스 성격진단나 DISC Dominance, Influence, Steadiness, Conscientiousness. 행동유형검사 같은 전문 도구의 힘을 빌리는 것이 좋다.

강점을 발견하여 힘을 쏟아라

2009년 프로야구 한국시리즈 우승팀은 기아였다. 사람들은 만년 하위팀 기아의 우승 소식에 찬사를 보냈다. 감독을 비롯한 모든 선수가 우승 주역이었지만, 그중에서도 핵심은 김상현 선수였다.

그는 한때 불우한 시기를 보냈다. 원래 힘도 좋고 타격도 괜찮지만 수

비가 약하다는 단점 때문에 출장 기회를 얻지 못해 제대로 역량을 발휘하지 못했다. 그러다 LG에서 방출되는 시련을 겪었다. 하지만 기아에 온 그는 확연히 달라졌다. 김조호 단장이 이렇게 말했기 때문이다.

"수비는 못해도 좋다. 방망이만 잘 치면 된다."

뭔가 궁합이 맞고 자신을 알아준다는 생각이 들었다. 이후 약점인 변화구까지 잘 치게 되었다. 결과는 3개 부문 1위였다. 36개로 홈런 1위, 127타점으로 타점 1위, 6할 2푼 8리로 장타율 1위. 강점에 집중한다는 것이 이렇게 중요하다.

자신의 강점을 발견한 사람은 성공에 가장 근접한 사람이다. 그것을 강화하고 활용하는 사람은 이미 성공한 사람이고 행복한 사람이다.

강점은 3가지 조합으로 완성된다. 재능talent, 지식knowledge, 기술skill이 그것이다. 이 중에서 가장 중요한 것은 재능이다. 재능은 때로 지식과 기술을 습득하는 과정에서 발견되기도 한다. 낯선 사람과 쉽게 친해지는 사람이 있다. 이것은 재능이다. 이 재능을 영업에 활용해 성과를 올렸다면 그게 강점이 된다.

재능에는 3가지 원천이 있다. 첫째가 동경이다. 무언가를 계속 하고 싶고 자꾸 생각이 나고 끌리는 것이다. 둘째는 학습 속도다. 노래를 듣고 바로 따라 하는 사람, 하나를 가르쳐주면 열을 아는 사람, 단번에 글을 써 내려가는 사람은 그에 관한 재능을 가진 사람이다. 셋째는 만족감이다. 어떤 일을 하고 난 후 다른 일에 비해 큰 뿌듯함이 느껴진다면 그 일에서 재능을 발견할 가능성이 높다.

재능을 발견하기 위해서는 뒤로 한발 물러나 자신을 바라볼 줄 알아야 한다. 정신없는 일상 속에서 빠져나와 내면에 귀를 기울이면 자신의 재능을 찾는 데 도움이 된다. 주변 사람들에게 물어보는 것도 좋다. 자기 모습은 잘 보지 못해도 다른 사람은 잘 보는 것이 인간이다. 부모에게 물어보는 것도 방법이다. 부모만큼 어린 시절의 나에 대해 많은 단서를 가진 사람은 없다. 무엇을 좋아했고 무엇을 싫어했는지, 무엇에 얼굴을 찡그리고 기분 나빠 했는지, 어떻게 행동하고 무슨 말을 했는지를 가장 잘 아는 사람이 바로 부모다.

"성공은 소망만으로 얻어지는 게 아니다. 성공하는 삶의 진정한 비밀은 소망과 본성이 만나는 곳에 있다. 자기의 독특함에 기반을 둔 소망에 노력이 더해질 때 삶은 피어난다. 안 되는 것을 되게 하려는 것, 잘할 수 없는 것을 잘하려는 것 같은 헛된 노력은 우리 삶을 피우지도 못한 채 꺾어버린다."

변화경영전문가 구본형 소장의 말이다.

측정 가능하게 만들어라

측정할 수 없으면 개선할 수 없다. 필요성을 절감해 시작했지만 중도에 포기하는 것은 뭔가 나아진다는 생각이 들지 않기 때문이다. 눈에 띄는 성과가 보이지 않기 때문이다. 따라서 작은 성과를 찾아내는 것, 중간중간 노력의 결과를 측정하는 과정이 필요하다.

독서가 대표적이다. 마구잡이로 책을 읽다 보면 지친다. 시간과 돈은 많이 쓴 것 같은데, 나아지는지 알 수 없기 때문이다. 이럴 땐 책을 몇 권 읽었는지 기록해보라. 더 나아가 책의 주요 내용을 발췌하여 기록하고 거기서 키워드를 뽑아 정리해보라. 주기적으로 작년 대비 얼마나 더 많이 읽었는지 비교해보라. 체계적이고도 생산적인 책 읽기가 무엇인지 체감하게 될 것이다.

운동을 시작할 때도 무작정 뛰는 것보다 운동 전의 체지방, 몸무게, 혈압 등을 수치로 기록한 다음 3주 정도 지나서 변화된 상태를 비교해보라. 달라진 몸상태에 쾌감을 느낄 것이다. 나는 혈압이 조금 높은 편이었다. 한 달 정도 꾸준히 운동한 후 혈압을 다시 재보니 정상으로 돌아가 있었다. 그때 맛본 쾌감은 잊을 수 없다.

주기적으로 피드백을 받아보라

인간은 자기 모습을 알기 어렵다. 옷차림을 보려면 거울 앞에 서야 하고, 언행을 알려면 다른 사람의 피드백을 받아보아야 한다. 나이가 들수록, 위치가 올라갈수록 피드백은 더욱 중요해진다. 교만과 오만이 고개를 들기 때문이다. 이 때문에 무너진 사람이 한둘이 아니다.

이를 방지하기 위해서는 주기적으로 주변 사람에게 피드백을 받아야 한다. 자신의 어떤 면이 좋아지고 있는지, 개선해야 할 점은 무엇인지, 노력은 했지만 미흡한 것은 무엇인지를 알아야 한다. 그래야 재미도 있고 새로운 목표도 세울 수 있다. 결과를 예상하여 기록하고, 1년 주기로 점검하는 것도 방법이다.

이 외에도 효과적인 자기계발을 위해 유념할 사항이 있다. 지나치게 남의 말을 듣는 것을 조심해야 한다. 그보다 자기 마음이 하는 말을 잘 들어야 한다. 남들이 하는 말보다 자신이 진정 하고 싶은 일에 비중을 두어야 한다. 자기가 결정한 것에 대해서는 최선을 다하는 것이 인간이다. 그래야 잘못되어도 후회하거나 원망하지 않는다. 자기는 별로 하고 싶지 않았지만 주변의 권유에 의해서 했을 경우, 일이 제대로 되지 않았을 때 남을 원망하게 된다.

모든 것을 잘하려는 욕심도 버려야 한다. 모든 것을 잘하려다 보면 아무것도 잘하지 못하게 된다. 성공적인 자기계발을 위해서는 선택하고 집중해야 한다. 과거보다는 미래에, 문제보다는 기회에 초점을 맞추어야 한다. 그래야 발전이 있고 성취가 있다.

자기계발에 따르는 책임도 분명히 인식해야 한다. 모든 진행상태와 결과를 그대로 받아들이고 스스로 조절하여 한 단계 더 나아가기 위해서는 주도적이고도 책임 있는 자세가 필요하다. 이런 책임을 감당하지 못하면 도피하게 되고 결국 실패한다.

시간 확보도 간과하기 쉬운 부분이다. 계획을 세워놓고 실천에 옮기지 못하거나 중도에 흐지부지되는 경우가 많다. 시간을 확보하지 못해서인 경우가 대부분이다. 아무리 바빠도 나를 위한 시간을 가져야 한다. 하루에 몇 시부터 몇 시까지는 반드시 자기계발에 투자한다는 결심을 하고 꾸준히 실행에 옮겨야 한다. 그러다 보면 미래의 어느 시점에서 변화된 자신의 모습에 놀라고 만족하게 될 것이다.

나의 자기계발은 과연 몇 점일까

다음은 효과적인 자기계발을 돕기 위한 진단표이다. 자신을 돌아보면서 현재 상황을 체크해보라(O 또는 X로 표시한다).

> 무엇을 좋아하는지, 무엇을 잘하는지 정확하게 알고 이를 바탕으로 미

래 목표와 모습을 확실하게 그려놓았다.
> 목표를 구체적으로 글로 옮겨 놓았다(무엇을, 언제까지, 어떻게…).
> 장기 목표와 단기 목표를 염두에 두고 이를 실천한다.
> 계획을 세워 하루를 시작하고 반성으로 하루를 마무리한다.
> 아침에 일찍 기상하고 출퇴근 시간을 충분히 활용한다.
> 자기계발을 위해 1년에 50권 이상 독서를 한다.
> 주 3회 이상 규칙적으로 운동한다.
> 내 전문 분야에 대해 끊임없이 연구하고 그래서 누구에게도 지지 않을 자신감이 있다.
> 내 목표와 직장에서 하는 일이 일치해 늘 즐겁다.
> 직장에서 내 능력을 십분 발휘하여 전력투구하고 있다.
> 하루하루 나아지고 있음을 느낀다. 여러 면에서 작년에 비해 올해가, 올해에 비해 내년이 나아질 것을 확신한다.
> 입사 전에 비해 모든 면에서 많이 발전했고, 여기에서의 경험을 바탕으로 어디서든 성공할 수 있다는 자신감이 생겼다.
> 지금은 힘들지만 5년 후 내 모습을 생각하면 흐뭇해진다.
> 나를 침대에서 끌어낼 수 있는 그 무엇이 늘 존재한다.

체크 결과는 어떤가? O이 10개 이상이면 자기계발을 아주 잘하고 있다고 볼 수 있다. 6~9개 사이라면 조금 분발할 필요가 있다. 5개 이하면 자기계발에 소홀한 상태로, 뭔가 획기적인 변화가 요구되는 시점이다.

4장 싸우는 조직이 강하다
성과를 창출하는 '갈등관리'

갈등은 왜 생기는가

갈등葛藤이란 칡과 등나무가 엉켜 있는 것처럼 뭔가 잔뜩 꼬여 일이 풀리지 않는 것이다. 갈등의 본질은 서로 다른 욕구의 충돌이다. 내 문제는 축소하고 남의 문제는 확대하는 것이다. 직장 내 갈등이란 직장 내에서 상호의존적인 일을 하고 있는 직원들이 서로에게 화가 나 있는 상태를 말한다. 그 결과 다른 사람이나 부서의 결점을 찾아내 업무상 문제를 일으킬 수 있다.

자동차회사에는 디자인, 설계, 시험제작, 생산기술, 생산, 판매, A/S 등의 여러 부서가 있다. 사람 목숨이 왔다 갔다 하는 아이템이라 규제도 많고, 지켜야 할 스펙도 까다롭다. 부서 간 목표도 다르다. 그렇기 때문에 부서 간에 늘 팽팽한 긴장감이 있다. 디자인부서는 섹시한 디자인을 제안하지만 연구소는 이를 거절한다. 엔진룸에 여유가 없기 때문이다. 양쪽 의견에 다 일리가 있다. 차체와 엔진 부문도 늘 갈등의 연속이다. 차체는 충돌시험 통과를 위해 두꺼운 강판에 여기저기 패치를 대자고 한다. 엔진 부문은 난색을 표명한다. 그렇게 되면 연비 목표를 달성할 수 없기 때문이다. 생산 쪽과 개발 쪽도 자주 싸운다. 생산부는 설계를 제대로 하지 않아 조립성이 나쁘다고 아우성이고, 개발부는 그런 문제는 설비로 풀어야지 왜 엉뚱하게 우리에게 화살을 날리냐고 소리를 지른다.

이런 부서 간 갈등은 어느 조직에나 있기 마련이다. 엔진 선정을 갖고도 늘 이견이 나온다. 한쪽은 기존 엔진을 개선해서 사용하자고 하고, 또 다른 쪽은 다소 위험부담이 있기는 하지만 신형 엔진을 장착하자고 주장한다. 이런 모든 것들이 갈등의 요인이 될 수 있다.

갈등의 본질

이해관계가 없으면 갈등은 생기지 않는다. 모르는 사람과는 갈등이 없다. 스쳐 지나가는 사람과도 마찬가지다. 갈등이 생기는 것은 상호의존성이 있기 때문이다. 저 사람의 행동이 내게 영향을 미치고, 내 삶이 저 사람과 연결되어 있기 때문이다. 그 사람과의 관계가 밀접할수록 갈등은 커진다. 이해관계가 깊을수록 갈등이 일어날 개연성이 높아진다. 그렇기 때문에 갈등은 당연한 것으로 받아들여야 한다.

갈등이 생기는 것은 근심과 걱정, 스트레스, 분노 등의 부정적인 감정 때문이다. 내 마음이 꼬여 있으면 다른 사람의 평범한 행동에도 기분이 상한다. 인정받지 못하는 것, 개인적으로 문제가 있거나 스트레스가 많은 것 등도 갈등의 원인이다.

생겨 먹은 것이 원래 까다로운 사람도 갈등을 일으킨다. 이런 사람은 어딜 가나 트러블을 만든다. 조금이라도 맘에 들지 않는 것이 발견되면 참지 못하고 상대방을 몰아세우기 때문에 갈등이 일어나게 된다.

이해 부족이나 애매한 정보처럼 불분명한 커뮤니케이션도 갈등의 원인이 된다. 상대방의 진의를 곡해하거나 엉뚱한 정보가 흘러다니게 되어 조직 내 갈등을 부추긴다.

각종 편견과 변화에 대한 저항, 항상 해오던 방식에 대한 거부감 등으로 인한 의견의 불일치도 갈등을 불러온다. 이럴 경우 방식에 대한 시각 차이, 우선순위에 관한 의견 대립, 전체 그림에 대한 인식의 부조화 등이 일어난다.

때로는 정반대의 욕구나 목표, 가치, 이해가 충돌을 빚기도 한다. 어떻게 보면 자연스러운 현상일 수도 있으나, 가만 놔두면 절대 타협할 수 없는 상태로 치달을 수 있다.

조직의 폐쇄성도 원인이다. 지연, 혈연, 학연, 연줄 등으로 편을 가르면 끝없는 견제와 갈등을 겪다가 조직이 무너지기도 한다. 조직의 정치화도 뿌리 깊은 갈등의 원인이다.

잘못된 갈등이 조직을 좀먹는다

일단 갈등이 일어나고 그것이 고착화되면 무엇이 조직에 도움이 되느냐 아니냐는 별로 중요하지 않은 문제가 된다. 누가 어떤 아이디어를 냈느냐가 중요해진다. 갈등관계에 있는 서로에 대해 사사건건 안 되는 방향으로 일을 틀고 뒷다리를 건다. 당연히 조직은 꼬이고 병들어간다.

갈등의 폐해는 이루 말할 수 없다. 쓸데없는 곳에 시간과 돈이 사용된다. 잘못된 의사결정이 내려진다. 업무 의욕이 사라진다. 조직에는 광만 팔려는 사람으로 넘쳐난다. 무언가 성과를 내기보다 남에게 꼬투리를 잡히지 않는 데만 골몰한다. 그러는 동안 사람들이 하나둘 떠나간다. 만성적으로 해결되지 않는 갈등은 인재 손실의 주요 원인이다.

세상에 갈등이 없는 조직은 없다. 개인 간에도 부서 간에도 갈등은 있게 마련이다. 서로 생각이 다르고 이해관계가 다르고 세상을 바라보는 시각이 다르기 때문에 생기는 당연한 현상이다. 그러나 갈등을 방치할 경우 여러 가지 문제가 생길 수 있다. 그런 의미에서 갈등관리는 리더의 가장 중요한 역할 중 하나다.

체크리스트

- 우리 조직에 어떤 갈등이 존재하는가? 그 이유는 무엇인가?
- 이를 어떻게 해결할 것인가?
- 과거 갈등 때문에 고생한 경험 혹은 해결했던 경험이 있는가?
- 갈등관리에 대해 어떤 노하우가 있는가?
- 갈등관리를 위해 해야 할 일과 하지 말아야 할 일은 무엇인가?

갈등 없이 성과 없다

아주 분위기가 좋은 팀, 아주 분위기가 나쁜 팀, 적당한 갈등이 있는 팀, 이 세 팀을 대상으로 갈등과 성과의 상관관계를 조사했다. 분위기가 아주 좋거나 나쁜 팀은 성과가 나빴다. 적당한 갈등이 있는 팀의 성과가 제일 좋았다. 갈등이 너무 적거나 많으면 성과가 낮은 까닭은 무엇일까?

갈등이 너무 심하면 사람들은 커뮤니케이션을 하지 않는다. 갈등이 너무 없으면 상대 의견에 대해 부정적인 이야기를 꺼내지 않는다. 좋은 게 좋은 거라는 생각으로 덮어버린다. 활어를 수송할 때 천적을 같이 풀어 넣어야 활어들이 오래 살 수 있다는 이야기는 누구나 알고 있다. 갈등도 그렇다. 적당한 갈등이 있어야 사람들은 다른 시각을 가질 수 있다. 하나의 이슈에 대해 새롭게 볼 수 있고, 문제점도 사전에 도출할 수 있다.

사람들은 자기와 생각이 다른 사람을 미워하고 멀리하는 경향이 있다. 하지만 반대의견은 발전을 위한 필수조건이며 내 생각을 창의적으로 만들어주는 원동력이다. 그들이 있기 때문에 내가 더 창의적으로 생각할 수 있다. 내가 미처 생각하지 못한 것을 생각할 수 있다. 갈등이 없다는 것은 무관심, 창의력 결핍, 우유부단, 업무불감증 때문일 수 있다. 갈등이 크다는 것은 지나친 간섭, 조급증, 혼돈과 혼란 때문이다. 중요한 것은 적절한 갈등이다.

모든 발전은 대립의 결과

공통점이 많은 관계는 즐겁다. 하지만 흥미로울 수는 없다. 인간관계를 흥미롭게 하고 더 나아지게 만드는 것은 약간의 차이점이다. 비슷하게 생각한다는 것은 그만큼 다양한 생각을 하지 못한다는 이야기다. 그 속에서 발전을 도모하기는 어렵다.

긴장과 갈등은 귀찮고 불편한 존재다. 하지만 반대되는 의견이 없다면 아이디어의 발전은 이루어지지 않는다. 대립되는 의견 덕분에 인류가 이만큼 발전한 것이다. 다른 동물과 달리 인간의 손은 엄지손가락과 나머지 네 손가락이 서로 마주보고 있다. 이 둘 사이의 긴장감 덕분에 도구를 사용할 수 있고 고도의 인지능력을 가지게 되었다. 이처럼 서로 대립되는 생각은 새로운 통찰력을 이끌어내는 원동력이 된다.

따라서 리더는 조직 내에 건강한 긴장감을 불어넣는 적절한 갈등을 제공하고 이를 조정할 수 있어야 한다. 갈등이 있다는 것은 다양한 의견이 있다는 뜻이다. 창의적 마찰과 갈등을 촉진하고 관리할 수 있어야 한다.

창의적 마찰과정에서 에너지가 폭발하는 마법을 경험할 수 있다.

또한 리더는 생산적인 비판이 오고가는 문화를 만들어야 한다. 신속하게 잘못을 지적하되, 사람이 아닌, 잘못된 일 자체와 행동을 비판해야 한다. 그리고 개선을 위해 구체적 제안을 해야 한다. 이유 없는 비판, 싸잡아서 하는 비판, 사람 자체에 대한 비판, 대안 없는 파괴적 비판을 허용해서는 안 된다. 문제의 핵심을 찌르는 질문을 던지고, 격렬한 논쟁을 통해 창의적 아이디어가 샘솟게 해야 한다.

갈등이 성공하는 조직을 만든다

갈등이 있어야 이를 해결하기 위한 아이디어가 나오고 창의성이 촉발된다. 성공적인 조직이 되려면 어느 정도의 혼란이 필요한 이유다.

2008년 9월 리먼브러더스가 파산을 선언했다. 똘똘 뭉친 팀워크의 대명사였던 이 회사가 어인 일로 무너진 것일까? 바로 팀워크 때문이었다. 1994년 취임한 CEO 딕 펄드는 무조건적인 팀워크와 협동을 강조했다. 일체의 불화를 용인하지 않았다. 당연히 직원들은 싸움을 피했다. 반론을 제기하지 않았고 껄끄러운 문제는 공론화하지 않았다. 위기신호에도 나몰라라 했다. 팀워크가 오히려 독이 된 것이다.

아스피린으로 유명한 바이엘 헬스케어는 달랐다. 기업체 인수를 앞두고 임직원들 간에 난상토론이 벌어졌다. 인수타당성 조사에서 문제점이 발견되었기 때문이다. 찬성하는 쪽은 오랫동안 공을 들였기 때문에 그대로 밀어붙여야 한다는 입장이었고, 반대하는 쪽은 회사의 전략적 목표와 일치하지 않으므로 재고해야 한다는 생각이었다. CEO인 롤프 클라손은 인수 재고 쪽의 손을 들어주었다. 과거의 성과보다 미래 가능성에 중점을 두었기 때문이다. 그 결과 2년이 되지 않아 더 좋은 인수 기회를 얻을 수 있었다.

여기서 또 하나 주목할 만한 사실이 있다. 클라손의 다음 조치다. 그는 인수담당 부서장을 주요 부서에 발령했다. 상식적으로 보면 패배자에게 책임을 물어야 마땅한데도 오히려 중용한 것이다. 인수 중단을 결정했지만, 그것과 개인에 대한 신뢰는 전혀 무관함을 실제로 보여준 조치였다.

건설적인 갈등을 촉진하는 한편 사후 조치에 만전을 기함으로써 결과적으로 조직을 더욱 강하게 만든다는 면에서는 GE도 좋은 본보기라고 할 수 있다. GE는 3명의 후계자 후보를 뽑아 최종 결선까지 싸움(?)을 시킨다. 그런 다음 한 사람의 후계자가 결정되면 다른 탈락자들에게 퇴로를 열어준다. 다른 회사의 CEO가 되게끔 배려와 도움을 제공한다. 승패에 관계없이 싸움에 참여한 것 자체를 높이 사는 것이다.

건강한 갈등이 있어야 조직의 혁신이 가능하다. 씨름하고 싸울 만한 가치가 있는 문제를 제기하고, 싸움이 긍정적인 미래를 여는 단초가 될 수 있게 해야 한다. 그리고 패배한 직원에게도 기회를 제공해야 한다.

체크리스트

- □ 우리 조직의 갈등상황은 어떤가?
- □ 건강한 갈등과 그렇지 못한 갈등은?
- □ 어떻게 건강한 갈등을 불러일으킬 것인가?

갈등, 어떻게 해결할 것인가

청나라 강희제는 15만의 만주족을 이끌고 1억 5,000의 한족을 다스렸다. 그는 만주족과 한족의 갈등을 없애기 위해 만한전석滿漢全席을 만들기도 했다. 만주족과 한족의 요리를 결합시킨 것이다. 한마디로 먹거리를 통한 화합이다. 소통과 통합의 리더십을 발휘한 그의 노력으로 청나라는 최고의 치세를 구가할 수 있었다.

갈등을 해결하고 화합을 도모하는 방식은 리더십의 스타일에 따라 차이를 보인다. 먼저 전제군주형이 있다. 이들은 사전에 의견충돌이 일어나지 않도록 조치한다. 부하들을 수족처럼 다루며, 공격적으로 질문하고 방어적으로 경청한다. 독선과 아집이 강하다. 흑백논리로 말문을 막아 갈등상황을 종료한다. 부하들은 침묵하거나 순종하기만 하고 점점 무능해져 간다.

다음은 컨트리클럽형이다. 이런 유형의 리더들은 갈등상황이 두려워 명랑 분위기를 조성한다. 반대의견도 우회적으로 표현한다. 타인의 부정적 반응도 회피한다. 무조건적 갈등 회피로 독창적 아이디어와 창의력은 소멸된다. 골치 아플 일이 없으니 분위기 좋다고 자위하는 직원들이 있으나, 야심 있는 직원들은 비전이 없다며 이탈한다.

무기력형의 리더도 있다. 정면승부를 회피하고 저절로 해결되기를 기다린다. 심도 있는 대화나 문제들은 사전에 차단한다. 책임을 전가하고 지연작전에 능숙하다. 마치 머리를 모래 속에 파묻는 타조와 같다. 직원들은 그런 리더와 함께 무력화되어 안주하거나, 무기력한 리더에게 반격을 하기도 한다. 의욕을 상실하고 이직을 고민한다.

대세부응형은 일과 사람에 대해 적당한 태도로 일관한다. 주로 다수결에 의존한다. 과거의 사례나 다른 부서의 방침을 그대로 적용한다. 큰 갈등은 없지만 집단주의적 사고의 위험이 상존한다. 결국 리더와 비슷한 유형의 직원들만 남게 된다.

마지막으로 팀 매니지먼트형이 있다. 갈등에 대해 솔직하게 의사소통하며, 갈등상황을 공유하고 이를 개선의 기회로 활용한다. 적절한 갈등을 창조적 아이디어 도출의 계기로 생각한다. 이런 리더 밑에서 직원들은 적극적으로 변한다. 적극 참여하고 도전적인 자세를 갖는다. 건전하게 비판하고 동료와의 협력에 최선을 다한다.

갈등 해결 프로세스

조직 내의 갈등을 원만하고 발전적으로 해결하기 위해 리더는 무엇을 어떻게 해야 할까? 리더가 항상 염두에 두고 실천해야 할 프로세스를 알아보자.

갈등구조 파악

갈등의 전제는 상호의존성이다. 상호의존성이 없으면 갈등도 존재하지 않는다. 상호의존성이 클수록 갈등수준도 심각하다. 영업과 개발은 늘 갈등할 수밖에 없다. 영업부서는 개발부서에 물건 좀 똑바로 만들라고 소리치고, 개발부서는 물건이 안 팔리는 것은 영업부서 때문이라고 주장한다. 그만큼 영업과 개발의 관계가 밀접하다는 증거다. 고부간 갈등이 큰 것도 상호의존성 때문이다.

갈등의 구조를 파악하기 위해서는 상호의존성 외에도 갈등과 관계된 존재편의 수가 얼마나 되는지, 대리인이 있는지, 협상자의 권한이 있는지, 사안이 시급한지, 의사소통 채널이 어떤지도 함께 고려해야 한다.

갈등분석표 만들기

갈등구조를 파악한 다음에는 이를 바탕으로 갈등분석표를 만들어야 한다. 당면한 갈등상황을 가장 정확히 반영하고 있는 숫자에 동그라미를 쳐보라.

상호의존성

1 = 낮다(일을 하기 위해 관계를 맺는 빈도가 그리 많지 않다)

2 = 중간(정보와 자료의 교환을 위해 자주 관계를 맺는다)

3 = 높다(매일 만나야 하며, 일을 성공적으로 수행하려면 자발적으로 상호 협동

해야 한다)

관계된 편의 수

1 = 2

2 = 3~4

3 = 5 이상

대리인의 유무

1 = 없다(각자가 개인이며 갈등의 당사자다)

2 = 갈등 해결에 관계된 사람들을 대표하는 사람이 1~2명 있다

3 = 협상에 직접 관계된 사람들을 대표하는 독립적 팀이 여럿 있고 또 각각 대리인이 있다

7 = 수많은 비조직적 집단이 갈등에 빠져 있다

협상자의 권한

1 = 절대적(대리인이 없거나 협상 과정에서 자기 집단의 사전 허락을 받지 않아도 된다)

3 = 높다(대리인이 동의한 협상안에 동의할 가능성이 높다)

5 = 낮다(대리인의 협상안에 동의할 가능성은 있지만 집단 내에서 재검토가 필요하다)

7 = 없다(대리인은 자기 집단의 메시지를 전달할 뿐이다)

시급성

1 = 없다(큰 문제 없이 지속될 수 있다)

2 = 급하다(앞으로 며칠 안에 문제가 해결되어야 한다)

6 = 위기상황(몇 분 또는 몇 시간 안에 해결책을 내놓지 않으면 안 된다)

의사소통 채널

1 = 서로 얼굴을 맞대고 만날 수 있다(같은 장소, 동시에)

3 = 전화나 화상회의로만 만날 수 있다(다른 장소, 동시에)

5 = 비동시적으로 문서로만 의사소통이 가능하다(다른 장소, 다른 시간)

이제 동그라미를 친 숫자를 모두 더한다. 총점은 6점에서 33점까지 가능하다. 점수가 낮을수록 중재를 통해 직접 해결할 가능성이 높아지고, 점수가 높을수록 전문 중재자의 개입 필요성이 커진다.

중재는 갈등 당사자의 미래 행동을 규정하는 균형 있고 구체적인 방식으로, 서로 납득할 만한 합의를 이끌어낼 수 있어야 한다. 이때 유·무죄를 판가름하거나, 징계나 벌을 주거나, 옳고 그름을 판단해서는 안 된다.

사전 미팅

갈등을 해결하는 성공적 중재를 위해서는 무엇보다 정확한 상황 파악이 중요하다. 한쪽 이야기만 듣고 뭔가를 결정하는 일은 위험하다. 사전 미팅을 통해 갈등의 원인이 무엇인지, 어느 쪽이 어떤 잘못을 저질렀는지, 갈등으로 인해 어떤 일이 벌어지고 있는지를 파악해야 한다.

이때는 단도직입적으로 이렇게 말하는 것이 좋다. "요즘 갈등이 있다는 이야기를 들었다. 내가 걱정하는 것은, 그런 갈등이 당사자뿐 아니라 팀에 안 좋은 영향을 주고 있다는 점이다. 무엇 때문에 그런지 이야기 좀 해보라." 그리고 궁금한 것이 풀릴 때까지 자세히 물어야 한다.

해결해야 할 업무상 문제점이 무엇인지 명확히 파악해야 한다. 문제점이 확실히 드러나면 대개 해결방법이 함께 떠오른다. 가장 좋은 것은 갈등 당사자 스스로 해결방법을 결정하여 행동하게 하는 것이다. 당사자 간에 해결할 수 없는 구조적 문제점이라면 중재자가 직접 나서서 해결해야 한다.

무대 연출

갈등 해결에서 분위기가 미치는 영향은 결코 작지 않다. 분위기는 장소와 시간에 따라 달라지므로 무대 연출에 신경을 써야 한다. 쿨하게 이야기할 거라면 오전 시간 정숙한 회의실에서 하는 것이 좋다. 딱딱한 사무실을 벗어나 공기가 좋은 야외에서 하는 것도 의외로 좋은 결과를 가져온다. 걸으면서 갈등을 해소하는 것도 방법이다. 당사자들이 마음의 문을 열고 갈등을 일으킨 문제에만 집중할 수 있는 분위기를 조성하는 것이 중요하다.

회의 주재

감정이 틀어진 당사자들끼리는 서로 이야기를 꺼내려 하지 않는다. 그들의 말문을 여는 역할을 중재자가 맡아야 한다. 그래서 회의가 필요하다.

회의는 곧바로 핵심에서 출발하는 것이 좋다. 이 자리의 목적이 무엇이며 조심할 것은 무엇인지 사전에 설명하고 문제를 짚어나간다. 중간중간

당사자들이 핵심에 집중하고 있는지, 화해적 제스처가 있는지를 유심히 살펴보아야 한다. 산만해지는 것 같은 낌새가 보이면 즉시 주의를 환기시켜야 한다. 하지만 충고나 제안은 안 된다. 설교 분위기로 몰아가서도 안 된다. 해답에 대한 아이디어도 내지 말아야 한다. 당사자들 스스로 답을 찾도록 유도하는 선에 그쳐야 한다. 의견을 묻더라도 자기 의견은 삼가는 것이 좋다.

중요한 것은 합의를 도출하는 것이다. 더 이상의 갈등은 본인을 위해서나 조직을 위해서나 도움이 되지 않는다는 사실을 인지시키고, 갈등을 최소화하기 위한 구체적이고 실제적인 행동지침을 이끌어내야 한다. 무엇을 언제, 어떻게 하겠다는 이야기를 하게끔 해야 한다.

추적 관찰

합의 도출에 성공한 것으로 중재자의 역할이 끝나는 것은 아니다. 당사자들이 약속한 것을 잘 이행하고 있는지 관찰해야 한다. 또 일정 시점이 지났을 때의 결과와 느낌 등도 물어보고 모니터링해야 한다.

갈등관리의 비결

해야 할 일

> 역지사지하게 한다(갈등의 제1 원인은 상대방의 입장을 이해하지 못하기 때문이다. 의도적으로라도 상호 간 이해의 폭을 넓혀주어야 한다. 부서를 바꾸어 근무하거나 작업공정의 순서를 바꾸어 일하게 하는 것도 방법이다).
> 어려운 문제를 피하지 않고 맞선다(피한다고 해결되는 것이 아니다).

> 자신의 의견을 명확하게 밝히고 지속적으로 강화한다.

> 사람들과 눈을 자주 마주친다.

> 마음을 열어 놓고 적극적으로 경청한다.

> 타협하려 애쓴다.

> 어느 한쪽으로 치우치지 않는다.

> 논쟁하고 싶은 유혹을 떨쳐낸다.

> 존중하는 자세로 사람들을 대한다.

하지 말아야 할 일

> 상대방의 감정이나 관심사를 가볍게 여긴다.

> 스스로 모순되는 행위를 한다.

> 직접 대면하지 않으려고 대충 넘어간다.

> 상대방을 깔보는 듯한 자세를 보인다.

> 미흡한 정보를 아무렇지 않게 받아들인다.

> 쓸데없는 충고를 한다.

> 자신을 방어하듯 말하거나 상대방을 비방한다.

눈덩이 효과를 조심하라

지금 당장은 큰 문제가 아니지만, 그대로 방치하면 눈덩이처럼 불어나 나중에 커다란 눈사태를 일으키는 경우가 수없이 많다. 주된 원인은 커뮤니케이션을 제대로 하지 않고, 동기부여가 부족하고, 임파워먼트를 제대로 하지 않기 때문이다. 작고 사소한 문제라도 크고 복잡한 갈등을 해결하듯 해결방법을 모색해야 한다.

대다수의 리더들은 부서 내 갈등을 겉으로 드러내지 않으려고 한다. 자신이 없어서다. 하지만 그렇다고 갈등이 감춰지지 않는다. 끊임없이 이어지는 불평불만, 시간이 갈수록 심해지는 스트레스, 필요 이상의 경쟁, 고의적인 결근, 목표량에 훨씬 못 미치는 성과, 팀원들끼리의 비방과 보복이 갈등의 정도를 훤히 보여준다.

리더는 구성원들 간의 견해 차이와 갈등을 한눈에 알아보고, 함께 문제 해결에 나서도록 구성원들을 이끌어야 한다. 이를 위해서는 양방향 커뮤니케이션을 활성화하는 '적극적 경청' 자세를 가지는 것이 가장 중요하다. 열린 커뮤니케이션이야말로 갈등을 예방하고 해결하는 열쇠다.

- □ 나는 갈등을 어떻게 해결하는가?
- □ 해결방법에서 문제점은 무엇인가?
- □ 문제점을 해결하기 위해 무엇을 어떻게 할 것인가?

그들은 마침내 하나가 되었다

세계적인 글로벌기업의 아시아 책임자로 임명된 어느 회장님이 내게 자문을 구했다.

"우리 회사는 얼마 전 두 회사가 합병해 지금의 회사가 되었는데, 이로 인해 여러 문제가 있습니다. 특히 중국에서 그렇습니다. 워낙 대국이라 사업과 지역 특성상 세 사람의 사장이 있는데, 서로 협조를 안 하는 겁니다. 그동안은 협조할 이유가 없었습니다. 다들 똑똑한 사람이고, 하는 사업의 성격도 다르니 이해는 됩니다.

본사에서는 중국 시장의 중요성을 생각하여 의욕적인 목표를 제게 주었습니다. 지난번 조직 정비 차원에서 세 사람 가운데 한 사람을 중국 대표로 선정했는데, 리더십 발휘가 전혀 안 되네요. 지난번 회의 때 팀워크의 중요성도 강조하고 위협도 했지만, 제 말이 먹히지 않습니다. 고민 끝에 화해의 장을 마련하기로 했습니다. 다음 주말에 그들을 제주도로 불렀습니다. 3일 동안 그들 사이의 갈등과 미움을 해소해야 하는데, 좀 도와주십시오."

내게 이 같은 일은 처음이었다. 어릴 때 친구들을 화해시킨 적은 있었지만 낯선 사람을 상대로, 그것도 글로벌기업의 책임자를 대상으로 중재해본 경험은 없었다. 고민이 되었지만 재미있는 도전이라는 생각이 들었다. 나는 곧장 준비에 들어갔다.

혼자서 여러 구상을 해보고, 책도 읽고, 전문가의 의견도 들었다. 또 만나는 사람마다 그들의 생각과 경험을 물었다. 대강의 초안을 만들고 회장과 함께 몇 차례에 걸쳐 프로그램을 다듬었다. 운영이나 역할과 관련하여 몇 가지 이슈가 도출되었다.

처음에는 교육을 하자는 제안도 있었지만, 아무래도 효과적일 것 같지 않았다. 갈등과 미움이 가득한 사람에게 별 소용이 없을 것 같았다. 가벼운 워크숍 형태로 진행하는 것이 좋겠다는 결론을 내리고, 경치 좋은 장소를 선택했다. 숙소도 바다가 보이는 곳으로 잡았다.

첫날은 스위트룸에서 웰컴 파티를 열었다. 내 소개를 하고 나서 회장님이 프로그램의 목적과 내용을 설명했다. 그리고 와인을 곁들인 식사를 하면서 편안하고 자유로운 대화시간을 가졌다. 하지만 세 사람 사이에는 여전히 냉랭한 기운이 감돌았다. 서로 시선조차 맞추려 하지 않았다. 예상보다 심각한 상태였다.

증오와 갈등은 어디에서 오는가

둘째 날, 첫 프로그램은 개인 미팅이었다. 각자의 사정을 소상히 듣고자 함이었다. 회장이 새로운 자리를 맡긴 했지만 개개인에 대한 파악은 미미한 편이었다. 그들 역시 회장에게 할 이야기가 많을 것 같았다. 한 사람씩 불러 그들의 이야기를 들었다. 회사 전반에 대한 그들의 생각, 서로에 대한 느낌, 갈등 원인에 대해 물었다. 그들이 서로 갈등하고 있다는 사실은 이미 알려져 있었고, 제주도에서 모이게 된 것도 그것 때문임을 잘 알고 있었기에 말문을 여는 데 어려움은 없었다.

중국 대표의 이야기부터 들었다. 척 보기에도 똑똑하고 다부져 보이는 인상이었다. 그는 할 말이 정말 많아 보였다. 그는 "나를 상사로 인정하지 않는다" "전화를 해도 미팅 중이라며 비서가 바꿔주지 않는다" "미팅을 소집해도 핑계를 대면서 불참한다" 등의 불만을 쏟아냈다. 한마디로 중국대표 해먹기 너무 힘들다는 것이었다. 반면에 그를 바라보는 다른 사람의 시각은 판이했다. 새로 선임된 중국대표는 너무 제왕적으로 군다, 지금이 어느 시대인데 지시하고 통제하려 드느냐, 해외출장 가는 것까지 참견할 권한은 없다, 덕德이 없어 도저히 따를 수 없다, 리더로서 역량이 증명되면 그를 따르겠다…. 참으로 첨예하게 대립된 관계였다. 나는 일체의 반박 없이 듣기만 했다. 그러면서 각자에 대해 어느 정도 파악할 수 있었고, 그들도 자기 사정을 토로할 수 있었다.

갈등 조정에서 가장 위험한 행위는 한쪽 이야기만 듣고 선입견을 갖는 것이다. 그러면 그릇된 판단을 하게 된다. 아무리 들리는 소문이 안 좋아도 철저하게 양쪽 의견을 충실히 들어보아야 한다. 다들 나름대로 사정이 있기 때문이다.

오후에는 한라산 등반에 나섰다. 예쁜 배낭에 간단한 음식과 물을 넣어 나누어주고, 두 사람씩 짝을 지어 산에 오르게 했다. 서로에 대해 최대한 알아내라는 과제도 주었다. 영향을 가장 많이 준 사람은 누구인지, 영향을 미친 사건은 무엇인지, 비전이 무엇인지, 가족관계는 어떻게 되는지…. 평소 감정이 그리 좋지 않았던 그들은 등반을 시작하자마자 쌓인 한이라도 풀 듯 큰소리를 내가며 말을 주고받았다. 그렇게 이어진 그들의 대화는 높아지는 고도와 함께 점점 잦아들었다.

산 중턱에서 휴식 겸 식사를 했다. 기막히게 좋은 풍경 속에서 마음이 한결 가벼워지는 걸 느낄 수 있었다. 더 위로 올라가자 안개비가 오기도 하고, 바람이 세차게 불기도 했다. 일정 시간이 되면 파트너를 바꿔가며 등반을 계속했다. 거의 4시간에 걸친 등반이 끝나갈 무렵, 다소 불편하고 무거워 보였던 그들의 모습은 더 이상 찾아볼 수 없었다.

미움과 갈등의 제1 원인은 서로에 대한 무지다. 잘 모르니 오해가 생기고 알력이 심해진다. 서로를 알면 애정이 생기고, 애정이 생기면 이해하게 된다. 등반을 하면서 사람들은 서로에 대해 알아갔고, 마음의 문을 열게 되었다. 같이 땀을 흘리고 나니 기분도 달라지고, 심각해 보였던 문제도 별게 아니란 사실을 알게 된 것이다.

갈등 없는 관계란 없다

셋째 날, 오전에 전체 미팅 시간을 가졌다. 등반을 통해 어느 정도 개인적인 불만을 털어내고 서로에 대해 알게 되었으니, 이제는 공개적으로 이야기를 나누며 갈등을 풀어내려는 의도였다. 무엇에 대해서든, 누구에게든 허심탄회하게 피드백할 것을 주문했다. 단, 몇 가지 원칙을 정했다. 행동에 집중하고 사람은 비평하지 말 것, 막연한 이야기는 하지 말고 구체적으로 표현할 것, 무엇보다 인격을 존중할 것 등이었다.

참으로 대단한 격론이 벌어졌다. 사람을 앞에 두고 그렇게 낱낱이 이야기할 수 있다는 게 신기할 정도였다. 하지만 이미 여러 번 언급되었던 내용인지라 말하는 사람도 듣는 사람도 충격은 덜해 보였다. 어떠한 해결책도 제시하지 않고 그저 서로에 대한 피드백만 했을 뿐이었지만, 어쨌든 서로가 서로에 대해 어떻게 생각하는지를 명확하게 소통할 수 있는 자리였다.

이 세상에 갈등 없는 관계란 없다. 부부 사이에도 친구 사이에도 마찬가지다. 하물며 온갖 이해가 충돌하는 회사 안에서야 오죽하겠는가.

뜨거운 피드백의 시간을 끝내고 나는 다시 그들에게 다음과 같이 주문했다.

"서로 친구가 되라는 것이 아니다. 하지만 이런 식의 감정과 갈등을 가지는 것은 조직 성과에 큰 피해를 끼친다. 지금까지 그랬다. 여러분의 오해에는 여러 가지가 작용했다. 서로 다른 방식으로 일해온 것, 개인의 차이, 제도적 측면…. 중요한 것은 앞으로 이런 문제를 어떻게 최소화하여 조직 성과를 최대화할 것인가이다. 여러분끼리 논의하여 어떻게 협조하고 커뮤니케이션을 활성화할 것인지 방안을 내놓아라. 3시간 동안 논의를 한 뒤 그 결과를 같이 이야기하자."

3시간 후 그들의 논의 결과를 들었다. 완벽하지는 않았지만, 나름대로 문제점을 정확히 보았다는 느낌을 받았다. 해야 할 일과 하지 말아야 할 일, 개인이 할 일과 조직 차원에서 할 일, 협조해야 할 일과 각자 해야 할 일을 명확히 정리했다. 앞으로 이런 식으로 일을 함으로써 조직의 목표를 달성하겠다는 다짐도 했다.

풀지 못할 갈등은 없다

마지막 식사를 하면서 모두 흡족한 기분이었다. 서로에 대해 많이 알게 되어 오해가 풀렸으며, 최소한의 가이드라인을 만들었고, 앞으로 좋은 성과를 낼 수 있으리라는 기대감이 생겼기 때문이었다.

나는 그들이 갈등을 풀어가는 과정을 지켜보면서 몇 가지 교훈을 얻었다. 첫째, 세상에 풀지 못할 문제는 없다는 것이다. 그들은 국비유학생 출신으로 엘리트 중의 엘리트였다. 이런 사람들 사이의 갈등은 특히나 풀기가 어렵다. 하지만 마음의 문을 열고 이야기하면서 서로 통할 수 있다는 가능성을 발견하게 되었다.

둘째, 갈등 해결을 위해서는 각자에게 소명의 기회를 주고 충분히 들어주어야 한다는 사실이다. 사람들은 저마다 사정이 있고, 그 사정에 대해 다른 사람의 동의를 구하고 싶어 한다. 그것을 가능하게 하는 통로를 만들어야 한다. 이를 통해 감정의 카타르시스가 일어나고, 해결의 실마리를 찾을 수 있다.

셋째, 열린 상태에서 풀어가야 한다는 것이다. 사람은 갈등이 있을 때 그것을 인정하기보다 감추려 들고, 적극적으로 풀기보다 애써 참으려고 한다. 또 그렇게 하라고 충고하기도 한다. 하지만 갈등은 숨기거나 참는다고 없어지는 것이 아니다. 참고 감출수록 갈등은 증폭되고 폭발 직전의 시한폭탄이 되어 조직을 붕괴시킨다. 문제를 해결하는 최선의 길은 그것을 드러내는 것이다. 병도 알리면 치료법이 나오듯이 갈등도 드러내면 푸는 법이 생긴다.

넷째, 호스트의 중요성이다. 갈등 해결의 종결자는 역시 회장이었다. 그는 모든 과정을 주재했다. 좋은 질문을 던지고, 열심히 들어주었다. 첨예하게 대립된 관계에서 어느 쪽을 편들지 않고 중립적인 입장을 견지했다. 그러면서도 중간중간 윤활유 역할을 자처함으로써 자칫 험악해질 수 있는 분위기를 부드럽게 이끌었다.

갈등이 있을 때 리더가 택할 수 있는 길에는 몇 가지가 있다. 모른 체하거나, 당사자들을 떼어놓거나, 적극적인 중재로 갈등을 해소하는 것이다. 그런데 갈등을 제대로 관리하지 못하는 리더를 리더라고 할 수 있을까? 리더에게는 갈등중재 능력이 있어야 한다.

□ 조직 간 융화를 위한 프로그램이 따로 있는가?
□ 효과가 있었는가? 없었다면 무엇이 문제일까?
□ 나의 갈등관리 능력을 스스로 평가한다면?

5장 리더의 한마디가 조직을 죽이고 살린다
소통의 리더십

커뮤니케이션은 양날의 칼

입을 열 때마다 조직에 분열을 가져오는 리더가 있다. 사람들은 그를 '오럴 해저드oral hazard'라고 부른다. 말이 앞서거나 안 해도 될 말을 해서 쓸데없는 오해를 불러일으킨다.

사장이 술을 마시다가 기분이 좋아져 월말에 보너스를 주겠다고 큰소리를 쳤다. 그러고는 잊어버렸다. 하지만 직원들은 생생히 기억했다. 월말이 되어도 보너스가 나오지 않자 직원들이 웅성거리기 시작했다. 스태프 중 한 사람이 이 사실을 사장에게 이야기했고, 사장은 미안한 마음에 뒤늦게 보너스를 지급했다. 하지만 별 효과가 없었다. 오히려 말만 무성했다. 감사한 마음보다 어차피 줄 걸 왜 늦게 주느냐며 원망하는 분위기였다. 먼저 말이 나가고 실천이 따르지 않아 결국은 줄 것 다 주면서 욕은 욕대로 먹은 것이다. 입만 다물면 최고의 리더가 될 수 있는 사람이 입 때문에 분위기를 망치고 그간의 공적마저 다 까먹는 경우가 적지 않다.

이와는 또 다르게, 좋은 의도로 시작했다가 된서리를 맞은 커뮤니케이션 사례도 있다. 연구소장인 박 전무는 연구소 분위기가 너무 안 좋다는 직원의 말을 듣고 대책을 고민했다. 늘 해외출장이다 뭐다 해서 직원들을 챙기지 못하고 커뮤니케이션을 못했기 때문이라고 진단을 내린 그는 직원들 가운데 오피니언 리더들을 회의실로 불러 무엇이 문제인지를 물었다. 아무런 사전 정보 없이 불려온 그들은 소장의 말대로 불만사항을 이야기하기 시작했다. 그런데 여기에 가속이 붙었다. 처음에는 별 뜻 없이 시작했는데, 말을 하다 보니 잊고 있던 불만들이 쏟아져나왔다. 별 생각 없던 사람도 동료의 이야기를 들으면서 새로운 불만을 털어놓았다. 불만이 불만을 낳으면서 점점 확대 재생산되었다. 나중에는 이렇게 불만이 많은 연구소에 어떻게 다니고 있는지 이해할 수 없을 지경에까지 이르렀다. 불만을 듣고 이를 해소하기 위한 자리였지만, 완전히 연구소장 성토대회로 변질되고 말았다. 뭔가 잘못되고 있다는 것을 느껴 뒤늦게 수습에 나섰지만 그러기에는 이미 늦은 상태였다.

관료주의를 어떻게 타파할 것인가

커뮤니케이션으로 모범적 리더십을 발휘한 대표주자 중 한 사람은 김영태 전 LG CNS 사장이다. 그는 LG그룹에 입사하여 한국에서 처음으로 라디오를 수출했고 LG화학의 구매과장, 관리담당 상무, 화성사업부 상무를 거쳐 LG그룹의 기획조정실에서 그룹 전반의 경영을 4년간 지원했다.

1987년에는 미국 EDS와 합작으로 에스티엠현 LG CNS을 설립하여 9년간 대표이사로 재직했다. 중견 규모의 금성사와 럭키화학을 지금의 LG그룹으로 성장시키는 데 기여한 공신이자 한국 SI시스템 통합업계의 산증인이다. 그는 또한 커뮤니케이션의 중요성을 아는 사람이다.

김 사장은 기업의 성장을 방해하는 원흉으로 관료주의를 지목했다. 윗사람과 아랫사람이 따로 놀고, 회사 이익보다는 부서 이기주의로 빠지고, 예전 방식을 고집하는 관료주의를 타파해야 경쟁력을 키울 수 있다고 확신했다. 그래서 '미래구상위원회'를 만들었다. 일명 청년임원회의Junior Board of Directors이다. 입사 2, 3년차 직원 10명 정도를 선발하여 회사의 미래에 대해 고민하고 문제를 제기하게 했다. 수시로 모여 이슈별로 토론하고 고민하고 조사도 하게 했다. 그 결과를 가지고 한 달에 한 번 사장을 포함한 경영진과 회의를 여는데, 자유롭게 회사의 문제점을 짚어내고 쓴소리도 주저 없이 내놓게 했다. 회사 방향과 정반대의 이야기도 나오고, 말이 안 되는 내용도 있다. 특징은 사장이 절대 끼어들어서는 안 된다는 것이다. 발언권은 없고, 열심히 경청하고 기록할 수 있는 권한만 있다. 해명하고 싶은 충동을 느껴도 참고 견뎌야 한다. 회의가 끝나면 회의록을 만들어 전체가 공유하고, 그중에 많은 것을 실천에 옮겼다. 그러자 조직이 살아 움직이기 시작했다. 회사의 미래에 직원들을 참여시킴으로써 같은 배를 타고 있다는 느낌을 불어넣은 결과다.

커뮤니케이션이 원활하게 이루어지는 분위기를 만드는 것이 리더의 첫 번째 임무다. 사람들은 잘 이야기하려고 하지 않는다. 분명 어딘가 걸리는 문제가 있기 때문이다. 리더가 말할 분위기를 만들어 사람들로 하여금 자유롭게 생각을 교환할 수 있게 해야 한다. 얼어붙은 분위기를 풀고 상대를 무장해제시켜야 한다. 좋은 아이디어와 철학이 막힘없이 흐를 수 있게 해야 한다.

대학농구 6회 우승의 비결

NCAA미국 대학농구 선수권대회에서 6번의 우승을 이끈 팻 서밋 감독은 하프타임을 전략적으로 활용한 것으로 유명하다. 하프타임이 되면 일단 선수들끼리 게임에 대해 토의하고 반성하도록 하고, 자신은 코치들과 전반전에 대한 의견을 나누었다. 게임에 대해 제일 많이 느끼고 할 말이 많은 사람은 바로 선수들 자신이기 때문이다. 그렇게 활발하게 의견을 개진하게 한 다음 모두가 모여 다시 이야기를 나눈다. 무엇이 문제였다고 생각하느냐, 그래서 대안은 무엇이냐 같은 질문을 하고 선수들의 이야기를 듣고 나서 자신의 생각을 이야기함으로써 공감대가 이루어진 전략을 도출한다.

자신의 생각과는 다르지만 감독이 하라고 해서 하는 것과 자신의 생각이 더해진 전략을 갖고 게임을 하는 것과 어느 쪽이 효과가 있을까? 답은 자명하다. 1번도 하기 힘든 우승을 6번이나 한 결과가 이를 증명한다. 커뮤니케이션이란 바로 이런 것이다.

커뮤니케이션은 말을 많이 하는 것을 의미하지 않는다. 어떤 어젠다에 대해 이야기를 하느냐가 관건이다. 리더는 어젠다를 찾아내고 여기에 구성원들을 끌어들일 수 있어야 한다. 박 전무의 경우처럼 이슈를 잘못 이끌면 열린 대화의 장이 통제불능의 상태로 돌변한다. 회사의 미래를 놓고 같이 걱정하고 대책을 논의하는 것은 바람직하지만, 왜 지금과 같은 상태가 되었느냐, 누구의 잘못이냐를 놓고 갑론을박하는 것은 커뮤니케이션의 역기능만 자초할 뿐이다.

리더가 어떻게 커뮤니케이션하느냐에 따라 조직의 분위기가 달라지고 문화가 달라진다. 성과와 만족도 또한 달라진다. 리더십의 핵심은 커뮤니케이션이다.

체크리스트

- 나의 커뮤니케이션 스킬은 어떠한가?
- '오럴 해저드'란 말을 듣는 사람을 본 적이 있는가? 단 한 번의 스피치로 좌중을 제압하는 사람을 본 적이 있는가?
- 김영태 사장의 사례를 보고 무엇을 느꼈는가?
- 당장 실천할 항목은 무엇인가?
- 팻 서밋 감독 사례는 어떤가? 무엇을 배웠는가?

직원들은 왜 말을 하지 않을까

김 사장은 오늘도 혼자서 북 치고 장구 친다. 문제점을 제기하고 해결책도 내놓는다. 다른 사람들은 그의 이야기를 듣고 적을 뿐이다. 왜 그렇게 하느냐고 물어보니 "저라고 혼자 떠들고 싶겠습니까? 질문을 해도 별다른 의견이 없고 아무도 이야기를 안 하니까 이렇게 하는 것이지요"라는 답이 돌아온다.

대화는 결심의 문제가 아니라 분위기의 문제다. 분위기를 만들어주면 대화는 저절로 된다. 그럴 분위기가 되지 않으면 사람들은 절대 입을 열지 않는다. 설사 강요에 의해 입을 연다 해도 그저 입에 발린 소리나 의례적인 말만 하게 되므로 이야기가 겉돌 수밖에 없다.

커뮤니케이션이 제대로 되게 하려면 우선 분위기를 만들어야 한다. 분위기를 만드는 것은 커뮤니케이션을 위한 가장 기초적이고도 중요한 일이며, 그 책임은 전적으로 리더에게 있다.

분위기를 만들어라

리더는 왜 사람들이 이야기를 하지 않는지 그 이유를 파악하고 의견이 개진되는 분위기를 만들어야 한다. 어떻게 하면 될까?

첫째, 자신의 표정을 살펴야 한다. 상사가 인상을 쓰고 있으면 회의장은 귀곡산장이 된다. 분위기를 부드럽게 하려면 부드러운 표정이 필수적이다. 방 안에 거울을 갖다놓고 아침마다 거울을 보라. 그리고 스스로에게 "네 표정은 어떠니? 너라면 이런 사람에게 말을 걸고 싶겠니?"라고 물어보라. 미소 띤 얼굴은 그 자체로 사람들에게 이렇게 이야기한다. "뭐든지 이야기하세요. 저는 들을 준비가 되어 있답니다." 반대로 찌푸린 얼굴은 그 자체로 사람들 입을 다물게 만든다. 인상을 쓰고 있는 상사는 부하직원 앞에서 파업을 하는 것과 같다.

둘째, 경청할 수 있어야 한다. 사람들이 이야기를 안 하는 이유 중 하나는 상대가 경청하지 않기 때문이다. 건성으로 듣고, 말을 자르고, 면박하고, 자신의 말을 진심으로 듣지 않는다는 느낌을 받기 때문에 사람들은 이야기하길 거부하는 것이다. 상대방의 이야기에 진지하고 좋은 태도와 반응을 보이는 것이 우선이다. 경청하라, 그러면 사람들은 마음 문을 열 것이다. 당신이 경청해야 상대도 당신의 이야기를 경청한다. 상사가 경청하는 조직은 정보가 위로 올라가지만 그렇지 않은 조직은 정보가 흐르지 않는다.

셋째, 지시보다는 좋은 질문을 던져야 한다. 당신이 정말 잘하는 일은 무엇입니까? 지금 하고 있는 일에서 성과를 내기 위해 어떤 일을 하십니까? 성과를 방해하는 요소는 무엇이고, 이것을 극복하기 위해 무엇을 하십니까? 지금 하고 있는 일을 통해 보람을 느끼십니까? 지난 3개월간 당신이 정말 잘한 일은 무엇입니까? 앞으로 3개월간 반드시 해야 할 일과 절대 해서는 안 될 일은 무엇입니까? 내년 이맘때 당신은 어떤 모습이기를 바랍니까?

리더의 역할은 질문을 통해 자극을 주는 것이다. 좋은 질문이 사람을 자극하고 생각하게 한다. 자신의 생각을 이야기하면서 스스로 동기부여 하고 결심하게 한다. 무슨 이야기를 할까 고민하지 말고, 목표를 달성하기 위해 무슨 질문을 던질 것인가를 생각해야 한다.

잘나가는 조직은 대체로 시끄럽다. 웃고 떠들면서 자신이 하고 싶은 이야기를 맘대로 한다. 문제가 있는 조직은 조용하다. 솔직함은 사라지고 불편한 침묵만이 흐른다. 서로의 눈치만을 볼 뿐 공개적으로는 별로 이야기를 하지 않는다. 대신 끼리끼리 모여서는 활발하게 이야기한다.

장마철에 옷장 안에 쌓아둔 이불에서 나는 곰팡이 냄새를 없애기 위해서는 옷장 문을 열고, 이불을 털고, 햇볕에 말려야 한다. 조직도 숨어 있는 문제점, 움츠러드는 사람을 밖으로 불러내야 한다. 이야기할 분위기를 만들어 솔직하게 이야기하게 하는 것, 현장의 문제점과 개선점을 고민하게 하는 것, 그런 이야기를 잘 듣고 정책에 반영하는 것, 이런 것이 커뮤니케이션이다. 그렇기 때문에 리더는 분위기를 유쾌하게 만드는 데 몸과 마음을 아끼지 말아야 한다. 그러기 위해 가끔은 망가져도 괜찮다. 웃음은 열 번의 회식보다 더 큰 단결력을 선사한다.

공감대를 형성하라

소통이 되기 위해서는 소통채널이 있어야 한다. 또 본격적으로 이야기가 통하기 위해서는 말하는 사람과 듣는 사람 사이에 그런 채널이 열려야 한다. 채널을 여는 첫 단계가 바로 공감대 형성이다. 공감대가 형성되어야 사람들은 비로소 들을 태도를 갖게 된다. 공감대 형성 없이 소통의 목적을 달성하려는 사람은 소개팅을 하자마자 손을 잡고 결혼하자고 조르는 사람과 같다. 공감대 형성은 커뮤니케이션의 중요한 전제조건이다.

강의할 때 내가 가장 신경 쓰는 부분은 청중들과 공감대를 형성하는 일이다. 이것은 처음 5분 안에 결판이 난다. 만약 공감대를 형성하지 못하면 이야기를 전달하기 어렵다. 임원 코칭도 그렇다. 코칭은 상대의 강점과 약점을 파악하고 목표를 정해 스스로 답을 찾게끔 도와주는 과정이다. 그러기 위해서는 처음 만난 상대의 호감을 사고 무장해제시켜서 그들로 하여금 여러 이야기를 털어놓게 해야 한다. 공감대 형성이 필수적이다. 공감대 형성이 이루어지지 않으면 상대는 취조당한다는 느낌을 갖게 되므로 성공적인 코칭이 어려워진다.

변호사의 성공 여부도 공감능력에 달려 있다. 고객들과 잘 공감하고, 숨은 의도를 이해하고, 그들이 진짜 필요로 하는 것을 잘 읽어내는 변호사들이 성공한다. 의사도 매한가지다. 공감 없이 환자의 상태를 정확히 진단하기 어렵다. 의사가 자신에 대해 공감한다는 느낌을 가질 때 비로소 환자는 안심하고 자신의 이야기를 하기 때문이다. 공감능력은 의료 성과와도 밀접한 관계가 있다.

그렇다면 공감능력은 어떻게 키울 수 있을까?

첫째, 상대의 감정을 읽어낼 수 있어야 한다. 사람들은 자신의 감정을 말로 표현하지 않는다. 대신 얼굴 표정이나 몸짓을 통해 표현한다. 얼굴은 감정을 표현하는 캔버스이다. 사람들은 눈, 입, 볼, 눈썹, 이마 등을 늘이거나 수축시키는 43개의 근육을 통해 감정을 전달한다. 공감하기 위해서는 비언어적인 표정이나 제스처 등을 잘 읽을 수 있어야 한다. 상대가 마음 문을 열었는지, 진실을 이야기하는지, 겉도는 이야기를 하는 것은 아닌지, 지루해하는지 아닌지 등을 볼 수 있어야 한다.

둘째, 다른 사람의 입장에서 생각할 수 있어야 한다. 대치동에 한 내시경 전문병원이 있다. 소문이 자자해 몇 주 전에 예약을 해야 한다. 한번은 정기검진을 받았는데, 위 안에 뭐가 보이니 내시경을 해보란다. 아무 증상이 없었지만 의사의 말을 무시할 수 없어 예약을 하고 그 병원을 찾았다. 그 병원이 왜 잘되는지 바로 알 수 있었다. 우선 의사의 표정이 너그럽고 인자했다. 어떻게 오셨냐고 묻고, 내가 자초지종을 이야기하자 걱정할 것 없단다. 위 검사를 받을 때 먹는 걸쭉한 액체 거품이 종양처럼 보이는 경우가 종종 있다는 것이다. 그것이 진실이건 아니건 우선 안심이 되었다. 내시경은 상상 이상으로 고통스러웠다. 하지만 그는 계속해서 이렇게 이야기했다. "정말 잘하십니다. 거의 끝나갑니다. 조금만 참으세요." 전문성도 전문성이지만 무엇보다도 의사로서의 공감능력, 다른 사람을 이해하려는 마음이 그를 유명하게 만들었다는 생각이 든다.

셋째, 내가 먼저 마음 문을 여는 것이다. 상대가 솔직하게 자신에 대해 이야기를 할 때 사람들은 신뢰를 보내고 자신도 모르게 마음의 문을 연다. 나는 처음 하는 강의 때나 소개받는 자리에서 나 자신에 대해 여러 가지 이야기를 한다. 학교는 어디를 나왔고, 직장은 어디를 다녔고, 지금은 어디에 살며, 애들은 어떻게 되고…. 가능한 한 소상히 내 이야기를 하면 사람들은 호기심을 갖고 경청한다. 내 이야기를 솔직히 한 경우와 그렇지 않은 경우에 사람들이 보이는 눈빛이 다르다.

넷째, 그들에 대해 공부하고 진심으로 그들에 관한 이야기를 해주는 것이다. 사람들은 이해받고 위로받고 싶어 한다. 상대가 나를 알고 내 처지를 이해한다는 느낌이 들면 마음자세가 달라진다. 그렇기 때문에 나는 사람을 만나기 전에 상대에 대해 가능한 한 많은 정보를 수집한다. 그리고 거기에 대해 이야기를 해준다. 얼마 전 거의 망할 뻔하다가 살아난 모 기업에 강의를 간 적이 있다. 나는 이런 말로 강의를 시작했다.

"여러 경로를 통해 이 회사에 대해 들었습니다. 한동안 잘나가다 여러 이유로 힘들었다는 이야기도 들었습니다. 그렇지만 다시 힘을 모아 재기를 꾀하는 중이고, 새로운 기회를 맞아 도약의 발판을 만들기 위해 오늘 이 자리를 마련했다는 이야기도 들었습니다. 그동안 얼마나 마음고생이 심하셨습니까? 잘 이겨내고 오늘 이 자리까지 오신 여러분들을 진심으로 위로하고 격려하고 싶습니다."

이렇게 이야기하자 그들의 눈이 빛나기 시작했다. 내가 자신들에 대해 어느 정도 이해한다고 생각했기 때문이다. 어떻게 공감할 것이냐가 소통의 필수조건이다.

"타인과 공감할 수 있는 능력은 인류에게 주어진 훌륭한 선물이다." 영화배우 메릴 스트립의 말이다.

때와 장소를 가려라

때와 장소의 중요성에 관해서는 글로벌기업 로레알로부터 배울 점이 많다. 이 회사는 매니저교육을 시킬 때 장소 선정에 많은 신경을 쓴다. 사방이 꽉 막힌 호텔은 가급적 피하고, 대신 자연경관이 좋고 사람들이 마음의 문을 활짝 열 수 있는 곳을 택한다. 교육내용보다 더 중요한 것은 매니저들이 허심탄회하게 의견을 교환하고 몸과 마음을 재충전하는 것이라고 생각하기 때문이다. 그런 만큼 교육의 효과가 뛰어나다. 일단 자연경관이 수려한 곳에 오는 순간부터 사람들은 감동하게 된다.

서울 근교에 있는 어느 기업을 컨설팅할 때의 일이다. 함께 일하는 파트너가 있었다. 평소에는 일상에 떠밀려 그럭저럭 지내오던 터였다. 별도의 미팅시간을 갖는 것조차 쉽지 않았다. 그와 함께 차를 타고 가면서 참으로 많은 이야기를 나눌 수 있었다. 드라이브가 주는 매력 때문이었다. 누가 먼저랄 것도 없이 자연스럽게 말문이 열렸고, 가슴속에 담아둔 이야기까지 서슴없이 털어놓게 되었다. 덕분에 많이 친해졌다. 맞벌이부부로 살면서 느끼는 애로사항, 자신의 아이를 돌보아준 부모님들이 이제는 늙고 병들어 짐스럽지만 부모 자식 간의 도리를 저버릴 수는 없다는 이야기, 장인 장모를 잘 보살펴주는 남편에 대한 고마움, 아이들에 대한 기대와 우려… 보통 때 같으면 꺼내기 어려운 그런 사연을 많이 듣게 되었고, 전보다 그 사람을 더 가깝게 이해할 수 있었다. 그렇다고 사적인 이야기만 한 것은 아니다. 사장에 대한 생각, 여러 임원에 대한 평가, 현재 안고 있는 문제점에 대한 고민, 앞으로 어떻게 하는 것이 좋을지에 대한 전략 등 1시간 남짓한 시간이었지만 지루한 줄 모르고 꼬리에 꼬리를 물고 이야기를 주고받았다. 그 때문인지 컨설팅도 성공적으로 진행되었다.

만일 사무실에서 어젠다별로 그런 이야기를 나누었더라면 어땠을까? 애초부터 그런 사적인 이야기는 하지 않으려 했을 것이고, 그렇게 원활한 커뮤니케이션도 이루어지지 않았을 것이다.

격무에 시달리다 집에 돌아오면 입도 떼기 싫은 경우가 종종 있다. 너무 많은 사람을 만나 너무 많은 이야기를 들은 탓에 체력이 소진되었기 때문이다. 그럴 때면 집사람은 벌써 눈치를 채고 아예 말을 걸어오지 않는다. 대신 컨디션이 좋아지기를 기다린다. 밥을 챙겨주고 산책을 함께하면서 가볍게 터치하듯 말을 꺼낸다. 그러면 나도 모르게 술술 말문이 열리곤 한다. 특별히 정해놓은 주제가 있는 것도 아니다. 미국에 가 있는 딸과 나눈 이야기, 큰딸의 대학생활 이야기, 예전에 알고 지내던 이웃이 요즘 어렵게 산다는 이야기, 시어머니와 장모님 이야기, 처남들 이야기를 한다. 무엇보다 이런 이야기들에는 내용에 관계없이 삶의 달콤함이 배어 있다. 그러다가 자신의 요즘 심정을 고백하기도 한다. 나도 속내 깊숙이 숨겨두었던 이야기를 건넨다. 자연스럽게 갈등이 해소되기도 하고, 새로운 결심을 하거나 중요한 결정을 내리기도 한다. 우리 집의 많은 결정들은 이렇게 산책을 하면서 내려졌다. 아마도 산책하면서 소통이 잘되었기 때문일 것이다.

예전 직원 중에 이상한 버릇이 있는 사람이 있었다. 평소에는 말 한마디 없다가도 회식 때가 되어 술이 좀 취하면 내 옆에 찰싹 붙어서 온갖 제안을 해대는 것이다. 이사님, 우리 조직에 이런 문제가 있거든요, 이런 전략을 사용하면 어떨까요?, 이런 제안에 대해서는 어떻게 생각하세요?… 둘만의 시간도 아니고 10명이 넘는 직원들과 술을 먹는 자리에서 이런 이야기를 듣게 되니 곤혹스럽기 짝이 없다. 그래서 이렇게 이야기했다. "좋아, 좋은데, 내일 오전 맑은 정신에 다시 이야기하자고. 지금 그런 이야기를 하면 다른 사람들하고 이야기도 못하고, 분위기가 너무 썰렁하지 않겠나?" 하지만 회식 후에 그 직원이 내 사무실을 찾아온 적은 한 번도 없었다. 정말 때와 장소를 구분하지 못하는 사람이었다.

사방이 꽉 막힌 회의실에서 자신의 솔직한 심정이나 섭섭한 마음, 앞으로의 계획 같은 것들을 이야기하기란 결코 쉽지 않지만, 새마을호 식당칸에서 커피 한 잔 하면서 그런 이야기를 나눈다면 술술 풀릴 것이다. 둘이서 차를 타고 출장을 가는 동안 이야기를 나눈다면 의외의 성과를 거둘 수도 있다.

무슨 말을 하느냐만큼 중요한 것이 어떻게 하느냐이다. 어떻게 하느냐만큼 중요한 것은 언제, 어디서, 상황에 맞는 말을 하느냐이다. 지혜란 것은 다른 것이 아니다. 그런 것을 구분하여 거기에 맞는 말을 할 줄 아는 것이다. 어떤 상황에서 해야 할 말과 하지 말아야 할 말을 구분하는 것, 나설 때와 나서지 않을 때를 판단하는 것, 상황에 맞는 농담과 사례를 사용할 줄 아는 것이 바로 리더의 지혜다.

- 내 표정은 어떤가? 근엄한가 아니면 밝고 쾌활한 표정인가? 사람들은 내 앞에서 이야기를 자유롭게 하는가?
- 부드러운 분위기를 만들기 위해 내가 할 수 있는 일은 무엇인가?
- 공감대 형성을 하지 못해 실패한 사례가 있는가? 만일 다시 그런 일을 겪는다면 어떻게 하겠는가?
- 커뮤니케이션이 유난히 잘되었던 경우와 이상하게 안 되었던 경우를 떠올려보라. 장소와 때는 어땠는가?

커뮤니케이션은 말로 하는 것이라고?

흔히 쓰는 말 중에 '말이면 다냐?'라는 표현이 있다. 말이 다가 아니라는 말이다. '아 다르고 어 다르다'는 말도 있다. 같은 말이지만 어떻게 이야기하느냐에 따라 전혀 다른 의미가 된다는 것이다. '말하지 않아도 안다'는 말도 있다. 눈빛이나 태도에서 이미 상대의 의도를 알았을 때 하는 말이다.

커뮤니케이션에 관한 가장 큰 오해는 말 잘하는 사람이 커뮤니케이션을 잘한다고 생각하는 것이다. 절대 그렇지 않다. 동양권에서는 말 잘하는 사람은 오히려 별로 좋은 대접을 받지 못한다. 말만 번지르르하다거나 말만 잘하면 뭐하냐고 비아냥거리는 소리를 듣기도 한다.

1997년 서울시장 선거에서 정원식, 조순, 박찬종 세 사람이 격돌했다.

말 잘하기로는 박찬종 씨를 쫓아갈 사람이 없었다. 하지만 결과는 반대였다. 사람들이 말 잘하는 사람에게 표를 던지지 않았기 때문이다. 노자는 '대변약눌大辯若訥'이라고 했다. 정말로 말을 잘하는 사람은 어눌하게 보인다는 이야기다. 그래서인지 전략적으로 말을 더듬으며 유창하지 않게 보이려고 애쓰는 사람도 있다.

Communication = f(Verbal 10 + Vocal 30 + Facial 60)

유명한 메라비언 공식이다. 커뮤니케이션에서 말이 차지하는 비중은 10%가 되지 않는다. 그보다는 목소리, 표정과 태도가 더 큰 비중을 차지한다. 정말 맞는 공식이라는 생각이 든다. 삐딱한 자세, 거만한 목소리, 찌푸린 얼굴은 그 자체로 소통을 가로막는다. 그런 태도를 가진 사람은 자신이 얼마나 괜찮은 사람인지 아무리 목청 높여 이야기한다 해도, 이미 태도 자체가 그 사람이 어떤 사람이라는 사실을 대변하고 있기 때문에 먹히지 않는다.

커뮤니케이션의 어원은 라틴어로 '나누다'라는 뜻의 communicare커뮤니카레이다. 어떤 사실이나 정보, 느낌을 타인에게 전하고 알리는 과정이 커뮤니케이션이다. 그런 의미에서 최고의 커뮤니케이션은 이심전심이고 염화시중의 미소다. 마음과 마음이 전해지고, 굳이 말하지 않아도 상대의 마음을 읽을 수 있는 상태다. 콤비가 잘 맞는 축구선수는 눈빛만으로도 상대의 의도를 파악해서 자로 잰 듯 패스를 주고받는다. 사랑하는 사람 사이에도 말은 필요 없다.

거스너 회장은 왜 푸른색 옷을 입었을까?

커뮤니케이션에서는 말 외에 비언어적인 면이 큰 영향을 미친다. 장소, 시간, 가구 배치, 인테리어 등이 그렇다.

첫째, 장소가 중요하다. 정답이 정해져 있는 것은 아니지만, 상황과 어젠다에 따라 적합한 장소를 정해야 한다. 전국 각지에 흩어진 사람들을 불러모아 회의를 할 때는 중간 지점에 자리를 잡는 것이 좋다. 찾기 쉬워야 하는 것은 물론이다.

한번은 어떤 경제인 모임에 참석한 적이 있다. 그런데 장소가 대구에서도 한참 떨어진 외진 곳이었다. 많은 사람이 그곳을 찾는 데 1시간 가까이 허비했다. 워낙 낯선 곳이었기 때문이다. 나중에 물어보니 장소 사용료가 싸서 그곳을 택했단다. 미래전략 수립처럼 새로운 발상이 필요한 일을 할 때는 사방이 꽉 막힌 호텔보다는 바닷가나 계곡이 훨씬 효과적일 것이다.

둘째, 인테리어, 가구 배치, 조명 등도 영향을 미친다. 교육도 그렇고 강의도 그렇다. 어두침침한 조명에 극장식 의자가 놓여 있는 강당은 강의하는 사람에게는 무덤이다. 그곳에 들어가는 순간 관중들은 영화 보는 모드로 변환한다. 그런 환경에서 참여를 이끌어내고 활기차게 강의를 진행하기가 쉽지 않다.

벽지 색깔, 의자 배치 등도 큰 영향을 미친다. 노사가 협상을 할 때 주로 사용하는 남북대화형 테이블 배치는 긍정적인 결론을 끌어내기에 부적합하다. 그런 배치에서는 늘 대치할 수밖에 없다는 느낌을 준다. 그래서 일본의 링크플레이스라는 회사는 용도에 따라 벽지와 의자 배치를 수

시로 바꾼다. 의견 교환을 위해서는 빨간색 벽지에 둥근 의자가 놓인 회의실을 사용하고, 협상 마무리를 위해서는 파란색 벽지를 사용한다. 또 직급을 떠나 대화를 할 때는 앉는 자리가 정해져 있지 않은 라운드테이블을 사용한다.

셋째, 시간대도 생각해봐야 한다. 점심식사 시간을 넘겨가면서 회의를 하는 경우가 있다. 물론 중요한 의제가 있기 때문이겠지만 사람들을 집중시키기가 쉽지 않다. 긍정적인 결론은 물 건너간 이야기가 되고 만다. 그렇기 때문에 어젠다에 따라 회의시간을 따로 잡을 필요가 있다. 전략적이고 이성적인 어젠다는 오전시간이 효과적이다. 웬만하면 1시간을 넘기지 않는 것이 바람직하다. 야유회를 언제 어디로 갈 것이냐 같은 소프트한 어젠다는 오전보다 오후에 하는 것이 낫다.

넷째, 복장이나 액세서리도 커뮤니케이션 수단이 될 수 있다. 도탄에 빠진 IBM을 살린 거스너 회장은 첫 미팅 때 전통적인 흰 와이셔츠 대신 푸른색 옷을 입고 나타났다. 앞으로의 변화를 옷으로 알린 것이다. 미국 국무장관을 지낸 올브라이트는 상황에 따라 다른 액세서리를 사용한 것으로 유명하다. 유시민 씨는 국회에 등단하는 날 넥타이를 매지 않아 파문을 일으켰다. 격식보다는 내용을 중시하자는 메시지를 던지고 싶었기 때문이다. 하지만 보건복지부장관 인사청문회 때는 단정하게 옷을 입었다.

커뮤니케이션은 언어를 넘어선다. 언어보다는 장소, 시간, 복장, 태도 등 비언어적 요소가 더 큰 비중을 차지한다. 그러므로 커뮤니케이션은 과학이라기보다 예술에 가깝다. 고려해야 할 요소가 많고 변수도 다양하다. 따라서 전략과 세심함이 필요하다. 무슨 말을 어떻게 할 것인지는 물론,

언제 어느 장소에서 이야기할지도 신경 써야 한다. 좌석 배치나 복장도 중요하다. 여러 요소들이 모두 한 방향으로 정렬되었을 때 효과적인 커뮤니케이션이 가능해진다.

체크리스트

- ☐ 현재 우리 회사의 복장은 어떤가? 그것이 커뮤니케이션을 방해하고 있지는 않은가?
- ☐ 복장이 생각을 좌우한다는 말에 대해 어떻게 생각하는가?
- ☐ 사무실에 들어갔을 때 느낌은 어떤가? 숨이 콱 막히는가, 아니면 일하고 싶은 의욕이 생기는가?
- ☐ 회의내용에 따라 사무실 혹은 시간대를 바꾸는가?
- ☐ 장소 덕분에 이야기가 잘된 경험이 있는가?

멋진 피드백은 상식을 초월한다

리더의 가장 중요한 역할은 피드백이다. 피드백은 잘한 것은 잘했다고 이야기하고, 잘못한 것은 잘못했다고 이야기하는 것이다. 피드백이 있어야 자신의 행동이 다른 사람에게 어떤 영향을 주는지 알 수 있고, 이를 통해 조직이 발전할 수 있다. 처음 들어온 신입사원이 계속해서 지각을 하는데 아무도 이야기를 하지 않는다면 그 신입사원은 그래도 되는 걸로 생각하고 잘못된 행동을 반복한다.

피드백을 보면 그 사람의 수준을 알 수 있다. 가장 낮은 피드백은 비난하고 비판하는 것이다. 하지만 비난한다고 해서 문제가 해결되지는 않는다. 비난을 받은 사람이 개과천선하는 일은 더더욱 불가능하다. 비난은 비난하는 사람의 기분은 잠시 풀어주지만 비난받은 사람은 저항감을 갖게 될 뿐이다.

비난하고 싶은 충동이 일 때는 스스로에게 다음과 같은 질문을 던져 보는 것이 좋다. '비난을 한다고 문제가 해결될까? 어떻게 해야 문제를 해결하고 상대의 마음을 움직일 수 있을까?'

가장 수준 높은 피드백은 상대로 하여금 전혀 비난받는다는 느낌 없이 스스로 깨닫게 하는 것이다. 결코 쉽지 않지만, 효과적인 조직 운영을 위해서는 반드시 해야 할 일이다.

철강업계의 신화인 찰스 슈왑은 100만 달러 이상의 연봉을 받았던 최고경영자이다. 그가 제련소를 돌아보고 있을 때 직원 몇 명이 금연표지판 아래에서 담배를 피우고 있는 것을 보았다. 하지만 슈왑은 표지판을 가리키면서 "이봐, 무슨 짓이야! 글자도 못 읽나?"라고 소리치지 않았다. 대신 그들에게 다가가 이런저런 이야기를 나누었다. 흡연에 대해서는 한마디도 하지 않았다. 이야기를 마치면서 그는 담배를 피운 사람들에게 자신이 피우는 시가를 하나씩 나누어주었다. 그러고는 눈을 찡긋하면서 "이 시가는 밖에서 태워주면 고맙겠네"라고 말했다.

우리는 리더십 하면 2종류만 생각한다. 철저한 통제와 관리, 아니면 방임이다. 둘 다 정답이 아니다. 요즘같이 개인주의가 팽배한 시대에 누가 그런 식의 리더십에 따르겠는가? 그런 면에서 피드백은 현대를 사는 리더들에게 필수불가결한 스킬이다. 상대 감정을 상하게 하지 않으면서도 하고 싶은 말을 할 수 있고, 상대가 스스로 깨닫게 할 수 있으니 말이다. 그렇다면 좋은 피드백이란 어떤 것일까?

공격 대신 질문을 던져라

첫째, 공격 대신 질문을 하는 것이 좋다. 피드백이라면 잔소리나 비난을 생각하지만, 이런 것들은 대개 별 효과가 없다.

"당신이 일을 망쳐 놓았소" "당신 때문에 일이 이 지경으로 됐소"라고 야단치기보다는 상대 입장에서 질문하는 것이 좋다. 질문은 자신이 해답을 갖고 있지 않다는 사실을 암시한다. "당신의 그런 행동이 조직에 어떤 영향을 준다고 생각하나요?"라는 식의 질문은 상호 간의 대화를 낳고, 바람직한 결론으로 이끌어준다. 더 나아가 자신이 내린 결론이기 때문에 책임감을 갖게 한다. 윗사람이 일방적으로 이야기하면 사람들은 잠자코 눈을 내리깔고 듣기만 한다. 동의하지 않는다, 동의는 하지만 당신 말대로 하기는 싫다는 의미가 숨어 있다. 하지만 자신의 입으로 내린 결론에는 책임을 지려는 것이 사람들의 속성이다. 능력은 비난 속에서는 시들지만 격려 가운데서는 찬란한 꽃을 피운다.

"화장실에 낙서하면 엄벌에 처한다"는 경고와 "화장실에 낙서하는 것에 대해서 어떻게 생각하세요?"라는 질문은 확연히 다르다. 사람은 자유의지대로 하려는 본능이 있고, 그것을 방해받게 되면 저항을 한다. 그러므로 지시보다는 질문을 하는 것이 효과적이다. 물을 갖다 달라고 하는 것보다는 "목이 마른 데 어떻게 하지?"라고 말하는 것이 효과적이다. 질문은 명령을 보다 부드럽게 만들어줄 뿐 아니라 사람들의 창의력을 자극하기도 한다.

둘째, 적절한 시점이 중요하다. 따끈따끈할 때 이야기하는 것이 중요하다. 모든 사람이 생생히 기억하고, 논란의 여지가 없을 만큼 증거가 확실할 때 실수나 잘못을 지적해야 한다. "자네 혹시 기억이 날지는 모르겠지만 몇 달 전에 연속해서 지각을 한 적이 있지? 그 일에 대해서 이야기를 하고 싶은데…" 이런 피드백은 차라리 안 하는 편이 낫다. 괜한 반감만 살 뿐이다.

회사 안에서 자주 말다툼을 하는 직원이 있다. 걸핏하면 핏대를 세우고 티격태격하는 바람에 업무가 마비되고 분위기가 썰렁해지곤 한다. 이를 계속 방치하면 본인에게도 조직에게도 문제가 된다. 이때의 피드백은 너무 빨라도 안 되고, 너무 늦어도 안 된다. 일단은 감정이 가라앉기를 기다렸다가 조용히 불러 이야기하는 것이 좋다. "사무실에서 걸핏하면 싸우고 소리 지르는 행위에 대해 어떻게 생각하십니까? 그런 행동이 우리 조직에 어떤 영향을 준다고 생각하십니까?" 이런 질문을 던지면서 반응을 살펴보는 것이 좋다. 물론 다 수긍을 하는 것은 아니지만, 확실하게 자신의 잘못이라고 생각하는 경우는 본인이 앞으로 어떻게 하겠다는 의사를 밝히게 된다.

셋째, 1대 1로 직접 전달하는 것이 좋다. 피드백은 상대방이 받아들일 수 있는 상황이어야만 효과가 있다. 만일 제3자, 특히 부하직원이 있는 자리에서 피드백을 한다면 누구나 자존심에 상처를 입게 된다. 자신의 잘잘못을 느끼기 전에 망신을 준 사람을 원망하게 될 것이다. 그렇기 때문에 피드백은 가능한 한 개인적으로 전달하는 것이 좋다.

피드백에서 반드시 피해야 할 것

넷째, 구체적인 행동에 대해 이야기해야 한다. 피드백에서 가장 피해야 할 것은 모호한 말이다. 예를 들어 책임감이 없는 것 같다, 주도적이지 않다, 매사에 시큰둥하다와 같은 지적은 좋지 않다. "김 대리는 왜 회의 때 한마디도 하지 않는 겁니까?" 혹은 "술만 먹으면 늦게 오는 이유가 뭐지요?" 하는 식으로 구체적인 행동을 지적해야 한다. 사람을 비난하지 말고 구체적인 행동을 지적하는 것이 좋다.

다섯째, 1절만 할 것. 한번 말문을 열면 그동안에 쌓였던 모든 것을 한꺼번에 정산하려는 사람이 있다. 옛날이야기까지 들추면서 사람의 속을 뒤집기도 한다. 이런 경우 효과는 반감된다. 사람들은 현명하다. 척 하면 대부분 알아듣는다. 이를 되씹고 곱씹고 길게 끄는 것은 전혀 도움이 되지 않는다. 피드백은 경제적으로 하는 것이 좋다. 딱 1절만 하라.

여섯째, 때로는 그냥 지나가는 것이 답이 될 때도 있다. 하고 싶은 말은 다 하려는 사람이 있다. 모든 것을 사사건건 지적해야 직성이 풀리는 사람도 있다. 하지만 때로는 못 본 척 넘어가는 것이 상책인 경우도 있다. 대개의 경우 사람들은 자신의 잘못을 알고 있고 반성을 한다. 오히려 지적을 하면 잘못했음에도 불구하고 억지를 부린다. 분명히 잘못했지만 못 본 척하면 오히려 더 미안해져서 행동을 고치는 경우도 있다. 때로는 그냥 넘어가는 것이 좋은 피드백이 될 수 있다.

일곱째, 인격을 소중히 여겨야 한다. '죄는 미워하되 사람은 미워하지 말라'는 말은 피드백에도 해당한다. 행동이 아닌 인격을 건드리면 부작용을 야기할 뿐이다. 가장 조심할 것은 무시와 경멸이다. 직원이나 자녀를 꾸짖을 때 상대를 멸시하는 태도가 들어간다면 문제가 발생한다. 효과야 있건 없건 기분이나 풀자는 식의 어리석은 비판은 직장이나 가정에서의 숱한 갈등과 반목과 불신의 원인이다. 상대방이 비판받고 있다는 것을 알지 못하게 미묘한 방식으로 자신의 견해를 알리는 것이 가장 효과적이다.

그런 면에서 세계적인 리더십컨설팅 전문가 골드 스미스의 충고를 참고할 만하다. 그는 '하지만'이라는 단어를 절대 쓰지 말라고 강조한다. "'하지만' 같은 부정적인 말은 은연중에 대화 상대방에게 '나는 맞고 당신은 틀리다'는 인상을 주는 아주, 아주 안 좋은 버릇이에요. 똑똑한 사람들이 가장 많이 저지르는 잘못 중 하나죠. 훌륭한 리더가 되고 싶다면 그런 버릇을 고치는 게 좋을 겁니다."

"상대를 과소평가하는 말이나 행동을 할 권리는 누구에게도 없다. 중요한 것은 그 사람에 대해 어떻게 생각하느냐가 아니고, 그가 자신을 어떻게 생각하느냐 하는 것이다. 사람의 존엄성에 상처를 주는 것은 죄악이다." 생텍쥐페리의 말이다.

볼 4개를 한 번에 받아볼래?

여덟째, 한 번에 하나만 주문해야 한다. 이것저것 너무 많은 것을 주문하면 사람들은 헷갈리고 이내 포기한다. 그런데도 사람들은 이런 실수를 흔히 저지른다. 너무 많은 것을 주문하면 "저는 이대로 살다 갈래요. 그러니 그만 냅둬요…" 하게 된다.

아홉째, 눈높이를 맞추는 것도 중요하다. 상대가 어떤 사람인지를 정확히 파악해 그 사람의 언어로 이야기를 해야 잘 먹히기 때문이다. 박정희 대통령이 친 볼이 슬라이스가 나자 코치는 이렇게 이야기했다. "각하, 지금 각하는 2시 방향에서 8시 방향으로 스윙하시는데, 이를 4시 방향으로 더 돌렸다가 10시 방향으로 맞추십시오." 포병 출신인 박 대통령은 확실하게 알아듣고 바로 실행에 옮겼다.

열째, 이왕이면 재치 있게 하는 것이 좋다. 황희가 정승이 되었을 때 공조판서로 있던 김종서는 태도가 거만하기 짝이 없었다. 의자에 앉을 때도 비스듬히 앉아 거드름을 피웠다. 하루는 황희가 하급관리를 불러 이렇게 말했다. "김종서 대감이 앉은 의자의 다리 한 쪽이 짧은 모양이니 가져가서 고쳐 오너라." 그 한마디에 김종서는 정신이 번쩍 들어 크게 사죄하고 자세를 고쳐 앉았다. 뒷날 그는 이렇게 말했다.

"내가 육진에서 여진족과 싸울 때 화살이 빗발처럼 날아오는 속에서도 조금도 두려운 줄을 몰랐는데, 그때 황희 대감의 말씀을 듣고 나도 몰래 등에서 식은땀이 줄줄 흘러내렸었네."

정색을 한 꾸지람보다 돌려서 표현한 한마디 말이 거만하기 짝이 없던 김종서로 하여금 마음으로 뉘우치게 만들었던 것이다. 말의 힘은 이런 것이다.

2002월드컵의 주역 히딩크는 피드백의 귀재다. 그는 선수를 탈락시킬 때 반드시 그 사유를 전달했다. 탈락한 분명한 이유를 모르면 쓸데없는 오해를 사고 개선이 안 되기 때문이다. 이동국을 탈락시킬 때도 그랬다. "당신은 재능은 있지만 운동장 안에서 부지런하지 않다. 그렇기 때문에 당신은 탈락이다." 다른 선수들에게 패스만 찔러준다고 미드필더가 되는 게 아니다, 허리에 손을 올리고 쉬는 것은 경기가 끝난 다음에 할 일이지 경기 중에는 있을 수 없다며 질타했다. 그는 이렇게 말했다.

"대표팀에서 뛰어준 데 대해 고맙다는 인사를 하고, 왜 떨어졌는지 알려줘야 그 선수가 더욱 열심히 하고 단점을 보완하기 위해 애를 쓴다. 그래야 쓸데없는 오해도 없어지고 시간이 지나면서 발전도 이루어진다."

얼마나 스마트한 사람인가. 선수들 개개인에 대한 분명하고 핵심적인 피드백으로 히딩크는 한국 축구의 고질병을 고치고 경기력을 비약적으로 향상시켰다. 우리나라가 월드컵 진출 사상 처음으로 4강에 진출한 쾌거는 그렇게 이루어진 것이다.

다음은 피드백에 대한 평가표다. 자신의 점수를 매겨보기 바란다(항상 그렇다 3점, 대체로 그런 편이다 2점, 가끔 그렇다 1점, 전혀 그렇지 않다 0점).

피드백 평가표

1. 특정한 예를 근거로 대화를 시작한다.
2. 상대방이 왜 그 일을 했는지 추측하지 않는다.
3. 상대방이 무엇을 했는지(성과)에 주목한다.
4. 가능한 한 어떤 상황이 발생하자마자 피드백을 준다.
5. 나는 사람들에게 무엇을 잘못했는지에 대해서만이 아니라 무엇을 잘했는지도 말해준다.
6. 교정적 피드백을 줄 때에는 흥분하거나 과잉 반응을 보이지 않으려고 최선을 다한다.
7. 요점을 명확히 말하고 돌려서 말하지 않는다.
8. 직원들이 실수하기를 기다렸다가 '딱 걸렸어' 하는 식으로 행동하지 않는다.
9. 발생한 일에 대해 내가 어떻게 느꼈는지 설명해준다.
10. 교정적 피드백을 줄 때 상대방이 자신의 입장에 대해 설명할 수 있도록 배려한다.

11. 대화를 하기 전에 가능한 해결책을 몇 가지 준비해둔다.
12. 이해를 돕기 위해 특정한 예를 들어가며 피드백한다.
13. 상대의 태도나 성격보다 행동에 중심을 둔다.
14. 상대방과 내가 가장 여유가 있고 스트레스를 덜 받을 만한 시간에 피드백을 준다.
15. 상대방이 개선해야 할 부분뿐 아니라 무엇을 잘하는지도 알아야 한다고 믿는다.
16. 자신이 침착하고 객관적인 상태일 때 교정적 피드백을 주려고 한다.
17. 피드백을 줄 때는 눈을 마주치는 것을 피하지 않고 상대방을 똑바로 바라본다.
18. 피드백은 내가 다른 사람을 도와줄 수 있는 기회이지 내 심정을 털어놓는 시간이 아니다.
19. 피드백은 상대를 탓하는 것이 아니라 내가 느끼는 점을 상대와 소통하는 것이다.
20. 피드백을 줄 때 상황을 이해하기 위해 표현을 바꾸어 말하거나 개방식 질문을 사용한다.
21. 나의 피드백 메시지를 상대에 맞게끔 적절히 바꾸어 말한다.
22. 무슨 일이 일어났는지 추측하려 하지 않고 있는 그대로 알려고 노력한다.
23. 피드백을 줄 때 무책임한, 프로답지 않은, 좋은, 나쁜 등의 가치 평가적 단어를 사용하지 않으려 노력한다.
24. 다른 사람들 앞에서 부정적이거나 교정적 피드백을 주지 않는다.
25. 지지적 피드백과 교정적 피드백의 균형을 맞추려고 노력한다.

26. 교정적 피드백을 줄 때 '여기 그리고 지금'에 초점을 두며, 오래전의 일을 언급하지 않는다.
27. 피드백을 줄 때 한두 가지 우선순위가 높은 문제에 중점을 둔다.
28. 피드백을 줄 때 상대가 요청하지 않으면 충고를 하지 않는다.
29. 피드백을 줄 때 문제의 행동이 미치는 영향력을 상대가 이해할 수 있도록 내가 어떻게 느꼈는지 구체적으로 설명해준다.
30. 교정적 피드백을 줄 때 상대의 관점에서 상황을 볼 수 있도록 질문을 많이 한다.

코칭이 사람을 성장시킨다

 코칭은 리더십을 발휘하는 최선의 방법이다. 경쟁력을 높이려면 지속적인 직원 트레이닝이 필수적이지만, 코칭 없이는 그 효력이 오래 유지되지 못한다. 지속적인 변화도 불가능하다. 일반적인 트레이닝이 단발적인 이벤트라면, 코칭은 장기적 프로세스로서 학습된 지식이 실질적 행동으로 나타나게 하는, 커뮤니케이션의 핵이다.
 원활한 코칭을 위해서는 특정한 경우뿐 아니라 일상에서도 이를 적절히 사용할 수 있어야 한다. 어떻게 해야 할까? 코칭 대화가 답이다. 코칭 대화법을 체득하면 일상적인 코칭이 가능해진다. 코칭 대화는 일반 대화와 3가지 면에서 다르다.
 첫째, 철저히 코칭 철학 위에 있다. 코칭 대화의 의도는 상대방의 성장과 성과 향상이라는 두 축을 항상 염두에 둔다.

둘째, 코칭 대화는 구조화된 대화다. 구조와 방향성을 가지고 있는 대화이기에 성과에 직접적인 영향을 미치게 된다.

셋째, 대화기술의 핵심인 경청, 질문, 인정과 격려가 잘 조화된 커뮤니케이션의 예술이다.

상습 지각생을 변화시킨 T-GROW

코칭 대화는 'T-GROW'의 방법으로 이루어진다. 즉 신뢰Trust를 확보하고, 목표Goal를 설정하고, 현실Reality을 인식시키고, 대안Option을 생각하게 하고, 마지막으로 의지Will를 확인하게 만드는 것이다.

신뢰는 경청, 질문, 피드백을 통해 형성된다. 신뢰가 쌓인 다음에는 목표를 설정한다. 목표 설정은 다음과 같은 질문을 통해서 이루어진다.

> 3개월 내에 꼭 해결하고 싶은 과제 1가지는?
> 어느 정도면 만족하다고 생각하는가?

목표가 설정된 다음에는 현실을 파악하게 한다. 현실과 동떨어진, 말도 되지 않는 목표를 설정한다면 코칭은 무의미해진다. 다음과 같은 질문을 던져야 한다.

> 그런데 현실은 어떤가?
> 현실적으로 어떤 어려움이 있는가?

> 그 이슈가 잘 해결된다면 어떤 이익이 있는가?
> 잘 해결되지 않으면 어떤 결과가 발생하는가?

목표를 설정하고 현실을 파악했다면, 이제 목표를 달성하는 방법으로 대안을 찾는다. 다음은 대안을 찾는 질문이다.

> 그 문제를 해결하기 위한 구체적인 대안은 무엇인가?
> 또 다른 대안은 없는가?
> 그중 어떤 것이 효과적인가?
> 과제를 달성할 수 있는 3가지 방법이 있다면?

마지막으로 대안을 실행하기 위한 의지를 확인한다. 이런 질문이 효과적이다.

> 그 계획을 실행하기 위해 이번 주, 이번 달에 해야 할 일은 무엇인가?
> 예상되는 장애물은 무엇인가?
> 내가 도와줄 부분이 있다면 어떤 것이 있을까?
> 3가지 방법 가운데 1가지를 선택한다면?

코치는 질문을 잘하는 사람이다. 여러 가지 스킬이 있지만, 최선은 상황에 맞게 질문을 던지는 것이다. 질문을 통해 미처 깨닫지 못했던 것을 깨닫게 하고, 현실을 깨우치게 하고, 대안을 마련하게 하고, 의지를 불태우게 한다. 다음과 같은 질문도 유효하다.

> 그래서 뭘 배우셨나요?
> 어떤 점이 유익했나요?
> 그것을 실생활에 어떻게 적용할 예정인가요?
> 적용 결과는 어땠나요?
> 적용하고 있다는 사실을 어떻게 알 수 있나요?
> 당신의 인생에 대해 이야기해보세요.
> 어떤 일로 스트레스를 받고 있나요?
> 잘하고 싶다는 의미가 뭔가요?
> 어떤 기준점을 갖고 있나요?

일례로 상습 지각생을 변화시킨 질문을 살펴보자. 야단치는 대신 질문을 던짐으로써 지각생을 생각하게 하고 변화하게 만들었다.

> 아침에 시간 맞춰 오는데 어떤 어려움이 있나요?
> 지각을 하면 기분이 어떤가요?
> 자주 지각을 하는 것이 생활에 어떤 영향을 미치고 있다고 생각하나요?
> 우리 회사에 다니는 동안 어디까지 올라가고 싶은가요?
> 내년에 승진 대상으로 알고 있는데, 이런 행동이 어떤 영향을 준다고 생각하나요?

이곳에 뼈를 묻겠습니다

코칭 대화를 통해 퇴사를 결심한 직원의 마음을 돌린 임원이 있다. 그가 데리고 있던 직원 중 한 사람이 갑작스럽게 퇴사하겠다고 말했다. 놓쳐서는 안 되는 아주 뛰어난 인재였다. 여러 사람이 나서서 설득해보았으나 직원의 결심은 확고했다.

마지막으로 그가 면담을 가졌다. 대화를 통해 그 직원이 인사 조치에 불만을 품고 이직을 하려 한다는 사실을 알게 되었다. 그는 2가지 질문을 했다. "자네 비전은 무엇인가?" "만일 회사를 옮겨서 똑같은 일이 벌어진다면 그때는 어떻게 하겠는가?" 바로 그가 코칭 교육에서 배운 대화법이었다. 당연히 설득조로 나올 거라 예상했던 직원은 핵심을 찌르는 질문에 당황했다. 직원은 생각할 시간을 요청했고, 몇 시간 후 돌아와 지금 이곳에 뼈를 묻겠노라는 말을 남겼다. 하마터면 충동적으로 회사를 등질 뻔했던 유능한 직원의 마음을 되돌린 그는 코칭 대화의 파워를 절감하게 되었다.

코칭 하면 떠오르는 사람이 히딩크다. 그에 관한 이야기가 수없이 많지만 그중에서도 박지성 선수와의 일화는 두고두고 회자된다. 박지성은 국가대표 선발 당시 전혀 주목을 받지 못하는 존재였다. 엎친 데 덮친 격으로 예기치 않게 다리 부상까지 당한 그는 혼자 라커룸에 앉아 좌절감을 곱씹고 있었다. 히딩크 감독이 그런 박지성의 어깨를 두드리며 "너는 정신력이 출중하다. 그런 정신력이면 앞으로 뛰어난 선수가 될 수 있다"라고 격려했다. 아무도 그를 눈여겨보지 않던 상황에서 오직 히딩크 감독만이 그의 가능성을 알아본 것이다. 선수 개인에 대한 애정과 통찰력 없이는 불가능한, 시의적절한 코칭이었다. 박 선수는 나중에 "당시 히딩크 감독의 말 한마디는 '축구 신동'이나 '천재'라는 말보다 훨씬 큰 격려가 됐다"고 고백했다.

훌륭한 리더는 선수나 직원이 가진 잠재력을 파악하여 스스로 이를 발굴해낼 수 있도록 이끌어준다. 선수 스스로가 만든 틀에 안주하지 않도록 질문을 던지고 필요한 격려의 말을 건넨다. 그렇게 함으로써 자극을 주고 상상력과 창의력을 불러일으킨다.

체크리스트

- 코칭 대화를 통해 상대방을 변화시켜본 적이 있는가?
- 어떤 대화를 나누었는가?
- 자신의 경험에 비추어볼 때 일반 대화와 코칭 대화의 다른 점은 무엇인가?
- 주변에 코칭이 필요한 사람이 있는가? 있다면 어떻게 코칭 대화를 시도하겠는가?

6장 어디로 갈 것인가
조직을 뛰게 하는 힘 '목표 설정'

항구에만 있는 배는 배가 아니다

주변에 고급 실업자와 잠재적 실업자가 수두룩하다. 직장을 나와 별로 하는 일 없이 노는 사람들, 직장이 있기는 하지만 뚜렷한 계획도 없고 몇 년이나 더 다닐 수 있을지 걱정하는 사람들이다. 이들과 이야기를 나눠보면 근본적인 문제점을 발견할 수 있다. 별다른 욕구나 목표가 없다. 없다기보다 발견하지 못했다는 표현이 맞을 것이다. 하고 싶은 일도, 잘하는 일도, 좋아하는 일도 없이 그저 열심히 살아왔다. 무덤덤하게 운명이려니 하며 살고 있고, 앞으로 어떻게 해야 할지 막막하다.

죽을 때까지 꿈꾸기를 멈추어서는 안 된다. 사람의 몸은 심장이 멎을 때 죽지만, 사람의 영혼은 꿈을 잃을 때 죽기 때문이다. 몸은 살아 있지만 영혼은 이미 45세에 죽은 사람이 얼마나 많은가? 살아 있다고 다 살아 있는 것이 아니다. 꿈이 없다면 이미 사는 것이 아니다. 그저 숨을 쉬고 눈을 뜨고 있을 뿐이다.

목표가 사람을 살아 있게 한다

늙음과 젊음을 구분하는 것은 나이가 아니라 목표다. 목표가 있는 사람은 청년이고, 목표가 없는 사람은 노인이다. 30대에 노인이 된 사람도 있고, 70이 넘었지만 아직 싱싱한 젊음을 유지하는 사람도 있다. 미래에 우리가 직면하게 될 가장 확실한 사실 중 하나는 '원하지 않아도' 오래 살 수밖에 없다는 것이다.

리더는 조직의 목표와 비전을 설계하는 사람이다. 비전은 현재와 미래를 연결시킨다. 조직을 하나로 묶는 아교 같은 역할을 한다. 가난한 어촌에 불과하던 싱가포르가 최고 경쟁력을 갖춘 선진국이 된 것은 리콴유라는 걸출한 인물의 리더십 덕분이다. 그가 국민들에게 제시한 목표가 출발점이었다. 당시로서는 황당한 목표였지만 국민들에게 희망을 주었다. 그는 싱가포르가 말레이시아로부터 독립한 후 총리로 취임하면서 국가의 미래상을 이렇게 천명했다.

"나는 싱가포르를 1, 2, 3, 4, 5의 나라로 만들겠습니다. 1명의 부인, 2명의 자녀, 3개의 침실을 가진 집에서 4바퀴가 달린 자동차를 굴리고, 주당 500달러 이상의 1인당 소득을 실현하는 나라를 만들겠습니다. 이런 목표 달성을 위해 국민들의 협조와 노력을 부탁합니다."

목표를 세우지 않는 진짜 이유

사실 꿈을 꾸고 목표를 세우는 것이 얼마나 중요한지를 모르는 사람은 없다. 하지만 사람들은 목표를 세우는 대신 변명거리를 준비한다. 시험 전날 학교 앞 술집이 붐비는 이유는 시험을 잘 못 볼 것에 대비하여 변명거리를 준비하기 때문이다. 사람들은 여러 이유로 목표를 안 가지려 한다. 왜 그럴까?

첫째, 귀찮기 때문이다. 인간을 지배하는 강력한 자연법칙은 '정지해 있는 물건은 정지해 있으려 하고, 움직이던 물체는 움직이려 한다'는 관성의 법칙이다. 변화를 거부하는 가장 큰 이유도 바로 이 관성의 법칙이다. 새롭게 자기 삶을 생각해보고 거기에 따라 목표를 설정한다는 것은 귀찮은 일이다. 현재와 갈등을 일으키는 일이다. 뭔가 새로운 것을 해야 하고, 편하고 익숙한 상태에서 빠져나와 미개척지를 탐색해야 한다. 하지만 사람들은 편한 상태를 벗어나려 하지 않는다. 현재 다니는 회사에 대해, 하고 있는 일에 대해, 자신의 처지에 대해 하루에도 열두 번씩 불평을 하면서도 정작 그 생활로부터 빠져나오지 못한다. 불평만 하는 것이, 그 불평거리를 없애려고 무언가를 시작하는 것보다 덜 수고롭기 때문이다. 아직은 참을 만하기 때문이다.

둘째, 두렵기 때문이다. 현재의 직장을 버리고 다른 세계로 진출하는 것은 두려운 일이다. 낯선 곳에서 무슨 일이 벌어질지 모르기 때문이다. 배처럼 항구에 있을 때 가장 안전함을 느낀다. 예전의 나도 그랬다. 회사를 다니면서 '이건 내가 원하는 삶이 아니야. 이렇게 하루하루 살기는 싫어. 이렇게 살다가 죽게 되면 억울해서 눈을 못 감을 거야'라는 생각을 품었지만 정작 나올 수 없었다. 용기가 없고 두려웠기 때문이다.

셋째, 주변 사람들의 끊임없는 세뇌다. 회사생활을 하면서 많은 사람을 만났다. 하지만 대부분 업무에 관련된 사람들이었다. 그들에게 내 고민을 털어놓았지만 시원한 대답을 들어본 기억은 없다. "그래, 맞아! 짧은 인생, 왜 하기 싫은 일을 하면서 사니? 무언가 목표를 세우고 새롭게 도전해보지 그래?"라는 충고를 기대했지만, 돌아온 것은 하나같이 의아해하는 시선이었다. "공학으로 박사학위까지 받고 마흔도 넘은 나이에 무슨 엉뚱한 소리냐? 이 세상에 하고 싶은 일을 하면서 사는 사람이 몇이나 있냐? 그저 주어진 일에 최선을 다하면서 처자식 건사하고 살면 되지. 그저 남들처럼 평범하게 사는 게 최고야." 주변 사람들의 세뇌는 무섭다. 새로운 목표를 세우고 원하는 삶을 살기가 그래서 힘들다.

목표를 세우고 실행하려면 우리를 구속하는 관성의 법칙, 두려움, 세뇌를 깨고 나와 새로운 무언가를 시작해야 한다. 배는 항구에 있을 때 가장 안전하지만, 항구에만 있는 배는 배가 아니다. 항해라는 '배의 목적'을 상실했기 때문이다. 인생도 마찬가지다. 목표를 가지고 안주의 틀에서 빠져나와 새로운 개척지를 탐색할 때 삶은 비로소 의미를 갖게 된다.

체크리스트

- 현재의 삶에 만족하는가?
- 어떤 삶을 살고 싶은가? 모델은 있는가?
- 나의 목표를 방해하는 요인은 무엇이고, 그것을 극복하기 위해 필요한 것은 무엇인가?

침대를 박차고 나오게 하는 목표의 힘

목표는 위대하다. 인생에 활력을 주고 기적을 만든다. 목표에는 변화를 일으키는 강력한 힘이 있다. 목표를 가진 사람과 그렇지 않은 사람의 차이는 초기에는 미미할지 몰라도 시간이 갈수록 커진다. 목표가 가진 힘에 대해 알아보자.

첫째, 목표가 인생을 바꾼다. 노벨이 증인이다. 그는 어느 날 신문을 펼쳐 들고 깜짝 놀란다. 조간신문 1면에 자신의 사망기사가 실렸기 때문이다.

'죽음의 사업가, 파괴의 발명가, 다이너마이트의 왕이 죽다.'

물론 그 보도는 프랑스 기자가 동명이인의 죽음을 잘못 알고 보도한 것이었다. 그러나 노벨은 큰 충격을 받았다. 자기가 세상을 떠나면 사람들이 자신을 어떻게 평가할 것인지를 알았기 때문이다. 그는 죽음의 사업가, 파괴의 발명가로 자기 인생을 끝내고 싶지 않았다. 결국 그는 엄청난 재산을 바쳐 평화와 번영을 목적으로 하는 '노벨상'을 제정한다. 그의 새로운 목표 덕분에 오늘날 노벨상이 있게 된 것이다.

둘째, 목표는 에너지를 공급한다. 부모로부터 많은 유산을 물려받은 친구들이 있다. 이들은 남들처럼 공부도 제법 했고 번듯한 직업도 갖고 있다. 하지만 이들 가운데 자기 직업에 열정을 갖고 승부를 내겠다고 눈을 반짝이며 일하는 사람은 많지 않다. 그들에게 일은 그저 치장용인 듯하다. 아무것도 안 하고 놀면 남들이 흉볼까봐 흉내만 내는 것이다. 이들을 보면 시골 식당의 개가 연상된다. 팔자가 늘어진 개다. 치열하게 먹이를 구하고 살아남기 위해 발버둥치는 야생동물과 달리 식당에서 나오는 음식 찌꺼기를 배불리 먹고 주인과 놀아주면 된다. 날씨가 좋을 때면 들과 산으로 산책 나가고, 날씨가 추워지면 따뜻한 아궁이 옆에 배를 깔고 누워 잔다. 그러다 인기척이 나면 느릿느릿 눈을 떴다가 다시 눈을 감는다. 처진 눈꼬리에서 삶에 대한 열정, 희망, 활기를 느끼기란 불가능하다. 먹고사는 데 문제가 없고 목표가 없으니 그럴 수밖에 없다. 그 자리에 권태가 들어서 있다.

반면에 하고 싶은 일이 확실한 사람은 늘 활기차다. 지금은 고생스러워도 언젠가 꿈을 이룰 날을 생각하면 신이 나기 때문이다. 지금 하고 있는 일이 자기 꿈을 이루는 데 도움이 된다고 생각하니 눈에서 광채가 난다. 목표가 에너지를 주고 열정을 부른다. 미국 배우 조지 번스가 "우리를 침대에서 나오게 만드는 그 어떤 것이 있어야만 합니다"라고 한 그 '어떤 것'이 바로 목표다.

목표가 나를 보호한다

셋째, 목표는 부정적인 정보로부터 우리를 지켜준다. 내 주변에 부정적인 정보의 전도사가 있다. 그는 늘 부정적인 정보를 찾아다닌다. 거기서 그치지 않고 이를 모으고 정리해서 모르는 사람에게 알려준다. 그 많은 정보들을 어디서 모았는지 신기할 정도다. "너 들었니? 동창 중에 홍길동이가 이번에 짤렸단다. 벌써 회사를 그만두면 어떻게 할지 큰일이야. 우리 동창들이 서서히 은퇴를 시작하는데, 앞으로 어떻게 살지 걱정이다." "김막동이 마누라가 암에 걸렸단다. 애들도 어린데, 큰일이다." "이번 연평해전이 한 번으로 끝나지 않는단다. 그렇게 되면 한국 경제가 흔들려 실업자가 몇 백만이 생기고 주가는 반 토막이 난단다." 그의 이야기를 듣다보면 오랜만에 친구를 만나 상쾌했던 기분도 사라진다. 한숨이 나오고, 이런 나라에서 더 이상 살기 싫다는 생각이 들면서 모두 우울해진다. 목적을 달성한 그는 자리를 뜬다. "얘들아, 나는 바쁜 일이 있어서 먼저 가봐야겠다. 천천히 놀다 와라." 사람들 기분을 다 잡쳐 놓고 어디를 가겠다는 것인가. 아마 다른 곳에 가서도 무지한(?) 사람들에게 자기만 알고 있는 부정적 정보를 전달하는 전도사 역할에 충실할 것이다.

회사에도 이런 사람들이 있다. 이들은 자기들끼리 만나는 장소가 따로 있다. 회의공고를 낸 것도 아니고 누가 오라고 한 것도 아닌데, 그곳에 가면 늘 그들이 모여 있다. 회사 내의 온갖 소문, 유언비어, 추측, 분석 등이 난무한다. "이번 구조조정은 나이 순이래." "그 사람이 임원이 된 것은 동향인 부사장이 힘을 쓴 덕분이라더라." "김 부장이 회의 때마다 상사한테 야단을 맞는 진짜 이유가 뭔지 알아? 출장 다녀오면서 선물을 안 사왔기 때문이라는 것 아냐? 사람이 눈치 없긴." 하여간 그곳에 가면 회사의 모든 것을 훤히 알 수 있다. 여기에도 엄연한 리더가 있는데, 직급이 높은 사람이 아니라 유난히 안테나가 발달하고 부정적인 정보를 족집게처럼 알아내는 사람이다.

부정적인 정보와 긍정적인 정보 중 어느 것이 재미있을까? 당연히 부정적 정보가 재미있다. 그게 인간 속성이다. 대통령 부부가 금슬이 좋다는 이야기에는 관심을 보이지 않지만, 대통령이 탤런트 모 씨와 염문이 났다는 이야기에는 귀를 쫑긋 세운다.

목표가 분명한 사람에게도 부정적인 정보는 들어온다. 하지만 오래 머물지 못한다. 할 일이 많기 때문이다. 목표를 달성하기 위해 학원도 다녀야 하고, 책도 읽어야 하고, 그 방면에서 일하는 사람을 만나 이야기도 들어야 하고…. 그렇기 때문에 부정적 바이러스가 들어오더라도 금방 사라진다. 목표를 명확히 하고 이를 늘 명심하고 있다는 사실이 사람을 보호한다.

넷째, 자원을 집중하게 한다. 재능과 성공은 어떤 관계일까? 뛰어난 재능을 가졌지만 별 볼일 없이 사는 사람이 수두룩하다. 못하는 것이 없는 팔방미인이 평범하게 사는 경우도 드물지 않다. 목표를 중심으로 자원을 한 곳에 집중하지 못했기 때문이다.

성공은 시간, 돈, 자원을 집중할 때 찾아온다. 선택과 집중의 결과다. 이것도 해보고 저것도 해보다가 안 되면 음식점도 해보고, 친구 따라 강남 가는 식으로 해서는 아무리 재능이 있어도 성공하기 어렵다. 좌고우면하지 말고 한 곳에 집중해야 한다. 목표가 그것을 가능하게 해준다. 영국의 역사가 토머스 칼라일의 말처럼 "목표가 있으면 거친 길에서도 앞으로 나아갈 수 있다. 목표가 없다면 탄탄대로에서도 앞으로 나아갈 수 없다."

성공에는 2가지만 있으면 된다

성공이 난로라면 목표는 연료와 같다. 난로를 뜨겁게 달구기 위해서 꾸준히 연료를 공급해야 하는 것처럼, 성공을 위해서는 명확하게 목표를 설정하고 그것을 기필코 달성하겠다는 강한 의지를 갖고 꾸준히 집중해야 한다.

뮤지컬 〈명성황후〉를 만든 윤호진 감독은 남들이 다 황당하다고 생각한 뉴욕 진출에 성공했다. 꿈이 없었다면 결코 이루어지지 않았을 것이다. 그의 이야기다.

"꿈꾸는 데 돈이 듭니까? 못 꿀 이유가 없잖아요. 제가 갖고 있는 꿈에 대해 자꾸 말을 합니다. 링컨 센터에서의 공연도 그랬습니다. 주변 사람들에게 계속 이야기를 하면 나도 모르게 세뇌가 되고, 그 약속을 지키기 위해 무언가 하게 됩니다. 조그만 나라 한국에서 만든 뮤지컬이 뉴욕 한가운데서 성공적으로 공연되리라고 믿은 사람은 아무도 없었지만 결국 이루어졌잖아요."

그는 직원들에게도 그런 식으로 세뇌를 시켰다고 고백한다. "뉴욕 공연에는 10억 이상의 자금이 예상되었지만 한 푼도 걷히지 않았습니다. 당연히 여기저기서 수군대는 소리가 들렸지요. 비행기삯도 없는데 어떻게 미국엘 가느냐는 질문도 나왔어요. 그때 제가 이렇게 대답했습니다. 뗏목이라도 타고 갈 테니 걱정하지 말라고."

목적의식이 강한 사람이 항상 이긴다. 유명한 석유 부호 해럴드슨 헌트는 아칸소에서 목화를 재배하다 파산했지만 훗날 수십억 달러의 엄청난 돈을 벌어 큰 부자가 되었다. 그에게 성공의 비결을 묻자 그는 이렇게 대답했다.

"2가지만 있으면 됩니다. 자기가 원하는 게 뭔지 명확히 결정하는 것입니다. 대다수 사람들은 늘 어정쩡하지요. 둘째, 그것을 얻기 위해 지불해야 할 대가를 정하고, 그 대가를 지불하겠다고 결심하는 것입니다."

너무 간단해서 어이가 없다. 하지만 사람들은 이 간단한 원칙을 무시하면서 산다. 표적을 아는 자만이 그것을 맞출 수 있고, 꿈꾸는 자만이 그것을 이룰 수 있다. 목표를 갖고 그것에 대해 생각하고 이야기하면 필요한 자원과 기회가 나타날 것이다. 반대로 목표가 없으면 변명거리를 찾기 위해 애쓰게 될 것이다.

체크리스트

- 목표가 가진 힘에 대해 어떻게 생각하는가?
- 실제 그런 경험을 한 적이 있는가?
- 현재 자신의 목표를 설정하고 거기에 자원을 집중하고 있는가?

좋은 목표의 조건

실현되는 목표가 있고 물거품으로 끝나는 목표가 있다. 목표 자체에 문제가 있는 경우가 많다. 애초에 달성하기 어려운 목표를 잡은 것이다. 달성 가능성이 높은 '좋은 목표'란 어떤 것일까?

첫째, 목표와 가치가 일치해야 한다. 봉사라는 가치를 추구하는 사람은 회사 CEO보다 사회복지사를 목표로 삼는 것이 좋다. 아울러 잘하는 분야를 목표로 설정해야 한다. 그래야 성과를 낼 수 있다. 현실을 무시하거나 부정하기보다 현재 있는 곳에서, 현재 갖고 있는 것을 이용해서 할 수 있는 일을 하는 것이 바람직하다.

둘째, 담대해야 한다. 쉽게 이룰 수 있는 목표는 굳이 복잡한 프로세스가 없어도 된다. "가장 큰 위험은 목표가 너무 커서 달성 못하는 것이 아니라, 목표가 너무 낮아 너무 쉽게 도달한다는 데 있다"고 미켈란젤로는 말했다. 목표를 높게 설정하고 그 목표를 위해 열정적으로 일하는 것이 불변의 성공법칙이다. 높이 나는 새가 멀리 난다. 목표가 없는 것보다는 목표가 있는 것이 낫고, 낮은 목표보다는 높은 목표가 좋다.

셋째, SMART해야 한다. 구체적이고Specific, 측정할 수 있고Measurable, 성취할 수 있고Achievable, 결과 지향적이고Result-oriented, 완료시한을 정해야Time-bound 한다.

목표는 구체적이어야 한다. 훌륭한 사람이 되겠다는 목표는 허황하다. 최고의 세일즈맨이 되겠다는 것도 그렇다. 올해 5억의 돈을 벌겠다, 글을 100편 쓰겠다, 고객을 몇 명으로 늘리겠다, 학술지에 논문을 몇 편 내겠다 하는 식으로 구체적이어야 한다.

측정 가능해야 한다. 측정할 수 있어야 개선할 수 있다. 반대로 측정할 수 없으면 개선할 수 없다. 볼링을 칠 때 커튼을 치고 하면 재미가 없다. 볼링이 재미있는 이유는 매번 자신이 쓰러뜨린 핀의 숫자를 알 수 있기 때문이다. 운동도 마찬가지다. 그저 30분씩 열심히 걸으면 살이 빠지겠지 하기보다 매일 내가 얼마나 걸었는지를 알고 그것을 기록한다면 훨씬 할 맛이 난다. 일주일에 글을 몇 편 쓰겠다는 구체적인 목표를 가지고 그것을 측정할 수 있어야 한다.

성취 가능해야 한다. 목표는 크게 잡는 것이 좋지만 허무맹랑해서는 곤란하다. 구구단도 모르는 사람이 단기간에 미적분을 마스터하겠다는 것은 현실적이지 않다. "하늘의 별을 계속 바라보되, 발은 늘 땅에 딛고 서야 한다는 사실을 잊어서는 안 된다." 제26대 미국 대통령 시어도어 루스벨트의 말이다.

결과가 있어야 의미도 있다

결과 지향적이어야 한다. 리더는 성과로 평가받는다. 아무리 의도가 좋고 과정이 멋져도 결과가 없으면 헛일이다. 영업과 마케팅은 더욱 그러하다. 하루 수십 명의 사람을 만나고 홍보자료를 여기저기 뿌린다 해도 그것이 결과로 나타나야 의미가 있다.

데드라인도 있어야 한다. 언제까지 어느 신문에 글을 올리겠다는 식으로 시한을 정해놓아야 한다. 언젠가는 되겠지 하며 마냥 늘어지는 목표는 의미가 없다.

넷째, 균형이 중요하다. 가정과 조직생활 간의 균형, 육체와 정신과 지식의 균형, 외적 성장과 영적 생활의 균형 등이 그것이다. 또 장기 목표와 단기 목표 간의 균형, 유형적인 것과 무형적인 것의 균형, 질적인 것과 양적인 것 사이의 균형도 동시에 추구해야 한다.

다섯째, 한 가지 목표만 세우지 말고 쉽게 실망하지 마라. 목표를 세웠다고 반드시 달성되는 것은 아니다. 곳곳에 통행금지 구역이나 우회로가 있기 때문이다. 하지만 길이 불편하다고 해서 목표 달성에 문제가 되는 것은 아니다. 다만 시간이 좀 더 걸릴 뿐이다. 이럴 때를 대비한 분산투자가 필요하다. 경제적인 것, 육체적인 것, 가정적인 것… 이렇게 포트폴리오를 만들어놓으면 그중 한 가지는 이루어질 가능성이 높다. 하나의 목표가 이루어지지 않더라도 다른 목표가 이루어질 가능성이 있으므로 실망하지 않게 된다. 목표마다 숙성기간이 다르기 때문에 여러 목표를 가질 필요가 있다.

세상에는 세 종류의 사람이 있다. 죽을 때까지 자신이 무엇을 좋아하는지 모르는 사람, 자신이 무엇을 좋아하는지는 알고 있지만 그것을 못 해보고 죽는 사람, 자신이 좋아하는 일을 찾아내고 이를 직업적 성과와 연결시키는 사람이다. 첫째 부류가 제일 많다. 셋째 부류는 소수에 불과한데, 하나같이 좋은 목표를 가지고 시작했다는 특징이 있다. 좋은 목표가 성공의 반이다.

조직에는 어떤 목표가 좋을까

개인과 마찬가지로 조직에도 좋은 목표 설정은 불가결하다. 목표를 세울 때 리더가 반드시 지켜야 할 것이 있다.

첫째, 조직의 목표와 연계되어야 한다. 자기 팀에는 좋지만 전체 이익에 도움이 안 된다면 좋은 목표라고 할 수 없다.

둘째, 측정할 수 있고 검증할 수 있어야 한다.

셋째, 단순하고 명확해야 한다.

넷째, 상호 합의가 되어야 한다. 일방적으로 내려온 목표에 만족할 사람은 없다.

다섯째, 정량적이고 동시에 정성적이어야 한다. 조직의 목표에는 정량적으로 하기 어려운 부분이 있다. 이를 어떻게 평가할 것인가를 사전에 합의해야 한다.

여섯째, 팀원의 목표 혹은 경력과 연계되어야 한다. 지금 하는 일이 자신의 경력에 도움이 된다고 생각하면 동기부여가 될 수 있다

일곱째, 주기적으로 검토하고 개선해야 한다.

- 현재 세운 목표가 좋은 목표일까?
- 새롭게 좋은 목표를 세우기 위해 보완할 필요가 있는 것은?
- 조직의 목표는 어떤가? 좋은 목표가 되기 위해 필요한 것은?

희미해진 나의 목표를 찾아서

목표를 찾는 것은 쉬운 일이 아니다. 많은 시간과 노력이 필요하다. 구체적으로 어떤 과정이 필요할까? 다음의 질문을 던져보면 도움이 될 것이다.

> 내 삶에서 가장 중요한 가치를 지닌 5가지는 무엇인가?
> 인생의 목표 3가지는?
> 앞으로 6개월밖에 살 수 없다면 어떤 일을 하고 어떻게 시간을 보내겠는가?
> 복권에 당첨이 되어 어마어마한 돈을 받게 되었다면 어떻게 하겠는가?
> 오랫동안 해보고 싶었지만 두려움 때문에 시도해보지 못했던 일은 무엇

인가?
> 가장 좋아하는 일은 무엇인가?
> 내게 가장 커다란 자부심과 만족감을 주는 것은 무엇인가?
> 절대로 실패하지 않는다는 가정하에 꼭 하고 싶은 일은 무엇인가?

결론은 내가 어떤 사람이고, 무엇을 좋아하고, 어디에 가치를 두고, 어떤 재능을 가졌는지를 찾아내는 것이다. 결코 쉽지 않다. 하지만 이를 알고 목표를 세우고 직업과 연계할 수 있다면 그 자체로 성공한 인생이다.

다양한 경험

살면서 쉽게 실망하는 이유는 무엇일까? 막연히 기대했던 것과 현실이 너무 다르기 때문이다. 사람들은 작은 물건을 살 때도 꼼꼼히 살펴보고 따져본다. 그런데 삶을 좌지우지할 수 있는 중요한 결정은 너무도 쉽게 한다. 문과냐 이과냐, 의대를 갈 것이냐 법대를 갈 것이냐, 대학 졸업 후 어느 직장을 들어갈 것이냐를 놓고는 충분히 알아보고 숙고하지 않는다. 직장생활이 어떤 것인지, 사업을 한다는 것은 구체적으로 어떤 의미인지를 모른 채 결정한다.

다양한 경험을 쌓아야 한다. 경험만큼 좋은 선생이 없다. 이것저것 경험하다 보면 느낌이 온다. '필이 꽂히는' 직업이 나타날 수도 있다. 저런 사람처럼 살아야지, 저렇게 살지는 말아야지, 저런 직업은 나와는 맞지 않는구나 하는 생각도 할 수 있다. 그런 과정을 거치면서 목표를 찾는 것이다.

자극이 없으면 퇴화한다

서울대학이 왜 좋다고 생각하는가? 지명도가 높아서? 실력파 교수가 많아서? 졸업생들이 훌륭해서? 무엇보다 좋은 학생이 많기 때문이다. 우수한 선후배와 동기들을 보면서 자극을 받기 때문에 좋은 학교인 것이다. 친구도 생산적인 자극을 받을 수 있는 친구가 좋다. 긍정적인 자극을 받을 수 있는 직장이 좋은 직장이다.

대학을 마친 후 엘지화학연구소에 입사했을 때 나는 그곳의 환경에 충격을 받았다. 다들 최소한 석사학위는 갖고 있었다. 학사 출신이 거의 없다 보니 천연기념물이라고 놀림을 받았다. 학사학위만 가지고는 생존이 불가능했다. 학문에 별다른 욕심이 없었던 내가 공부를 결심한 것도 그 직장이 내게 준 자극 때문이다. 만약 첫 직장이 아무 자극이 없는 곳이었다면 나는 그저 남들처럼 평범하게 직장생활을 했을 것이다.

자극이 없는 편안한 환경은 현재는 좋아 보여도 장기적으로는 좋지 않다. 별다른 자극이 없고 하루하루가 편안하다면 미래에는 힘들어질 것이다. 편안함은 사람을 잠들게 한다. 그런 사람에게 목표에 대한 이야기는 귀찮게 들릴 뿐이다.

성공한 사람과의 만남

누구나 부자가 되고 싶어 한다. 하지만 정작 어떻게 부자가 되는지에 대해서는 알려고 하지 않는다. 부자가 되기 위해서는 부자에게 밥을 사면서 어떻게 부자가 되었는지를 물어야 한다. 직접 만나기 어려우면 책이라도 읽어야 한다. 그러면 깨닫는 바가 있다.

나는 《한국의 부자들》이라는 책을 보면서 많은 부자를 만났다. 부자는 나와는 너무 거리가 먼 사람이라고 생각하고 아예 엄두를 내지 못했는데, 이 책에 나온 부자들은 대부분 평범한 사람들이었다. 물론 확실한 공통점이 있었다. 명확한 목표를 세웠다, 버는 것의 반 이상은 저축했다, 불필요한 곳에 돈을 쓰지 않았다, 위험을 무릅쓰고 과감하게 투자했다…. 나는 큰 부자가 되겠다는 목표를 세운 적이 없었다. 그저 경제적으로 자유로웠으면 좋겠다는 정도의 목표를 갖고 있었는데, 이 책을 보고 나서 나도 한번 큰 부자가 되어볼까 하는 생각을 품게 되었다. 이처럼 각 분야에서 성공한 사람을 직간접적으로 만나보는 것도 목표를 찾는 데 도움이 된다.

혼자만의 시간을 가져라

남이 세운 목표는 이룰 수 없다. 남의 눈에 그럴듯한 목표는 절대 이루어지지 않는다. 이루어지더라도 행복감보다는 이것이 아닌데 하는 생각이 들게 된다. 자신이 싫어하는 분야에서 우연히 성공을 거둔 사람 중에 그런 생각을 가진 이들이 많다. 원래부터 이루고 싶은 목표가 아니었기 때문이다.

목표는 누구한테 위임해서도 안 되고, 그럴 수 있는 것도 아니다. 무슨 일이 있어도 스스로 찾아내야만 한다. 그러기 위해서는 혼자만의 조용한 시간을 가져야 한다. 스스로에게 질문하고 생각하는 법을 배워야 한다. 나는 누구인가? 지금의 삶이 내가 진정으로 원하는 삶인가? 만일 아니라면 내가 원하는 삶은 어떤 삶인가? 새벽에 일어나 이런 시간을 가질 수도 있고, 사우나에서 땀을 흘리며 물어볼 수도 있고, 산에 올라 이런 시간을 가질 수도 있다.

체크리스트

☐ 그동안 목표를 찾기 위해 어떤 노력을 했는가?
☐ 위의 방법 중 이미 사용해서 효과를 본 적이 있는가?
☐ 그 외에 다른 방법을 통해 목표를 찾은 경험이 있는가?

쓰고, 그리고, 쪼개고, 헌신하라

다양한 경험을 하고, 자극을 받고, 성공한 사람을 만나고, 깊이 숨어 있는 자신과 만나면서 무엇을 느꼈는가? 가슴속에서 꿈틀거리며 올라오는 그 무엇이 있었는가? 머릿속에 이렇게 살아야겠다는 상이 떠오르는가? 형상화가 되는가?

그렇다면 이제 목표 설정을 위한 여러 가지 접근방법을 사용해보자. 우선 개인의 목표 설정에 대해 알아보자.

개인의 목표 세우기

군에 있을 때의 일이다. 군기가 바짝 들어 긴장해 있는데 고참 한 분이 내게 다가와 다정하게 물었다. "성공적으로 군대생활을 하고 싶은가?" 그렇다고 대답하자 그는 2가지만 하면 된다고 말했다. "하고 싶은 일을 하지 말고, 하기 싫은 일도 참고 하라"는 것이었다. 그렇게 3년을 지냈다. 군대같이 통제된 사회에서는 당연한 일이지만, 그것은 진정한 삶이 아니다.

사회에 기여하면서 하고 싶은 일을 하는 것이 사람들의 소망이다. 문제는 그 욕구를 찾아내기가 쉽지 않다는 것이다. 워크숍을 통해 만나는 사람에게 무엇을 하고 싶으냐는 질문을 하면 여행을 하고 싶다, 골프나 치면서 살고 싶다, 돈만 있으면 그저 놀면서 지내고 싶다는 이야기를 한다. 하지만 그것은 진정한 욕구가 아니다. 그것은 누구나 갖고 있는 본능일 뿐이다. 자신의 진정한 욕구를 알아야 한다.

듣고 싶은 이야기를 정리한다

하나의 역할만 부여받은 존재는 어린아이뿐이다. 성인은 누구나 여러 역할을 부여받고 그 사이에서 균형을 이루어 역할을 수행한다.

목표 설정을 위해 역할별로 듣고 싶은 이야기를 정리해보라. 아버지나 어머니로서의 역할, 자식으로서의 역할, 팀장으로서의 역할, 공동체의 일원으로서의 역할, 친구로서의 역할… 자신의 여러 역할에 대해 듣고 싶은 이야기를 정리하다 보면 목표에 대한 상을 떠올릴 수 있다.

롤모델을 세운다

모든 일은 생각하는 대로 이루어진다. '욕하면서 닮는다'는 말도 있다. 저렇게는 하지 말아야지 하면서도 보고 배운 게 그것이라면 그렇게 될 개연성이 있다. 그러므로 어떤 종류의 사람이 될 것인지, 절대 되지 말아야 할 인물은 누군지 늘 기억하고 행동하는 것이 필요하다.

현재 내가 벤치마킹하는 인물은 스티븐 코비와 피터 드러커다. 스티븐 코비는 《성공하는 사람들의 7가지 습관》으로 유명한 인물인데, 개인의 성공에 대해 탁월한 식견을 가졌다. 피터 드러커는 조직의 성공에 대해 탁월하다. 내가 하고 싶은 일은 그것을 종합하는 것이다. 개인의 성공을 우선하고 그것을 기반으로 조직의 성공을 이끌어내는 것이다. 그래서 그들이 지은 책은 모두 읽었고 워크숍에도 대부분 참석했다. 아직 부족하지만 언젠가는 비슷하게라도 되길 늘 기원한다.

종이에 쓴다

머릿속에 세운 목표는 힘이 없다. 목표는 글로 써야 한다. 그리고 수시로 들여다보아야 한다. 그래야 힘이 생긴다. 반복해서 스스로에게 약속해야 뇌가 기억한다.

생각만 하고 있는 꿈은 꿈이 아니다. 혼자만 알고 있고 혼자서 가끔 꺼내보는 꿈은 이루어지기 어렵다. 글로 쓰지 않은 목표는 아무 데나 뿌려진 씨앗과 같다. 열매를 맺기 위해서는 씨앗을 부드럽고 좋은 땅에 뿌려야 한다. 그리고 관리해야 한다. 수첩에 반드시 기록하는 것이야말로 꿈을 이루기 위한 필요조건이다.

머릿속으로 시각화한다

영화배우이자 캘리포니아 주지사를 지낸 아놀드 슈왈제네거는 모든 것이 마음먹기에 달려 있다는 말을 자주 한다. 그가 한 말이다.

"어렸을 때부터 저는 원하는 것은 가질 수 있다고 믿었습니다. 한 번도 의심해본 적이 없습니다. 마음의 힘은 엄청나지요. 처음 참가한 미스터유니버스대회에서는 저는 마치 우승자가 된 것처럼 대회장을 걸어다녔습니다. 마음속으로 이미 수없이 우승 장면을 그려놓았기 때문에 제가 우승하리라는 것을 알고 있었습니다. 영화배우로 진로를 바꾸었을 때도 마찬가지였습니다. 똑같은 방법으로 성공한 영화배우의 모습을 마음속으로 생생하게 그리곤 했습니다. 성공을 느끼고 감지할 수 있으면 모든 것이 현실에서 이루어지리라는 것을 알고 있었습니다."

이것이 시각화다. 무슨 일을 하든지 머릿속으로 생생하게 그려보는 것이 필요하다. 목표를 세운다는 것은 집을 짓기 전에 설계도를 그리는 것과 같다. 설계도 없이도 집을 지을 수는 있다. 하지만 많은 시행착오와 비용이 수반될 것이다. 목표를 이룬 후의 모습을 늘 머릿속으로 그려보라.

또 "제 비전은 이것입니다"라고 늘 이야기할 수 있어야 한다. 사람들이 당신의 비전을 기억하게 되고, 그러다 보면 당신을 도와줄 귀인도 나타나고, 기회도 생길 것이다.

목표를 쪼개어 하나씩 실천한다

베스트셀러작가가 되는 게 꿈인 사람이 있다. 하지만 그런 일은 절대 하루아침에 일어나지 않는다. 처음에는 일기를 쓰고, 다음에는 사보에 글을 실어보고, 그것을 엮어서 주변 사람들에게 돌리고, 신문 독자란에 투고도 하고, 이런 과정을 거치면서 성장하여 결국 꿈을 이루게 된다. 또 대강의 데드라인을 정해야 한다. 데드라인이 없는 목표는 이루기 힘들다. 목표란 한계가 그어진 꿈이다.

목표 설정보다 중요한 것은 이를 실천하는 것이다. 처음부터 무리하게 실천하는 것보다 작은 성공을 경험하는 것이 좋다. 담배를 끊는 데도 두 번 다시 담배를 피우지 않겠다고 결심하는 것보다 1시간만 담배를 피우지 않겠다고 결의하는 것이 효과적이다. 그런 다음 2시간, 5시간, 하루, 이런 식으로 금연시간을 점점 늘려나가면 효과적이다.

성공은 한꺼번에 얻어지지 않는다. 갑자기 성공을 거둔 것처럼 보이는 사람도 있지만 자세히 살펴보면 많은 기초작업이 선행되었다는 사실을 알 수 있다. 훌륭한 빌딩도 보잘것없는 돌 한 조각 한 조각으로 만들어진 것처럼, 성공한 인생 또한 차곡차곡 쌓아올려진다. 우리가 할 일은 사소해 보이는 목표를 하나씩 실천하는 것이다. 그러면서 늘 이 질문을 던져야 한다. '이 일은 내가 목표하는 곳으로 나를 데려다주는 데 도움이 되는가?'

지금 내가 어디에 서 있는가를 아는 것도 목표 설정을 위해 중요하다. 목표로 가는 길을 안내하는 지도가 있다 해도 현재 위치를 모른다면 어떻게 되겠는가.

조직의 목표 세우기

조직을 이끄는 리더라면 응당 조직의 목표 설정을 명확히 할 수 있어야 한다. 이를 잘 전달해 조직의 목표를 개인의 목표로 전환하게 만들 수 있어야 한다.

조직의 목표는 '왜 우리 조직이 존재하는가?'라는 근본 질문에서 출발한다. 다음 질문은 '우리 고객은 누구인가, 그들은 우리에게 무엇을 원하는가, 우리가 거기에 어떻게 기여할 수 있는가?'이다. 이를 바탕으로 조직의 목표를 설정해야 한다. 전체 프로세스는 개인의 목표 설정과 비슷하지만 차이점이 하나 있다. 목표 설정의 과정이다. 개인 목표는 혼자서 생각하면 되지만 조직 목표는 다 같이 참여해야 한다. 누군가가 일방적으로 정한 목표는 조직에서 힘을 발휘하지 못한다. 구성원들이 자기 것으로 생각하지 않기 때문이다. 내용보다 중요한 것이 전 구성원이 참여하는 과정이다. 참여해야 헌신한다. 참여 없이 헌신 없다.

"효과적인 사명은 가능과 불가능 사이에서 흔들리지 않도록 중심을 잡아준다. (…) 가치는 사명을 완수하는 방법이며 승리라는 목적을 이루기 위한 수단이다. (…) 승리를 위한 명제로서 사명과 가치가 진정으로 함께 작용하려면 상호보완적이 되어야 한다. 하지만 무엇보다 사명과 가치를 이루기 위해서는 오랜 시간과 엄청난 헌신이 필요하다."

잭 웰치의 말이다.

목표의 공유

목표를 설정한 다음에는 이를 구성원들에게 전달하여 공유해야 한다. 리더가 아무리 사람이 좋고 인간적이어도 목표에 대한 구성원들의 공감을 이끌어내지 못하면 옆집 아저씨와 다를 것이 없다.

리더는 전체를 보고 자기 조직의 역할을 생각하는 존재다. 목표를 공유할 때도 리더는 전체 그림을 설명하고 그 안에서 각자의 역할을 설명해야 한다. 회사 목표와 팀 목표, 그리고 개인의 목표를 연계하여 설득력 있게 전달해야 한다. 그래야 구성원들이 상황을 이해하고, 비로소 자신의 역할에 대해 자부심을 느낀다.

가고자 하는 방향이 명확하면 속도가 느려도 언젠가는 도착한다. 반대로 가고자 하는 방향이 모호하면 아무리 열심히 움직여도 별 의미가 없다. 그런 면에서 개인의 목표와 조직의 목표가 무엇인가를 한 시도 잊지 말고 챙겨야 한다.

체크리스트

- 내가 하는 일과 비전에 대해 간결하고 분명하게 설명할 수 있는가?
- 나의 목표와 역할에 대해 명확하게 이해하고 있는가? 그렇지 않다면 이유는 무엇인가?
- 목표를 설정하고 달성하는 데 가장 중요한 요소는 무엇이라고 생각하는가?

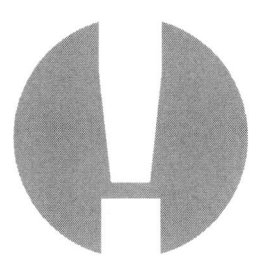

7장 인재는 있다!
채용·평가·배치의 정석

왜 인재를 알아보지 못하는가

회사의 조직표를 보면 그 회사를 어느 정도 파악할 수 있다. 전기전자 회사 지멘스의 경우는 CEO와 CFO가 거의 동격이다. 이들은 자신의 경영에 '4개의 눈 원칙four-eyes principle'을 적용한다. 2개의 눈보다 4개의 눈으로 경영할 때 견제와 균형이 적절히 이루어지기 때문에 훨씬 안전하다는 것이다. 여기서 무엇보다 CFO가 막강하다는 것을 느낄 수 있다. 교보생명에는 CHRO라는 직위가 있다. HR의 중요성을 인지하고 취한 조치다. 요즈음 CHRO를 두는 회사가 늘고 있는 추세다.

인사의 시작은 채용이다. 사실 채용이 전부라 할 수 있다. 배우자를 대충 고르는 사람은 없다. 대충 고른 후 교육시키고 동기부여해보았자 효율은 떨어진다. 자격 있는 사람을 고르는 것이 가장 중요하다. 사장의 사람보는 안목이 중요할 수밖에 없다.

단체경기를 좋아하고 잘하는 사람을 뽑는 사장이 있다. 축구나 농구 같은 단체경기를 하다 보면 자신도 모르는 사이에 리더십이 길러진다는 것이다. 혼자 개인플레이를 하는 것보다 팀워크를 이루어 일하는 것이 유리하다는 사실을 저절로 알게 되기 때문이다. 그래서 성공한 CEO 중에 운동을 잘하는 사람이 많다. 잭 웰치는 미식축구와 아이스하키 선수였고, 한때는 프로 진출을 심각하게 고려할 정도였다.

엘지화학기술연구원의 유진녕 원장도 그렇다. 그의 이야기다. "연구소에는 석·박사 학위 소지자가 많습니다. 그들은 자기만의 전문 분야가 분명하기 때문에 고집이 센 경향이 있지요. 그렇지만 연구개발이야말로 팀워크가 있어야 성공할 수 있습니다. 그래서 저는 늘 어떻게 하면 팀워크가 좋은 사람을 채용할 수 있을까 고민했는데, 대체로 단체경기를 좋아하는 사람이 성격이 원만한 경향이 있더군요. 물론 제가 축구 같은 경기를 좋아하는 것도 이유지만요."

서린바이오사이언스 황을문 회장은 신입사원 채용기준 중 하나로 '만기적금을 타본 경험이 있는 사람'을 꼽는다. "만기적금을 탔다는 것은 여러 가지를 시사합니다. 생각보다 그런 사람 많지 않습니다. 그것은 성실성, 근면성과 인내 등을 이야기합니다. 다른 말이 필요 없지요."

광어, 도다리, 잡어

조직에서 일하는 사람들은 다른 사람들이 출세하거나 좋은 대우를 받는 것을 보면 그 사람의 행동을 그대로 본받으려는 경향이 있다. 당연한 일이다. 만일 아무런 성과도 올리지 못하는 아첨꾼이나 잔꾀 많은 사람이 승진을 한다면 그 조직은 곧 그런 아첨꾼이나 잔꾀 많은 사람들의 세상이 되고 말 것이다. 공정한 인사를 위해 최선의 노력을 기울이지 않는 경영자는 조직의 성과에 해를 끼치는 것 이상의 잘못을 저지르고 있는 것이다. 그들은 구성원들의 조직에 대한 경외심을 훼손시키고 있는 것이기 때문이다.

모 회사는 학연이 세기로 유명하다. 실제로 요직을 독점하고 있는 사람들은 K고교와 Y대학 출신들이다. 따라서 그 회사 직원들은 이렇게 농담조로 자조한다. "K고교에 Y대학까지 나오면 광어구요, 둘 중에 하나를 나오면 도다리구요, 이도 저도 아닌 저 같은 사람은 잡어입니다." 농담을 하면서 사람들은 마음속으로 생각하고 있을 것이다. '지금이야 먹고사느라 이 회사에 다니지만 기회만 오면 뛰쳐나가고 말리라. 실력으로 평가받는 그런 회사에 가서 실력으로 승부하리라.' 인사담당자는 절대 그런 일이 없다고 공언하지만 직원들은 이미 본능적으로 알고 있다.

이런 회사의 가장 큰 문제점은 아무도 일을 하지 않는다는 것이다. 우선 잡어부터 일을 하지 않는다. 아무리 일해도 절대 임원이 될 수 없기 때문이다. 광어 또한 일을 하지 않는다. 일을 안 해도 임원은 떼 논 당상이기 때문이다. 그러니 무슨 수로 회사가 경쟁력을 갖겠는가.

기업의 영속성이 문제되는 것은 수많은 위험요소 때문이다. 그중의 하나가 바로 사람으로 인한 위험 내지는 공백이다. 준비되지 않은 사람이 영향력이 큰 위치에 오르는 것만큼 위험한 일은 없다. 자격이 없는 사람이 팀장의 위치에 오르는 것도 마찬가지다. 인사의 원칙이 흔들리게 되기 때문이다. 따라서 기업은 정해놓은 원칙과 실제 현실이 일치하는지를 늘 꼼꼼히 점검해야 한다. 리더들이 직급에 따라 맡은 역할을 제대로 하고 있는지, 자리와 사람이 맞는지, 어느 부분이 막혀 있는지, 이를 뚫으려면 어떻게 해야 하는지를 생각해야 한다. 또 미래에 우리 조직을 이끌고 나갈 사람은 어떤 사람이어야 하는가, 이 사람을 어떻게 조기에 발굴하여 훈련시킬 것인지 고민해야 한다. 그것이 위험을 최소화하고 기업의 영속성을 높이는 길이다.

인재는 있다, 알아보는 눈이 없을 뿐

취직이 하늘의 별 따기라는 요즘에도 한쪽에서는 사람이 없다고 아우성이다. '쓸 만한 사람이 없다'는 하소연을 자주 듣는다. 왜 그럴까?

첫째, 적합한 자리와 사람을 매치시키는 일이 그만큼 어렵기 때문이다. 수백만 청춘남녀가 대로를 활보하지만 서른이 넘도록 짝을 찾지 못해 헤매는 노총각과 노처녀가 얼마나 많은가? 정말 사람이 없어서가 아니라, 기대에 부합하는 사람을 만난다는 것이 그만큼 쉽지 않은 탓이다.

둘째, 기대가 너무 큰 경우도 많다. 중소기업은 대개 처우 면에서 대기업과 큰 차이가 난다. 하지만 사장의 기대치는 하늘을 찌른다. "우선 관리 능력이 있어야 하고, 대인관계가 원만하고, 조직을 장악할 수 있어야 하고, 무엇보다 성과를 팍팍 내야 합니다. 그리고…" 이야기를 듣다 보면 그렇게 끝내주는 사람이 과연 그런 회사에 갈지 고개를 갸웃하게 된다.

셋째, 사람을 키울 생각을 하지 않기 때문이다. 적토마가 처음부터 명마였던 것은 아니었다. 야생의 거친 말을 백락이 알아보고 길들여 명마로 만든 것이다. 현재를 가지고 사람을 판단하는 것도 필요하지만, 그 사람의 성장 가능성을 보는 눈도 중요하다. 아울러 그를 체계적으로 성장시키는 것이 중요하다. 그것이 리더의 역할이고 그런 일을 잘하는 기업이 일류기업인 것이다. GE 출신을 시장에서 우대하는 것이 바로 그 때문이다. GE가 채용을 잘하고 여기에 리더십 파이프라인을 통해 제대로 사람을 성장 발전시킨다고 판단하기 때문이다.

고수는 눈이 밝은 사람이다. 한나라를 통일한 유방이 대표적이다. 그는 천하를 통일한 후 이렇게 말했다. "장막 안에서 계책을 세워 천리 밖에서 승리를 거두게 하는 데서 나는 장량만 못하다. 국가의 안녕을 도모하고 백성을 사랑하며 군대의 양식을 대주는 데서는 소하만 못하다. 백만대군을 이끌고 나아가 싸우면 이기고 공격하면 반드시 빼앗는 데서는 한신만 못하다. 하지만 나는 이들을 얻어 그들의 능력을 충분히 발휘하게 해주었다. 바로 이것이 내가 천하를 얻은 까닭이다."

인재가 없는 것이 아니라 인재를 알아볼 줄 아는 눈이 없는 것이 문제다. 제아무리 제갈공명이라도 삼고초려했던 유비가 없었다면 평생 초야에 묻혀 지냈을지도 모른다. 이처럼 인재보다 더 중요한 것은 인재를 알아보는 눈이다.

인재의 중요성을 모르는 사람은 없다. "나는 아무나 데려다 씁니다. 인재를 별로 중요하게 생각하지 않습니다"라고 이야기하는 사람은 없다. 중요한 것은 각론이고 실천이다. 어떻게 해야 좋은 사람을 채용할 수 있을까? 이제부터 그것을 알아보자.

체크리스트

☐ 내가 생각하는 채용기준은?

☐ 채용을 위해 하는 일은?

☐ 채용과 관련해 가장 고민하는 문제는?

먼저 좋은 회사를 만들어라

 모든 발전의 원동력은 사람이다. 산업 발전도 그렇다. 낙후되었던 영화산업이 발전하기 시작한 것은 어느 시점인가부터 인재들이 몰려들었기 때문이다. 섬유산업이 사양산업이라는 소리를 듣기 시작한 것도 그 근본은 인재들이 관심을 보이지 않던 시점과 때를 같이한다. 중소기업이 낙후 상태를 벗어나지 못했다면 그것은 인재들이 오지 않거나, 간혹 오는 인재들마저 얼마 못 가 회사를 그만두기 때문이다. 중소기업이 대기업으로 발전하고 싶다면 바로 인재난의 변곡점을 넘어서야 한다.
 1980년에 설립된 웅진그룹에도 그런 시기가 있었다. 윤석금 회장이 이렇게 고백한 적이 있다. "처음 5명으로 시작했습니다. 가장 큰 애로사항은 사람을 뽑는 것이었지요. 이름도 없고, 돈도 없고, 내세울 게 없는 회사에 누가 오겠습니까?" 하지만 어느 순간 그 변곡점을 넘어섰고, 지금은 좋은 인재를 유치하는 데 별 어려움이 없다.

좋은 인재는 뽑고 싶다고 뽑을 수 있는 것이 아니다. 좋은 인재일수록 자신이 원하는 곳에 가기 위해 여러 경로를 통해 많은 정보를 수집한다. 좋은 인재를 뽑기 위해서는 그 인재가 오고 싶은 생각이 들 정도로 좋은 회사를 만들지 않으면 안 된다. 그렇지 않을 경우 인재가 오지도 않지만, 설사 오더라도 곧 나가버린다.

월급 많은 회사가 좋은 회사?

좋은 회사란 어떤 회사인가? 성과급 없이 고속으로 성장하는 한 회사가 있다. 미국 최대 소프트웨어회사 SAS다. 이 회사는 개인별 성과급제를 철저히 무시한다. 1976년 이 회사를 세운 짐 굿나이트 회장은 설립 때부터 공정성과 형평성을 기업 이념으로 내걸었다. 개인 성과에 따른 보너스도 스톡옵션도 없다. 돈으로 일을 더 하게 만들지 않는다는 게 기본 원칙이다.

대신 가족 친화적 환경, 각종 교육기회와 복지혜택을 제공한다. 주당 35시간만 근무하면 된다. 아름다운 호수를 낀 조각공원과 바비큐 파티를 벌일 수 있는 시설이 환상적이다. 의사 2, 간호사 5, 물리치료사에 상담사까지 있고 모든 진료는 무료다. 교사 1명당 3명의 아이만 맡는 몬테소리 유아원과 유치원이 있다. 아기 있는 엄마들의 천국이다. 세탁서비스가 갖춰진 시설과 운동기구로 가득 찬 체육시설이 있다. 아이를 입양하는 직원에게는 지원도 해준다. 근무시간은 유연하다. 정말 환상적이다. 당연히 이직률은 낮다. 업계 평균이 20퍼센트인데, 이 회사는 4퍼센트다.

이 회사의 인사관리 목표는 노동비용 최소화가 아니라 이직률 줄이기다. 이유는 비즈니스모델 때문이다. 이 회사는 통계패키지 소프트웨어를 기업에 판 뒤 끊임없는 유료 업데이트를 통해 돈을 번다. 그렇기 때문에 소프트웨어 개발보다 사후 서비스와 고객관리가 더 중요하다. 그래서 이들은 직원 한 사람이 떠나면 그 손실이 돈으로 계산할 수 없을 정도라고 생각한다.

"경영자뿐 아니라 일반 직원들까지 모두 똑같이 즐겁게 일할 수 있는 회사를 만든다. 직장이란 즐거운 곳이어야 하고, 모든 직원들은 한 사람의 인격체로서 존중받아야 한다. 직원들은 최선을 다하겠다는 의지가 있는 사람들이다."

임원 전용 식당이나 주차공간이 따로 없다. 모두 개인 사무실을 갖고 있고 캐주얼 복장이다. 감독과 통제보다는 조언과 교육에 역점을 두고 있다. 17년 이상 인사문제를 총괄해온 데이비드 루소는 이렇게 말한다.

"최상의 제품을 생산하고 최상의 성과를 얻을 수 있는 방법은 실제 업무를 담당하는 직원 한 사람 한 사람이 긍지를 가지게 하는 것이다. 매일 오후 6시가 되면 가장 소중한 자산이 회사를 떠난다. 우리는 그들이 내일 오전 9시까지 무사히 돌아오기를 기대할 뿐이다. 이런 생각을 가지고 있다면 아무 문제가 없다. 회사가 직원들에게 최선을 다해주면 직원들은 최선을 다하기 마련이다. 경영방식이 중요한 게 아니라 왜 그런 방식을 택하게 되었느냐가 중요하다."

그렇다고 회사에서 무조건 직원 말을 들어주는 것은 아니다. 직원을 신뢰하고 존중해주면 직원들 역시 그에 맞게 행동하리라는 큰 가정을 전제하고 있는 것이다. 사람들은 기대대로 움직인다.

"예로부터 뛰어난 사람들은 돈이 있는 곳을 향했다. 오늘날에는 뛰어난 사람들이 있는 곳으로 돈이 찾아온다. 핵심 인재가 중요하다고 말은 하지만 최고경영층은 핵심 인재 확보, 양성, 활용에 적은 시간만을 투자하는 게 사실이다. 모든 경영자는 다음 글을 되새겨보아야 한다. '회사 자산 중 95퍼센트가 밤마다 회사 정문을 빠져나간다. CEO는 그들이 내일 다시 돌아오도록 해야 한다.'"

짐 굿나이트 회장의 말이다.

존중하는 회사는 강하다

법률회사 SWM도 흥미로운 회사다. 이 회사는 설립 때부터 신뢰, 책임, 그리고 유연성을 모토로 내걸었다. 변호사들에게 더 큰 책임과 유연성을 제공하겠다는 것이 골자다. 대형 로펌에서 옮긴 변호사는 이렇게 말한다.

"지난 4년간 아무도 내가 하루 몇 시간 동안 사무실에 있었는지 이야기하지 않았다. 대신 고객들에게 성실하라는 이야기만 끊임없이 들었다."

이 회사의 핵심 전략은 가격경쟁력이다. 유연한 근무시간 덕에 인건비가 대형 로펌보다 낮다. 시간제 변호사들은 대부분 정규직 변호사들보다 낮은 임금을 가져가기 때문이다. 그러나 자유시간이 많으므로 불만은 적다. 사무실 임대료도 줄일 수 있다. 또 다른 효과도 있다. 사무실에 있다면 보조원들이 했을 업무도 변호사가 직접 한다. 따라서 사무인력이 거의 없고 전문가만 모인, 작지만 강한 회사가 되었다. 복사부터 컨설팅까지 일인다역을 하면서 변호사들은 자연스레 비용을 절감하려 노력한다. 하지만 서비스 품질은 좋다.

이 회사는 유능하지만 개인시간을 위해 새로운 직장을 찾던 변호사들을 대거 채용했다. 신출내기 변호사를 뽑아 교육시키는 비용이 전혀 들지 않는다. 더 중요한 것은 변호사들의 다양성이다. 다양한 사건을 다루는 회사에서 이것은 큰 자산이다. 고객의 어려움을 가장 잘 이해하는 사람이 가장 좋은 상담을 해줄 수 있는 건 당연하다.

좋은 직장의 핵심은 존중심이다. 설혹 월급이 좀 적더라도 가치 있는 일을 하고 자신이 존중받는다는 느낌을 받으면 사람들은 기쁜 마음으로 일한다. 반대로 많은 월급에 다른 조건이 좋더라도 소속감도 없고, 시키는 일만 하고, 별다른 존중심을 느끼지 못한다면 사람들은 오래지 않아 그 조직을 떠날 것이다.

- 우리 조직은 좋은 조직인가 그렇지 않은 조직인가?
- 점차 인력수준이 높아지고 있는가?
- 우리 조직을 좋은 조직으로 만들기 위해 해야 할 3가지는 무엇인가?

문을 열면 강해진다

대한민국 기업들의 임원회의는 대부분 '남탕'이다. 여성은 눈을 씻고 봐도 보이지 않는다. 공개적으로 말은 안 하지만 "우리 회사는 여성을 차별합니다"라고 광고하는 것이나 다름없다. 수십 년간 공채 출신들로만 채워온 모 금융회사도 외부인들에게는 폐쇄적인 조직이다.

인사를 할 때 가장 피해야 할 것이 바로 폐쇄성이다. 폐쇄성의 가장 큰 폐해는 인재들이 들어오기 어렵고, 설혹 들어왔다 해도 버티기 힘들다는 것이다. 그런 면에서 볼 때 성공하는 조직은 대부분 개방적이다.

강남의 D학원은 일류대학 합격률이 높기로 유명하다. 재수생들이 이 학원에 들어가기 위해 밤을 새워 줄을 설 정도다. 학생들은 한결같이 이 학원의 강사들이 우수하다고 입에 침이 마르도록 자랑한다.

"명성에 걸맞게 우수한 선생님들이 포진하고 있습니다. 수시로 평가를 합니다. 아니다 싶은 선생님은 바로 나가고 새로운 선생님이 들어옵니다. 늘 학생들에게 학교 선생님 중에서 잘 가르치는 선생님이 누가 있는지 물어봅니다. 실력 있는 선생님에 대한 데이터를 모으고 있다가 결원이 생기면 스카우트의 손길을 내밉니다. 워낙 대우가 좋고 브랜드 파워가 높으니까 너도나도 오려고 합니다. 좋은 선생님을 모셔오고 그 선생님이 실력을 발휘할 수 있는 여건을 만드는 것이 이 학원의 비결 같습니다."

D학원의 성공비결은 명쾌하다. 우수한 선생이면 남녀 불문, 학벌 불문, 전공 불문하고 채용하고 끊임없이 평가하여 더욱 노력하게 만드는 것이다. 반면 경쟁학원인 A학원에 대해서는 평이 별로다. 원래는 더 유명한 학원이었는데 요즘은 명성이 땅에 떨어졌다. S대 출신에 해당 과목을 전공한 선생님만 채용한다는 원칙 때문이다. 이상한 채용기준이 학원을 폐쇄적으로 만들었다.

삼성전자나 현대차의 임원 프로필을 보면 놀랄 만한 사실이 있다. 일류가 아닌 대학이나 전문학교 출신들이 많기 때문이다. 간혹 고졸 출신 임원도 보인다. 직원들의 1차 목표는 임원이다. 이들 회사의 직원은 누구나 마음속에 '내가 일류 학교 출신은 아니지만 노력하면 임원이 될 수 있다'는 희망을 가질 수 있다. 누구에게나 기회의 문이 열려 있다는 사실만큼 희망적인 것은 없다. 인사의 개방성은 아무리 강조해도 지나치지 않다.

열린 조직의 적들

개방성의 적은 지연, 학연이다. 특정 지방이나 특정 학교 출신이 모여 있고, 그 사람들이 임원이나 주요 보직을 독식하고 있는 것은 다른 사람들에게는 재앙이다. 그들은 이렇게 광고하는 것이나 마찬가지다. "당신이 아무리 우수해도 당신의 출신성분으로는 우리 회사에서 출세하기 어렵습니다. 대충 일하다 적당히 그만두시기 바랍니다."

이런 회사가 성과를 낸다면 그것이 기적이다. 얼마 전 워크아웃에 들어간 모 기업이 대표적이다. 나는 수년 전부터 이 회사에는 희망이 없다는 사실을 주변 사람에게 이야기해왔다. 폐쇄성 때문이다. 오래전 이 기업 임원들을 대상으로 수차례 강의를 했다. 강의를 기회로 사람들을 만나다 보면 많은 정보가 들어온다. 휴식시간에 학교 선배라며 어느 분이 나를 찾아와 이런 이야기를 했다.

"난 외국에서 공부를 하고 별다른 정보 없이 이 회사 임원으로 스카우트되었어요. 그런데 알고 보니 너무 지방색이 강합니다. 전체 임원 중 그 지방 사람이 아닌 사람은 저를 비롯해 두세 명뿐이더군요. 주요 보직은 전부 그 지방 출신이 차지하고 있습니다. 자연히 표준어도 그 지방 사투리지요. 겉으로 드러나는 차별은 아직 없지만 늘 주눅이 듭니다. 이 회사에서 저는 한계를 느낍니다. 어떻게 해야 할까요?"

해줄 말이 없었다. 절이 싫으면 중이 떠나는 수밖에 더 있느냐고 말하고 싶었지만 초면에 할 말은 아니었다.

이 회사의 가장 큰 문제점은 폐쇄성이다. 사장이나 HR임원은 절대 그럴 일이 없다고 이야기할 것이고 실제 그럴 수도 있다. 하지만 사실보다 더 중요한 것은 직원들의 인식이다. 출신성분 때문에 승진에 한계가 있다고 인식하는 사람이 최선을 다하겠는가. 몰입하지 못할 것이고, 성과가 부진하여 승진에서 탈락해도 그것을 그대로 받아들이지 않을 것이다. 폐쇄성은 조직의 암이다.

종교도 때로는 개방성을 막을 수 있다. 강의를 다니다 보면 종교 냄새를 짙게 풍기는 회사가 있다. 현수막이나 액자가 걸린 곳도 있고, 행사 전에 기도회를 하는 경우도 있다. 모 기업에서 잘나가는 홍보임원을 하다 종교문제로 그만둔 사람으로부터 이런 이야기를 들은 적이 있다.

"처음 그 회사 사장과 이야기를 나눌 때부터 종교 색깔이 짙다는 것을 알 수 있었습니다. 저와 다른 종교였어요. 그 문제를 거론하자 사장님이 종교는 자유인데 무슨 상관이냐고 해서 일하게 되었습니다. 그런데 시간이 지나면서 주변 임원들이 은근히 제게 기도회에 참석할 것을 요구하더군요. 몇 번 거절하다 보니 너무 불편한 겁니다. 사장님도 맘에 들고 하는 일도 저하고 맞아서 참 좋은 직장이었는데, 너무 아깝더군요."

친인척이 문제가 되는 경우도 있다. 친인척문제는 쉽지 않은 어젠다이다. 정답이 없기 때문이다. 친인척 없이 투명하게 경영하는 것이 좋다는 것은 누구나 알고 있다. 하지만 현실적으로 한계가 있다. 중소기업의 경우 후계문제도 있고, 친인척이 가장 믿을 만하기 때문에 문제점을 알면서도 친인척을 채용한다. 외국의 글로벌기업도 친인척을 채용해 성공하는 경우가 많다. 문제는 친인척 채용 그 자체보다는 감이 안 되는 사람을 단순히 친인척이라는 이유로 주요 보직에 배치하는 것이다. 도저히 그 자리에 있어서는 안 되는 사람을 앉히는 것은 수많은 직원들의 사기를 꺾는 일이다.

천년 로마의 비결

잘나가는 조직은 개방적이다. 개방적이기 때문에 잘나간다. 개방성의 대표선수는 바로 로마다. 로마가 천년이나 유지한 것은 개방성 때문이다. 로마인들은 주요 보직을 독식하지 않았다. 정복한 부족의 유력자에게도 원로회 의석을 주어 지배계급으로 편입시켰다. 경쟁자의 역량을 사는 것이다. 정복을 통한 영토 확장이 로마의 하드웨어라면, 개방성으로 패배자를 동화시키는 정책은 소프트웨어였다. 뜻을 같이한다면 누구든 로마시민이 될 수 있었다.

"로마인은 다른 민족에게 배우기를 거부하는 오만 따위는 갖고 있지 않다. 좋다 싶으면 그것이 적의 것이라 해도 거부하기보다는 모방하는 쪽을 선택했다."

카이사르의 말이다. 로마는 심지어 피지배민족인 그리스의 신들까지 받아들였다. 반면 아테네는 그렇지 않았다. 아테네에서는 부모가 모두 아테네 사람이어야만 시민권을 부여했다. 아리스토텔레스조차 마케도니아 출신이라는 이유로 시민권 획득에 실패했다. 그리스는 호조건에도 불구하고 로마처럼 제국을 건설하지 못했다.

기업 M&A도 그 핵심은 개방성이다. 그런데 M&A의 성공률이 30퍼센트도 되지 않는다는 통계가 있다. 내가 생각하기에 가장 중요한 이유는, 기업을 사기는 했지만 사람들의 마음을 사지 못했기 때문이다.

인수한 기업은 2가지 태도를 취할 수 있다. 하나는 점령군처럼 행동하는 것이고, 또 다른 하나는 상대를 존중하면서 파트너로 인정하는 것이다. 어떤 태도를 취하느냐에 따라 결과는 천양지차다.

좋은 사례는 카길과 애그리퓨리나라는 두 글로벌기업이다. 2001년 카길이 애그리퓨리나를 인수했다. 그에 따라 카길코리아가 애그리퓨리나코리아를 인수해 카길애그리퓨리나라는 회사를 만들었다. 카길 본사는 애그리퓨리나코리아 임원을 그대로 유임시키는 한편 한국지사장으로 애그리퓨리나코리아 사장을 임명했다. 이유는 단순했다. 애그리퓨리나코리아가 한국에서 비즈니스를 매우 잘했기 때문에 교체할 이유가 없다는 것이었다. 다른 직원들도 공평한 대우를 받았음은 물론이다. 지금의 김기용 회장과 이보균 사장은 흡수된 기업 출신이다. 지금도 한국지사의 M&A는 본사에서도 가장 성공적인 사례로 손꼽는다고 한다.

여는 자만이 생존할 수 있다. 글로벌기업을 지향하면서 출신과 배경을 따지고 적과 동지를 구분한다면 어떤 꿈도 그냥 꿈으로 그칠 수밖에 없다. 경쟁력을 위해 합병한 회사들이 출신지를 따지고 성분을 따진다면 그 회사의 미래는 자명하다. 역사를 돌아보아도 어느 국가든 어떤 조직이든 다양성과 개방성이 조직의 경쟁력이자 승부처였다. 닫고 사는 자가 승리할 수는 없다. 여는 자만이 결국 생존에 성공할 것이다.

- □ 우리 조직 안에 외국인 임원, 여성 임원이 있는가?
- □ 경력사원이 우리 회사에 와서 임원이 될 가능성이 있는가?
- □ 회사 안에 특정 학교, 특정 지방 등의 인맥이 존재하는가?

도대체 어떤 인재를 원하는가

좋은 사람을 뽑는다는 것은 내가 뽑고자 하는 사람이 어떤 사람인지를 결정하는 데서 출발한다. 자기의 이상형이 명확하다 해도 적합한 사람을 찾기 어려운 법이다. 하물며 이상형을 모르는 상태에서 제대로 된 사람을 찾을 수 있겠는가. 일류기업은 저마다 바람직한 인재상을 갖고 있다.

메릴린치의 인재상
분석력과 이슈발굴 능력 등 탁월한 지적 능력이 우선이다. 조직과 개인을 감동시키고 열정을 심어주는 능력이 있어야 하며, 변화를 수용하고 준비하고 신속하게 대응하는 능력이 필요하다. 우수한 후배를 배출하고 뛰어난 리더를 양성하는 능력이 있어야 하며, 서비스업에 맞는 흡인력과 인간미를 갖추고 있어야 한다.

아메리칸 익스프레스의 인재상

비전을 개발하고 설득하는 능력, 글로벌 수준의 인력을 채용·개발·유지하는 능력, 고객을 최우선으로 생각하면서도 경쟁력을 유지하는 능력, 지속적으로 혁신활동을 수행하고 가시적 결과를 도출하는 능력, 조직 내 변화를 주도하는 능력, 끊임없는 자기개발 노력을 할 수 있는 능력을 갖추어야 한다.

소니의 인재상

우선 호기심이 강해야 한다. 다양한 분야에서 최고와 최신의 것을 알고 있어야 한다. 또 최신의 분야에서 나라면 어떻게 할 것인가에 대한 아이디어를 갖고 있어야 한다.

마무리에 집착할 수 있어야 한다. 그래야 상품 제작과 비즈니스에서 마지막까지 최선의 노력을 다할 수 있기 때문이다. 집착할 것과 유연하게 대응할 부분을 구분할 수 있는 사고의 탄력성이 있어야 하며, 낙관적이고 위험을 감수할 수 있는 용기를 가지고 있어야 한다.

인재상은 정해진 것이라기보다 만들어가는 것이다. 독일계 의료기기 회사의 한국 현지법인 비브라운코리아의 김해동 사장은 탁월한 리더십으로 한국지사장에서 아시아태평양 회장으로 발탁되었다. 그 역시 인사에 관해 일가견을 갖고 있다. 그가 생각하는 비브라운의 인재상은 첫째,

사람을 즐겁게 할 수 있는 사람, 둘째, 봉사함으로써 행복을 느끼는 사람, 셋째, 봉사하고 싶어 안달하는 사람, 넷째, 봉사하기 위해 태어난 사람이다. 실제로 이 회사에 가보면 대부분의 매니저가 인재상과 일치함을 느낄 수 있다. 김 회장이 만든 것이다.

김 회장은 관심의 리더십을 강조하는 경영자로도 유명하다. 모든 일에서 관심이 우선이라는 것이다. 남이 하라고 해서 하는 공부에서는 성과가 나지 않지만, 관심이 가는 분야의 공부는 하지 말라고 해도 할 수밖에 없다는 자신의 체험에서 얻은 생각이다. 그 자신도 학창 시절에는 공부에 별 관심이 없었는데, 오퍼상을 하면서 학습의 필요성을 절감했다. 고객에게 팔기 위해서는 자신이 팔 물건에 대해 속속들이 알아야만 한다는 사실을 깨달은 것이다. 업무에 관심을 가지면 참여하게 되고, 참여하면 몰입하게 되고 경쟁력이 생긴다는 것이다.

양손잡이가 필요하다

인재상은 업의 특성, 처해진 상황, 하는 일에 따라 달라진다. 여성 내의로 유명한 M코르셋의 문영우 대표는 인재상에 대해서 명확한 그림을 갖고 있다. "우리 비전에 동참하는 멋있는 동급 최강의 프로페셔널"이 그것이다. 그는 프로페셔널을 이렇게 정의한다. "자신의 가치를 스스로 높인다. 목표는 반드시 달성하는 근성을 갖는다. 철저한 자기관리를 한다. 완성도 높은 결과를 도출한다. 결과에 대해서는 말이 필요 없다. 결과가 모든 것을 말해준다."

대기업과는 차별화된 명확한 그림이다. 이처럼 인재상이 명확하면 직원들은 그것을 따르려 노력하게 될 것이고, 맞지 않는 사람은 자동적으로 탈락하게 될 것이다.

이휘성 한국IBM 사장은 인재상에 대해 이런 의견을 갖고 있다. "하나를 잘하는 사람은 많다. 우리 직원들은 고객에게 혁신과 비전의 가치를 전달하는 컨설턴트이면서 단기실적을 달성해야 하는 어려운 과제를 안고 있다. 이 가운데 하나만 잘하면 여기 있기 어렵다. 양손잡이 역량이 필요하다. 지금 IBM 임금의 6분의 1이면 해당 분야에서 탁월한 능력을 갖추고 있는 인도, 중국의 인력을 채용할 수 있다. 그들과의 경쟁에서 이기려면 다양한 역량을 갖추고 이를 통합해 새로운 가치를 창출할 수 있어야 한다."

전체 인재상만 중요한 것은 아니다. 기능별 인재상도 중요하다. 《실행에 집중하라》는 책의 저자이자 얼라이드시그널의 CEO인 래리 보시디가 생각하는 제조부문장의 모습이다.

"내가 바라는 제조부문장의 모습은 세세한 것까지 관리하지만 권한을 이양할 줄 알고, 강제하지 아니하되 리드할 줄 알고, 기술자처럼 행동하지 않되 기술을 이해할 수 있는 사람이다."

어떤 사람을 구하는지 그림이 확실하다.

요즘 CEO를 공모하는 회사가 늘고 있다. 그런데 원하는 인재상이 대부분 관념적이고 두루뭉술하다. 묵묵히 일만 하는 사람을 원하는지, 창의적인 사람을 찾는지, 학벌 좋고 인물 좋은 사람을 찾는지 명확하지 않다. 그런 점에서 도탄에 빠졌던 닛산자동차가 사장을 뽑을 때 제시한 조건은 배울 점이 있다. 그들이 생각하는 사장감이다.

"문제를 안고 있는 일본 자동차회사의 재생을 책임질 수 있는 사장을 모집합니다. 자격요건은 다양한 문화환경에서 경영을 경험한 사람이어야 합니다. 성과주의 경영을 지향하고, 회사가 직면한 문제를 분석해서 명확히 설명할 수 있는 능력을 가진 사람이어야 합니다. 문제 해결에는 복합기능적인 접근법을 도입할 수 있고, 자신이 내린 결단에 책임질 수 있어야 합니다. 장기적인 목표를 염두에 두면서 동시에 단기적 목표를 지향할 수 있어야 합니다. 위기를 극복한 상황에서도 조직의 긴장감을 유지할 수 있어야 합니다. 유머와 센스가 있으면 더욱 좋습니다."

카를로스 곤이 이 조건에 부합했고, 그가 결국 닛산자동차를 구했다. 이 정도로 인재상을 명확히 할 수 있다는 것은 대단한 공력이다. 결국 좋은 사람을 채용하려면 자신의 니즈를 명확히 할 수 있는 경지에 도달해야 한다는 이야기다.

효과적인 쇼핑을 위해서는 쇼핑 전에 어떤 물건을 살지 명확히 해야 한다. 충동구매는 쇼핑 전에 별 생각을 하지 않기 때문에 일어나는 일이다. 인사도 그렇다. 인사를 잘하기 위해서는 어떤 사람을 원하는지를 명확히 해야 한다. 단순해 보이지만 결코 쉽지 않은 일이다.

- □ 회사의 비전과 미션이 인재상과 한 방향으로 정렬되어 있는가?
- □ 인재상에 따라 채용하고 승진하는가?
- □ 그런 인재상에 대해 직원들이 공감하고 있는가?

채용은 천천히, 해고는 빨리

결혼식에 이르는 길은 참 복잡하고 준비할 것도 많다. 연애하는 동안 상대를 파악하는 것은 기본이다. 다음은 가족끼리의 결합이다. 양가 부모 상견례를 시작으로 일가친척들에게 인사를 다닌다. 날짜를 정하고 살 집과 혼수 등을 마련해야 한다. 살림살이 준비도 만만치 않은 일이다. 청첩장도 찍고 주례도 정한다. 주변에 알리고 함도 팔아야 한다. 사진도 찍고 비디오도 찍는다. 당일에 축가 부를 사람, 사회 볼 사람도 섭외해야 한다. 한 지인에게 결혼식을 이렇게 복잡하게 할 필요가 있느냐고 하자 그는 이렇게 답했다. "결혼식이 간단하고 쉬우면 또다시 결혼을 하려고 하거든. 하지만 결혼식을 복잡하게 만들면 다시는 결혼할 생각을 안 하지." 웃자고 한 이야기지만 일리가 있다는 생각이 들었다.

채용도 그렇다. 채용을 너무 쉽게 하면 그만두는 것도 쉽게 한다. 서로에 대해 제대로 알지 못해서일 수도 있고 기대치가 달라서일 수도 있다. 그렇기 때문에 확인할 것은 다 확인하고 신중하게 해야 한다. 그런 의미에서 '채용은 천천히, 해고는 빨리'는 경영자들이 늘 기억해야 할 화두다.

채용이란 고객을 획득하는 가장 중요한 무기를 확보하는 일이다. 우수 인재가 경쟁사로 옮기면 위험한 상황이 발생한다. 채용을 대충 하고 빨리 서두르는 것은 충동구매와 같다. 충동구매의 결과는 후회뿐이다.

밥값 하는 데 2년은 걸린다

충동구매를 방지하는 길은 채용으로 인한 비용을 기억하는 것이다. 삼성경제연구소의 한 연구원이 한 말이다.

"채용에는 직접비용과 간접비용이 든다. 모집공고, 서류전형, 인성 및 적성검사, 면접시험, 신입사원 오리엔테이션 같은 직접 비용을 먼저 계산해야 한다. 채용한 인재들이 조직에 기여하는 데는 시간이 걸린다. 평균 6.2개월이다. 내 생각에는 2년은 되어야 밥값을 한다. 하지만 보통 40퍼센트는 적응 실패로 18개월 내에 퇴사한다. 채용과 교육비용, 급여와 퇴직금, 신규채용과 기회비용을 감안하면 엄청난 비용만 쓰는 것이다."

사이프러스반도체는 채용의 비용을 생각하는 회사다. 이 회사의 5가지 원칙은 '비밀이 없다, 내부 갈등이 없다, 산만한 분위기가 없다, 혼란이 없다, 낭비가 없다'이다. 핵심 가치는 '반드시 승리한다, 최고만을 고집한다, 발전을 위해 최선을 다한다, 가시적인 목표를 추구한다, 최첨단 제품을 개발 생산한다'이다.

이 회사의 면접은 매우 까다롭다. 다양한 질문으로 기술적 능력과 직업윤리에 대해 꼼꼼히 확인한다. 기업 문화에 적합한지 확인하고 신원조회를 철저히 한다. 면접은 입사 전 최소 4번, 경력직의 경우 6번은 기본이다. 모든 면접관은 상세한 평가보고서를 작성한다. 입사하려면 아주 혹독한 과정을 거쳐야 한다는 사실을 분명히 인식시키기 위해서다.

인재 확보를 위해 돈을 이용하지 않는 것도 원칙이다. 단순히 더 나은 보수를 위해, 복리후생이 더 좋다는 이유로 입사하려는 사람은 단호하게 거부한다. 자신의 발전을 위해 입사하려는 사람을 원하기 때문이다.

해고의 원칙 2가지

여러 곳에서 많은 이야기가 들려온다. 고객의 불만이 들려오고, 부하 혹은 상사들과 갈등이 발생한다. 이런 직원은 성과는커녕 고민만을 가져온다. 어떻게 해야 할까? 우선 사실 여부를 파악하고, 사실로 밝혀지면 강력한 피드백을 통해 당사자로 하여금 언제까지 행동을 개선하겠다는 약속을 받아야 한다. 데드라인까지 별다른 개선이 없으면 해고 절차를 밟아야 한다.

해고에는 반드시 지켜야 할 2가지 원칙이 있다. 해고 통지를 받고 놀라지 않게 해야 하며, 자존심에 상처를 주어서는 안 된다는 것이다. 너무 서두르거나 불투명한 방식으로 처리하면 위험해질 수 있다.

그렇다고 시간을 너무 오래 끄는 것은 더 위험하다. 구조조정 계획을 세우면 대체로 소문이 돌고, 소문은 맞는 경우가 많다. 이런 종류의 비밀은 오래 유지하기 어렵다. 이런 상황에서 발표를 미루면 어색한 분위기가 계속되고 업무는 마비된다. 해고 때의 프로세스도 중요하다. 그들이 어떤 감정으로 회사를 떠나느냐에 따라 5년, 10년 길게는 20년 동안 회사에 대해 악담을 하거나 칭찬을 할 수도 있다.

어쨌든 개인에게 해고는 청천벽력과 같다. 가정이 무너질 수도 있는 중대사다. 그렇기 때문에 먹고살 방편을 마련해주는 것이 필요하다. 포스코나 KT 같은 대기업들이 실시하는 아웃플레이스먼트outplacement가 대표적 사례다. 회사를 나가기 1년 전쯤 제2의 인생을 살 준비를 해주고, 다른 회사에 취직을 알선하는 것이다.

해고가 반드시 나쁜 것만은 아니다. 당사자는 자신의 행동을 반성하고 새로운 경쟁력을 갖기 위해 노력하게 된다. 조직은 무능한 사람 대신 유능한 사람을 채용함으로써 경쟁력을 높일 수 있다. 최악의 시나리오는 무능한 사람이 자신의 무능함을 인식하지 못한 채로 검은 머리 파뿌리 될 때까지 조직에 머무는 것이다. 개인은 자기 반성의 기회를 놓치고 나이만 먹는다. 조직은 그런 개인 때문에 성과를 내지 못한다. 그러는 사이 둘 다 골병이 든다.

채용은 천천히, 해고는 신속히 해야 하는 이유가 여기 있다.

체크리스트

□ 회사에 맞지 않지만 해고하지 않은 사람이 있는가? 해고를 미루는 이유는 무엇인가?
□ 채용은 천천히, 해고는 빨리 하는 데 장애요인이 있다면 무엇인가?

공평한 대우가 인재를 지치게 한다?

사람은 모름지기 재미가 있거나, 의미가 있거나, 돈이 되어야 일을 한다. 셋 중 하나라도 충족되면 괜찮다. 비영리단체에서 일하는 사람들은 의미 때문에 일을 한다. 월급이 적어도 동료들이 좋고 회사가 재미있으면 견딜 만하다. 이도 저도 아니라면 돈이 되어야 한다.

또 하나 결정적인 것이 있다. 바로 제대로 된 평가다. 제대로 된 평가를 주고받을 때 동기부여가 된다. 잘하는 사람은 잘한다는 이야기를 듣고, 그렇지 못한 사람은 이런 점은 개선하라고 할 때 긴장감이 생기면서 힘이 생긴다. 또 평가에 따라 보상이 달라져야 동기부여가 된다. 사람을 가장 힘 빠지게 하는 것은 바로 모든 사람을 공평하게 대하는 것이다. 이것이야말로 가장 공평하지 못한 행위다. 좋은 인재를 뽑고 유지하기 위해서는 평가에 따라 금전적 보상, 인정, 교육훈련 같은 것을 제공해야 한다. 특히 금전적 보상이 중요하다.

말로만 칭찬하는 경영자를 본 적이 있다. 하지만 아무런 금전적 보상도 없고 다른 혜택도 없다. 그저 말뿐이다. 동료들의 쓸데없는 질투를 불러일으킬 뿐, 결과적으로 칭찬받는 사람의 기대를 키워놓고 실망을 안겨주는 셈이다. 결국 그 사람은 조직을 떠난다.

모두가 공감하는 평가방법

평가는 어떻게 하느냐가 중요하다. 무엇보다 회사가 추구하는 방향, 인재상, 요구사항과 일치해야 한다. 인간 중심 경영을 외치면서 성과 중심적으로 평가를 해서는 안 되고, 반대의 경우도 안 된다. 평가의 목적은 행동 변화를 유도하는 것이다. 성과를 위주로 한다면 성과에만 집중하면 된다. 복잡한 것은 좋지 않다. 단순하면서도 메시지가 명확하고 평가자와 피평가자가 모두 동의하는 평가가 좋은 평가이다.

단순하고 명쾌한 평가의 모델로는 GE가 발군이다. 이들의 평가표는 간결하다. 평가자와 피평가자가 함께 앉아 대화를 나눈다. 평가는 회사가 줄곧 강조해온 방향과 가치와 정확하게 일치한다. 주요 성과를 요약하고, 핵심 강점key strength과 주요 개발과제key development needs, 그리고 액션플랜action plan을 작성한다. 평가항목도 9가지뿐이다. '비전을 공유했다, 열정이 있고 헌신했다, 에너지와 스피드가 있다, 글로벌 마인드를 갖고 있고 다양성을 수용한다, 변화에 적극적이다, 장벽이 없고 팀플레이를 한다, 성실하다, 개발에 적극적이다, 품질에 관심이 높다'를 평가한다. 내용도 단순하다. '기대를 초과했다, 달성했다, 기대에 못 미친다, 기간 등이 짧아 평가할 수 없다'뿐이다. 이처럼 좋은 평가는 단순하고 이해하기 쉽다. 평가자도 쉽게 평가할 수 있고, 피평가자 또한 쉽게 납득할 수 있어야 한다.

어떤 회사는 평가표만 수십 장이 된다. 역량, 성과, 내부직원, 외부고객, 심지어 인성… 그야말로 평가를 하다 날이 샐 지경이다. 그러니 평가 이야기만 나오면 모두 고개를 젓는다. 항목만 수십 가지에 이르고, 레이팅 rating도 1부터 7까지 복잡하다. 평가하기도 어렵고 피평가자가 이해하기는 더욱 어렵다. 이런 식의 평가는 하나마나다. 조직에 피로감만 더하는 역효과를 내기 십상이다.

제대로 된 평가를 위한 프로세스는 어떠해야 할까?

첫째, 사업전략부터 살펴봐야 한다. 현재 우리의 전략은 무엇이며 그것을 수행하기 위해 필요한 인재가 누구인지, 그 사람이 우리에게 맞는 사람인지를 살피고, 부족하다면 어떻게 이를 보강할 것인지를 고민해야 한다. 키워드는 전략과 사람이 한 방향으로 정렬하는가이다. 어디에도 잘 맞는 조커 같은 존재는 없다.

둘째, 개인에 대한 정보를 모으고 이를 바탕으로 그 사람에 대한 평가 미팅을 가져야 한다. 인간이 인간을 완벽하게 객관적으로 평가한다는 것은 불가능하다. 하지만 그 사람에 대해 아는 사람들이 모여 이야기를 나누면 평가의 품질을 높일 수 있다. 각 개인의 잠재력과 성과는 무엇인지, 개인의 강점과 개발이 필요한 부분은 무엇인지 찾아야 한다. 높은 기준으로 개인을 평가하는 것이 좋다. 리더로 성장하는 데 요구되는 가치와 능력도 포함해야 한다. 사람에 대한 이야기이기 때문에 논의 자체를 불편해하는 사람이 있을 수 있다. 이런 분위기를 극복하고 개방적이고 엄밀하게 이야기를 주고받을 수 있게 하는 것이 관건이다.

셋째, 사람에 대한 논의 결과를 그룹화하는 것이 중요하다. 보통 A, B, C 등급으로 나눈다. 성과의 축과 잠재력의 축으로 매트릭스를 그릴 수도 있다. 성과의 축과 회사 가치의 축으로 나눌 수도 있고, 성과의 축과 대인관계의 축으로 나눌 수도 있다. 그때그때 목적에 따라 그룹화하면 된다.

넷째, 개인에 대한 실행계획을 작성해야 한다. 잠재력이 큰 사람은 새로운 기회에 노출시켜 잠재력을 발휘하게 할 수도 있다. 성과는 좋지만 부하직원과 관계가 나쁜 사람은 코칭을 받게 해 단점을 개선할 수도 있다. 일은 열심히 하지만 성과가 나지 않는 사람은 상사가 일하는 방법을 알려줄 수도 있다. 스태프 부서에만 있던 사람은 현장부서로 옮겨 회사 전체 모습을 알려줌으로써 리더로 성장시킬 수 있다.

다섯째, 사업부별 인재역량을 평가하고 단계별 실행계획을 작성해야 한다. 주기적으로 매출과 이익을 따지고 실적미달인 경우 어떻게 이를 극복할 것인지 리얼타임으로 보고하게 하면서도, 정작 그것을 실행할 인재역량에 대해서는 아무런 액션을 취하지 않는다면 새로운 성과는 기대할 수 없다. 현재 부서가 보유한 전반적인 인재 풀에 대해 논의하게 하라. 얼마나 강한지, 현재의 군사를 갖고 전쟁에 이길 수 있는지, 발전을 저해하는 인재 관련 이슈는 무엇인지, 직원 채용과 능력 개발에 문제는 없는지, A급의 보유 현황은 어떤지, 성과가 낮은 직원에 대한 조치는 취해졌는지, 다양성은 어떤지를 점검하라. 마지막에는 2~5장 정도의 강력한 계획을 작성하게 해야 한다. 그런데 이것이 잘못되면 일할 사람이 부족하니 사람 좀 뽑아달라는 청원서로 전락할 수도 있다. 그래서는 안 된다. '사람과 관련된 부분은 일차적으로 부서장의 책임이며, 사람을 키우는 것도, A급 인재를 잡는 것도, 매력 있는 부서로 만들어 외부 사람들이 오게끔 하는 것도 현장부서의 책임'이라는 사실을 인지시켜야 한다. 부서장으로 하여금 인사문제를 최우선순위에 두게 해야 한다.

여섯째, 실행계획대로 일이 진행되었는지 평가해야 한다. 이 자리에서 사람 농사에 대해 모든 평가가 이루어져야 한다. A급 직원을 데려와 성과를 내고 있는 부서장과, 뽑아주었는데 놓친 부서장이 있다면 이를 냉정하게 평가해야 한다. 왜 그랬는지, 앞으로 어떻게 할 것인지를 확인하고 대책을 강구해야 한다. 직원의 몰입도와 만족도가 높아 성과를 내는 부서장과 온갖 불만을 안고 회사를 그만두는 직원이 속출하는 부서장을 같이 대접해서는 안 된다. 매출과 이익을 다루는 것 이상으로 사람 문제에 신경을 쓰게 해야 한다.

평가의 자리에는 CEO와 HR 임원이 반드시 참석해야 한다. 사람을 뽑고 평가하는 일은 절대 임파워먼트해서는 안 된다. 인사와 관련된 일을 부하직원에게 모두 넘긴다는 것은 '나는 인사에는 관심이 없다'는 것을 단적으로 보여주는 최악의 행위다.

CEO는 무엇을 할 것인가? CEO는 평가에 대한 기대를 설정하고, 정직하게 이야기할 것을 역설해야 한다. 잠재력이 아주 뛰어난 개인을 위해서는 대담한 인사를 행하고, 성과가 떨어지는 직원에 대해서는 결단력 있는 조치를 취하도록 요구해야 한다. HR 임원은 정직하고 통찰력 있는 논의가 되도록 해야 한다. 개발기회를 파악하기 위해 중요 직무와 특별 프로젝트의 목록을 갖고 있어야 한다. 평가와 실행계획을 기록하여 잠재력 높은 관리자에 대한 창의적인 배치방안을 제공해야 한다. 사업부장과 라인관리자도 참석해야 한다. 관리자는 직속부하에 대한 예비평가를 제출해야 한다. 예비평가는 논의에 오른 직원의 강점과 약점, 개발이 필요한 부분을 금세 파악할 수 있게 해준다.

처음부터 과정이 완벽할 필요는 없다. 하면서 고쳐나가면 된다. 내부인끼리보다는 외부에서 객관적인 시각을 가진 사람을 자문으로 모셔서 진행하면 더 효과적이다.

평가의 오류를 피하는 4가지 방법

세상에 완벽한 평가는 있을 수 없다. 불완전한 인간이 불완전한 인간을 평가하기 때문이다. 인간인지라 주관적인 생각이 들어갈 수밖에 없다. 그렇기 때문에 평가에 오류를 낳는 요소를 검토해보아야 한다.

첫째, 후광효과halo effect다. 하나가 좋으면 다 좋아 보이는 경향을 말한다. 한 번 예쁘게 보이면 무슨 일을 해도 예쁘고, 한 번 밉게 보이면 아무리 애를 써도 첫 인상을 바꾸기 어렵다. 인간의 속성이다. 이를 방지하기 위해서는 구체적 사실을 토대로 항목별 평가를 실시해야 한다.

둘째, 시간적 오류기말효과다. '끝이 좋으면 다 좋다'는 말이 있다. 초반 실적이 나빠도 최근 실적이 좋으면 다 좋은 것으로 생각하는 경향이 있다. 당연히 객관적인 평가가 이루어지지 않는다. 이를 방지하기 위해서는 평소 업무수행과 성과를 기록해두는 습관을 가져야 한다.

셋째, 고정관념이다. 특정 지방 출신에 대한 고정관념 같은 것이 대표적이다. 명문대 출신은 모두 우수할 것이라고 생각하는 것도 고정관념이다.

넷째, 공간적 오류로 인한 것이다. 접촉이 잦으면 유능하고 적으면 낮게 평가하는 경향이 그것이다. 이를 방지하기 위해서는 피고과자를 잘 아는 직원에게 권한을 위임하는 것도 한 가지 방법이다. 다면평가도 하나의 방법이다.

평가가 전부다. 평가에 전력투구해야 한다. 제도를 정비하고, 전문가의 조언도 들어야 한다. 그것만이 장기적인 생존을 보장한다.

- □ 현재 회사의 평가제도에 대해 만족하는가? 그렇지 않다면 어떻게 개선하고 싶은가?
- □ 평가 결과를 주기적으로 당사자에게 알려주는가?
- □ 아이디어를 추가하고 싶은 부분이 있다면 무엇인가?

열심히 하는데 성과가 없을 때

일주일에 80시간 이상을 일해도 성과를 내지 못하는 경영자들이 있다. 소리 지르고 야단치고 잔소리를 해도 나아지지 않아 계속 헤매기도 한다. 일하는 방법을 모르거나 인재경영에 실패한 사람들이다. 이들은 엉뚱한 곳에 시간과 에너지를 쓴다. 실무자들이 할 일을 직접 한다든지, 중간관리자들이 사고 친 것을 수습한다든지, 그들이 한 일을 믿지 못하고 점검한다든지, 실행력이 전무한 사람과 함께 전략을 세운다든지, 영양가 없는 외부 활동에 힘을 쓴다든지….

열심히 일하는데도 성과가 나지 않는 이유는 엉뚱한 사람을 엉뚱한 자리에 앉혀놓고 멋진 전략을 수립하게 한 다음, 그것이 성공하기를 기대하기 때문이다. 한눈에도 도저히 그 자리에 맞는 사람이 아닌데, 뭔가 해주기를 몇 년씩 기다린다. 참 딱한 일이다. 문제의 원인인 사람을 그 자리에 두고 아무리 다른 일을 열심히 해봐야 결과는 뻔하다. 적합한 사람을 찾아 그 자리에 앉히는 것이 정답이다.

그렇기 때문에 뭔가 일이 꼬일 때 가장 먼저 해야 할 일은 지금 그 사람이 그 자리에 적합한 사람인지를 냉정하게 자문해보는 것이다. 혼자서 확신이 서지 않으면 내부 사정을 아는 믿을 만한 사람에게 같은 질문을 던져보라. 그런데 사람들은 그런 질문을 잘 하려 들지 않는다. 왜일까?

첫째, 지식이 부족하기 때문이다. 그 자리에는 어떤 사람이 적합한지, 지금 일하고 있는 사람이 그 자리에 맞는 사람인지 생각하지도 않고, 아는 것도 없고, 알려고도 하지 않는다.

둘째, 용기가 부족하기 때문이다. 그 자리에 그 사람이 적합하지 않다는 생각이 들어도 그것을 해결하기는 쉽지 않다. 상대가 저항할까 두렵기도 하다. 그러다 보니 차일피일 미루며 자기 합리화를 한다. '그래도 저만큼 하는 사람은 없을 거야' '혹시 앞으로 잘할지도 몰라' 하며 공허한 기대를 품는다. 그러나 혹시나 하는 기대는 역시나로 끝나기 쉽다.

셋째, 자신이 편하려는 이기심 때문이다. 일은 못하지만 자기와 잘 맞는 사람과, 일은 잘하지만 자기와 맞지 않는 사람 중 누구를 고를 것 같은가? 많은 사람들은 전자를 고른다. 능력은 다소 떨어져도 자신과 궁합이 잘 맞는 사람과 일하는 것이 편하기 때문이다. 사사건건 부딪치고 따지는 사람은 피곤한 것이다. 하지만 그렇게 해서는 좋은 성과를 내기 어렵다.

넷째, 개인적인 노력 부족이다. 바깥으로만 돌아다니는 경영자가 있다. 내부인들하고는 정기 미팅 외에는 만나지도 않고 밥도 먹지 않는다. 그러다 보니 내부직원들은 누구나 다 아는 정보도 알지 못하고 직원에 대한 애정도 없다. 직원에 대한 정확한 정보가 있어야 자리 교체도 하고 적합하지 않은 사람을 그만두게 할 수도 있다. 많은 시간과 에너지를 여기에 쏟아야 한다.

현명한 배치의 출발

좋은 배치의 출발은 사람에 대한 지식이다. 전문성, 대인관계, 고객과의 관계, 술자리에서의 행동, 사생활 등을 알고 있어야 한다. 결코 쉬운 일이 아니다. 제대로 알아야 어떤 자리에 어떤 사람이 적합한지 정할 수 있다.

다음으로 사람에 대한 정보를 종합하고 이를 실제 인사에 반영할 수 있는 시스템을 만들어야 한다. 최종 의사결정은 최고경영자가 하지만 의사결정의 품질을 높이기 위한 절차가 필요하다. 각자 알고 있는 개인에 대한 정보를 모으고, 미처 몰랐던 정보를 교환하고, 어떤 사람이 적합한지 논의하는 자리를 마련하는 것이다.

관계자들이 모여 서로 관찰한 결과를 비교해보고 질의응답을 통해 세부적인 부분을 파악하면 최선의 결과가 나올 수 있다. 누군가 그 사람이 똑똑하다고 말하면 왜 그렇게 생각하는지 물어봐야 한다. 그대로 받아들이지 말고 증거를 모아 검증해보아야 한다. 임원진을 소집단으로 나눈 후 한 번에 한 명의 리더 후보에 대해 토의한다. 그 후보의 긍정적 측면을 5가지씩 찾도록 하는 것도 방법이다. 이런 식이다. '부서의 한계를 넘어 큰 그림을 볼 줄 안다. 큰 과업을 관리 가능한 세부업무로 구분해 구체화할 수 있다. 사람을 지도하고 지식을 공유하는 데 뛰어나다. 수익을 창출하는 법을 알고 있다. 하지만 너무 딱딱하다는 것은 단점이다.'

이렇게 할 수도 있다. '그 사람은 개념 정리의 달인이다. 모든 상황을 일목요연하게 정리해 사람들 머릿속에 확실히 각인시키는 재능을 갖고 있다. 하지만 동료와의 협조 부분에서는 문제가 있다. 확인 결과 그는 존중하는 사람 앞에서는 훌륭하게 행동했지만, 그렇지 못한 사람에게는 경멸의 눈빛을 보냈다.'

DTE 프로세스

미국 전력회사인 DTE에너지는 회사 고유의 전환배치 프로세스를 갖고 있다. 이 회사는 임원들이 먼저 후보자에 대해 토의를 벌인다. 후보자의 능력과 잠재력을 평가하고 필요한 개선점을 놓고 의견을 나눈다. 또 회사의 중역들이 후보에 대해 알고 있는 사항을 자료로 정리하고 이를 공유한다. 정리된 내용에서 다시 공통점을 뽑아 이를 토대로 프로파일을 작성하는데, 독단적이거나 치우친 견해는 배제한다. 하지만 다른 사람들이 보지 못한 새로운 의견에 대해서는 다각도로 검증한다. 대상자의 재능을 파악하고 나면 이들은 그 재능이 적용될 수 있는 분야를 놓고 창의적 토론을 벌인다. 이 회사의 최고경영자 토니 얼리는 참석자들에게 잔인할 정도로 정직하고 구체적으로 논의해서 합의할 것을 주문한다. 전환배치에 전사가 총력을 기울이는 것이다.

보통 기업들은 직원을 평가하고 배치를 결정하는 과정에서 과거 실적에만 초점을 맞추는 경향이 있다. 하지만 실적만 보는 것은 매우 위험하다. 특히 결과를 내는 데 많은 시간이 드는 R&D분야에 이 잣대만 적용한다면 살아남을 사람이 거의 없다. 단기목표에만 매달리다 보면 정말 중요한 장기목표는 나 몰라라 하게 된다.

  결과 못지않게 따져봐야 할 대목이 바로 과정이다. 좋은 평가란 당사자가 목표를 달성한 과정을 면밀히 검토하는 데서 출발한다. 끊임없이 노력한 사람은 누구인가? 역경 속에서도 굴하지 않고 창조적 역량을 발휘한 사람은 누구인가? 더 나은 결과를 거둘 수 있는 상황에서 손쉬운 승리에 만족하지는 않았는가? 조직의 사기를 해치면서 개인적인 목표 달성에 집착한 것은 아닌가? 이런 점도 살펴봐야 한다. 또 평가에 대해서는 주기적으로 피평가자와 이야기를 나누고 피드백을 주어야 한다. 그래서 피평가자로 하여금 자신의 위치, 자신에 대한 평가를 알게 해야 한다. 그래야 개선의 여지가 생긴다.

  결과와 과정을 함께 고려하는 평가와 피드백을 통한 배치, 그 속에서 회사도 성장하고 개인도 커나갈 수 있다.

체크리스트

- 현재 직원 배치에 대해 만족하는가? 그렇지 않다면 어떤 부분에 만족하지 못하는가?
- 그 사람이 적합하지 않다는 걸 알면서도 그 자리에 앉히는 경우가 있는가? 왜 그런 일이 벌어지는가?
- DTE에너지와 같은 프로세스를 갖고 있는가?

8장 왜 그곳에는 항상 활력이 넘칠까?
리더십의 열쇠 '동기부여'

선생님들을 관리하지 마세요

강남구 대치동은 우리나라 사교육의 메카 같은 곳이다. 대치동 집값이 비싼 이유 중 하나도 바로 막강 학원들 때문이다. 하지만 자체 경쟁이 엄청 치열하다. 한 순간만 삐끗해도 살아남지 못한다. 그래서 새로 만들어지는 학원 못지않게 망해 나가는 학원도 많다. 그 가운데 막강한 경쟁력을 유지하는 곳이 있다. DYB 최선어학원이다.

이 학원의 특징은 분위기가 밝고 에너지가 넘친다는 점이다. 강사들이 높은 사기를 유지하는 비결은 바로 송오현 원장에게 있다. 그는 자신의 가장 중요한 역할은 동기부여라고 생각한다. 그의 이야기이다.

"별것 아닌 제가 이렇게 된 것은 다 선생님들 덕분입니다. 그분들이 잘하니까 제가 이렇게 성공을 한 것이지요. 제 일은 좋은 선생님을 찾아 모셔오는 일입니다. 우리 학원의 가장 큰 재산은 바로 그들이거든요. 다음에는 그들이 최선을 다할 수 있도록 환경을 조성하고 동기를 부여하는 것입니다."

송 원장은 공부도 엄청 열심히 한다. 뭔가 가르치고 이끌려면 자신이 많이 알아야 한다고 생각하기 때문이다. 자주 이벤트를 열어 상도 주고 즐거움도 주려 한다. 잘하는 선생님을 앞에 모셔서 그의 노하우를 다른 사람에게 전하게 한다. 스태프들이 선생님을 관리하려 하면 그는 이렇게 이야기한다.

"관리라는 말을 쓰지 마세요. 선생님들은 관리의 대상이 아닙니다. 관리라는 말은 왠지 간섭하고 통제한다는 느낌을 줍니다. 그냥 선생님들을 믿고 지켜보자고요. 그게 우리 역할입니다."

일하는 사람들이 최고의 의욕을 가지게끔 하는 것이 리더십의 핵심이다. GE를 비롯한 글로벌기업들이 동기부여에 심혈을 기울이는 이유다.

사람들은 어떻게 맛이 가는가

《손자병법》에서 말하는 승리하는 조직의 특성 중 하나가 기세등등함이다. 자신감 있고 사기가 하늘을 찌를 듯한 조직이 승리한다는 것이다. 맞는 말이다. 기세등등한 조직을 만들기 위해서는 여러 가지 노력을 지속적으로 해야 한다. 하지만 방치하면 귀곡산장 같은 조직이 된다. 동기부여는 힘들지만 동기를 빼앗는 것은 쉽다.

남들이 부러워하는 직장이지만 막상 안에 들어가 보면 의욕도 없고 표정도 없이 하루하루를 겨우 살고 있는 직장인들이 많다. 그들을 보면 이런 생각이 든다. '어쩌다 저렇게 되었을까? 처음에는 어땠을까? 저렇게 하루하루를 살다 보면 나아질까?' 그들이 맞이할 최후의 단계는 탈진이다. 속된 말로 맛이 가는 것이다. 어떤 단계를 거쳐 그렇게 되는지 살펴보자.

첫 번째, 흥분 단계다. 새로 사회생활을 시작한 신입사원이나 새로 직장을 옮긴 사람들은 흥분한다. 호기심도 있고, 새로운 각오 덕분에 일할 맛이 나기 때문이다. '여기서 성공할 거야. 뭐든 시키면 밤을 새워서라도 할 거야. 많은 기여를 해서 인정을 받을 거야.' 하지만 이런 식의 흥분은 쉽게 식고, 일에서 더 이상의 재미를 느끼지 못한다.

두 번째, 좌절 단계다. 처음 기대와 다른 데 대해 실망한다. 급여는 적고 야근은 많고, 동료와 상사들도 맘에 들지 않는다. 겉으로 표현은 안 하지만 큰 충격을 받는다. 하지만 부인한다. 위로도 하고 자위도 한다. 그러나 나아지지 않는다.

세 번째, 두려움 단계다. 계속 이런 생활을 하면서 살아야 한다는 사실에 두려움을 갖는다. '내가 그렇게 열심히 공부한 결과가 겨우 이런 회사를 다니는 거였어? 도대체 어떻게 된 거지? 언제까지 이런 생활을 계속해야 하지? 혹시 죽을 때까지 이렇게 살아야 하는 거 아니야?'라고 생각한다.

네 번째, 분노 단계다. 화가 난다. 분명치는 않지만 누군가에게 무엇인가에 화가 난다. 그래서 누구를, 무엇을 비난할지 끊임없이 찾는다. 회사를 비난하면서 지금의 이런 상태는 절대 자신의 잘못이 아니라고 자위한다. 그러면서 부정적인 사람으로 변한다. 같이 욕할 사람을 찾게 되고 그런 사람끼리 모이게 된다. 이들이 가장 싫어하는 사람이 있다. 바로 긍정적이고 주도적인 사람들이다.

다섯 번째, 포기 단계다. '인생 뭐 있어? 인생이란 결국 이렇게 살다 가는 거 아니야? 다른 데 가봐도 별 뾰족한 수 있겠어?' 하면서 스스로 위로하고 끊임없이 자신의 불평거리를 찾으면서 시간을 보낸다. 참으로 위험한 단계다. 이들은 자신을 돌아보지 않는다. 아마도 죽어서 묘비명을 이렇게 쓸 것이다.

"나는 열심히 잘 살고 싶었다. 하지만 망할 놈의 상사 때문에 평생 불평을 하다 간다."

부정적인 바이러스를 퍼뜨리는 사람이 하나라도 있게 되면 그 조직은 바로 냉소적이고 부정적인 조직으로 바뀐다. 19세기 말 벌어진 보어전쟁 때 한 사람이 특이한 죄명으로 유죄판결을 받았다. 죄명은 '낙담시킨 자'라는 것이었다. 그는 군인들 사이를 돌아다니며 적이 얼마나 강한가, 왜 방어하기 어려운가, 도시가 언제 점령될 것인가 같은 말을 떠벌리고 다녔다. 그는 총을 사용하지 않았다. 그럴 필요도 없었다. 그의 말을 들은 군인들은 이미 모두 무기력해지고 말았기 때문이다. 결국 전쟁에서 패하고 말았다.

체크리스트

- 동기부여된 경험과 힘이 빠졌던 경험이 있는가?
- 아침마다 나를 침대에서 일으키는 원동력은 무엇인가? 무슨 생각을 하면서 일어나는가?
- 부하직원들을 동기부여하는 방법으로 어떤 것이 있는가?

만족하면 정말 일을 더 열심히 할까?

무엇이 사람을 동기부여하는지에 대해서는 수많은 이론이 있다. 상황에 따라, 사람에 따라, 단계에 따라 각기 다른 시각과 해법이 필요하다. 그중 몇 가지만 소개한다.

매슬로 5단계 이론

미국 심리학자 매슬로는 욕구에는 단계가 있고, 단계에 맞게 동기부여해야 한다고 주장했다. 생리적 욕구, 안전에 대한 욕구, 소속과 사랑의 욕구, 존경의 욕구, 자아실현의 욕구가 그것이다. 생리적 욕구는 먹고사는 문제에 관한 것이다. 이게 만족되지 않으면 다른 것은 생각할 여유가 없다. 안전에 대한 욕구는 말 그대로 안전하게 살고 싶은 단계다. 이 2가지가 충족되면 비로소 어딘가에 소속되고 싶고 사랑을 주고받고 싶은 욕구의 단계가 된다. 이 같은 원시 단계를 벗어나면 존경을 받고 싶은 단계와 자기가 하고 싶은 일을 하면서 성취를 하고 싶은 욕구의 단계가 된다. 매슬로는 특히 평범한 인간을 움직이는 동기인 결핍동기에 주목했다. 결핍동기와 관련해서는 정신과의사인 정혜신의 말을 참고할 만하다.

"결핍동기란 자신에게 결핍된 것을 만회하기 위해 강력한 행동이 유발되는 것을 말한다. 키와 외모에 열등감이 있는 사람이 그것을 만회하기 위해 열심히 공부하는 것도 그런 것이다. 어려서 큰 병을 앓은 아이가 커서 의사나 간호사가 되려고 하는 것은 자신에게 없는 건강에 대한 결핍동기다. 초라한 부모가 부끄러워 법관이 되어 사회가 인정하는 지위를 쟁취했다면, 권위에 대한 결핍동기가 그를 움직이게 한 것이다. 자기의 부족한 부분을 만회하려는 노력, 이런 헝그리 정신이 바로 결핍동기화의 전형이다.

그런데 결핍동기로 시작한 일은 그 결핍 정도가 크면 클수록 지나친 외곬으로 빠져서, 결핍은 해결되지만 다른 부분에서는 크게 허점을 보이고 중요한 것을 놓쳐 문제를 일으킬 확률이 높다. 콤플렉스가 심한 사람은 인생 초반에는 결핍동기로 인해 남보다 빠른 출세를 하는 듯하지만 그 콤플렉스가 해결되지 않는 한 뚜렷한 한계를 보인다. 그래서 인생 후반에 좌절하는 경우가 많다. 또 결핍에서 시작된 동기화는 외적인 성공을 거둔 후 공허감에 빠지게 하는 중요한 요인으로 작용한다."

쇼펜하우어는 "인류는 근심과 권태의 양극 사이를 왕복하는 시계추와 같은 운명"이라고 말했다. 결핍을 메우기 위한 '근심 속의 삶'이 끝나면 바로 권태의 삶에 직면하게 된다. 그렇다면 어떻게 해야 할까?

일 자체, 인생 자체를 즐기는 것이 중요하다. 중요한 경기를 앞둔 선수들이 "오늘 그라운드에서 죽겠다는 자세로 임하겠다"거나 "오늘 이기지 못하면 이곳에 뼈를 묻겠다"고 말하곤 하는데, 그런 사람에게 운동은 기쁨이 아닌 고통일 따름이다.

일도 마찬가지다. 진짜 프로는 결핍동기를 충족한 이후에 일과 인생의 더 궁극적인 동기를 발견하는 사람이다. 직업의식으로 인한 강박관념에서 벗어나 '일과 자신과의 자연스런 합일'을 이루는 것, 그래서 일을 즐기는 것, 이것이 진짜 성공한 프로의 모습이다.

케이 앨런의 이론

《두려움에서 사랑으로의 여정 Journey from Fear to Love》의 저자 케이 앨런에 따르면, 사람은 3가지 이유 때문에 일을 한다고 한다. 즉 두려움, 의무감, 그리고 사랑이 동기를 부여한다는 것이다. 두려움은 가장 원시적인 단계로 수동성을 띤다. 상사의 눈치 때문에 혹은 짤릴까봐 두려워 일하는 경우 두려움이 사라지면 일하지 않게 된다. 그런 조직은 상사가 해외 출장을 가면 올스톱이다. 의무감은 두려움보다는 낫지만 역시 외적 요인이다. 별로 내키지도 않는데 해야 한다는 의무감에서 하는 일은 효과가 적다. 효도도 그렇다. 마음속에서 우러나지 않는데 의무감에서 찾아가고 선물하고 보살피는 것은 좋지 않다. 최상의 단계는 사랑해서 하는 것이다. 마음속에서 우러나오는 것은 힘이 있다. 자발적으로 하기 때문에 스트레스가 쌓이지 않는다. 이런 시구가 있다.

'그냥 좋은 것이 가장 좋은 것입니다. 무엇 때문에 좋은 것이 아니라 그냥 좋은 것이 가장 좋은 것입니다.'

당신이 지금 하는 일은 3가지 동기 중 어디에 해당하는가?

프레더릭 허즈버그 이론

미국의 경영심리학자 프레더릭 허즈버그가 제시한 동기부여 이론으로 핵심은 간단하다. 사람을 동기부여하는 데 내재적 요인동기요인과 외재적 요인불만요인이 있다. 불만요인은 만족시키지 못하면 불만을 갖게 되지만 만족시킨다고 해서 더 열심히 일하게 되는 것은 아닌 환경적 요소를 말한다. 작업조건, 감독, 직업의 안정성, 보수 등이다. 그에 비해 동기요인은 직무 내용과 관련된 내부적 요소로 성취감, 직무에 대한 흥미, 일에 대한 인정과 책임감 등을 말한다.

경영자는 불만요인을 충족시키도록 노력해야 한다. 그것을 무시하면 결코 성공할 수 없다. 불만요인이 충족되지 않으면 그다음 단계로 진도가 나가지 않는다. 하지만 불만요인을 충족시켰다고 해서 동기부여가 되는 것은 아니다. 말 그대로 불만만 없는 단계다. 진정으로 동기부여하기 위해서는 내재적 요인인 동기요인을 건드려야 한다. 정말 하고 싶은 일을 하게 하고, 인정하고 격려해주며, 일에 의미와 가치가 있다는 것을 느끼게 해주어야 한다.

밥 넬슨의 '직원 욕구 7단계'

세계적인 동기부여 전문가인 밥 넬슨이 그간의 욕구이론을 새롭게 정리한 것이다.

1단계는 먹고살려고 하는 단계다. 결핍으로 인한 동기부여다. 강력하기는 하지만 먹고사는 문제가 해결되면 더 이상 동기요인으로 작동하지 않는다.

2차 세계대전 때 일본군은 말레이시아, 인도네시아 같은 적도국가를 점령했다. 당시 군대를 제일 먼저 쫓아간 사람들은 양봉업자였다. 이들은 꿀벌을 잔뜩 싸 들고 갔다. 꽃이 지천인 지역이라 꿀벌들은 미친 듯이 꿀을 가져왔다. 양봉업자들은 신이 났다. 하지만 얼마간의 시간이 지나자 꿀벌들이 일을 하지 않았다. 언제라도 나가면 꽃이 있는데 굳이 열심히 일할 필요성을 느끼지 못했기 때문이다.

밥 넬슨이 말하는 욕구의 2단계부터 7단계는 다음과 같다.

- 2단계: 신뢰와 기대(전문가로 인정받는 것)
- 3단계: 커뮤니케이션과 정보 공유
- 4단계: 칭찬과 인정
- 5단계: 자율과 유연성
- 6단계: 참여와 격려
- 7단계: 배움, 도전, 성장

사람은 그 자체로 하나의 우주다. 그만큼 사람의 심리 또한 복잡하다.

우리 자신을 봐도 이를 알 수 있다. 내 안에는 너무 많은 내가 있어 나 자신도 내가 어떤 사람인지 모를 때가 많다. 하물며 수많은 사람을 어떻게 동기부여할 것인가는 정말 복잡하고도 미묘한 문제다.

동기부여를 위해서는 무엇보다 심리를 잘 알아야 한다. 사람마다의 특성도 이해해야 한다. 한 사람에게 통했던 방법이 다른 사람에게 통하지 않을 수 있다. 사람의 욕구와 동기 수준에 따라 유효적절한 수단으로 동기를 부여하는 리더가 뛰어난 리더다.

체크리스트

- □ 우리 조직의 동기부여 상태는 어떠한가? 혹은 나의 동기부여 상태는?
- □ 매슬로의 5단계 중 어느 단계에 있는가?
- □ 프레더릭 허즈버그의 이론에 동의하는가?
- □ 구성원들은 어떤 불만요인을 갖고 있는가? 이를 어떻게 만족시킬 것인가?
- □ 동기요인을 만족시키고 있는가?

사람의 마음을 얻는 법

동기부여는 어느 한 가지를 충족시켰다고 해서 실현되는 것이 아니다. 다양한 요소가 적절히 균형을 이루어 발휘되어야 한다. 그중 가장 중요한 요소에 대해 알아보자.

진실한 마음만이 사람을 움직인다

매일 직원들 앞에서 자신이 얼마나 그 직원을 배려하고 아끼는지를 떠벌리던 상사가 있었다. 하지만 당사자는 불편해했다. 말로만 칭찬을 한다고 생각했기 때문이다. 더 충격적인 일은 이사회를 통해 흘러나왔다. 모든 사람의 예상과 달리 상사가 그 직원을 엄청 비난했다는 것이다. 그 사건으로 그는 모든 부하직원들의 신뢰를 잃었다. 물론 지금도 서로 웃으면서 예, 예 하지만 모두 가식일 뿐이다.

동기부여에서 가장 중요한 것은 진정성이다. 진실한 마음만이 사람의 마음을 움직일 수 있기 때문이다. 리더십은 스킬의 문제가 아니다. 진정으로 직원을 아끼면 그것은 어떤 형태로든 전달된다. 반대의 경우에도 마찬가지다.

작은 관심과 배려의 힘

전에 대기업 임원으로 일할 때 이런 일이 있었다. 한 직원에게 부모님은 무슨 일을 하시냐고 물었다.

"지난 몇 년간 저희 집은 줄초상이 났습니다. 아버지는 지붕을 고치다 떨어져 돌아가시고, 어머님은 암으로 돌아가시고, 큰 형은 교통사고로 죽고… 정말 집안이 몰락을 한 겁니다. 그러다 보니 세상이 미워져서 술을 많이 마시고, 생활이 엉망이 되었습니다."

어떻게 그런 일이 있을 수 있느냐, 정말 힘들었겠다고 공감을 하면서 이야기를 끝냈는데, 이 친구가 이런 이야기를 했다.

"여태껏 회사생활하면서 업무 외적인 일로 임원 사무실에서 차를 마시면서 개인 이야기를 한 것은 처음입니다. 잘 들어주셔서 정말 감사드립니다. 앞으로는 잘하겠습니다."

리더가 관심을 가지면 직원은 그 이상으로 반응한다. 개인적인 어려움에 대해 물어보고 열심히 들어준 결과는 때로 상상을 초월하기도 한다.

당신의 관심 정도를 알기 위해 다음 질문을 던져보라.

> 부하직원에 대해 얼마나 알고 있는가?
> 업무 관련 사항 외에 어떤 것을 알고 있는가?
> 부하직원이 사는 곳은? 고향은? 본관은?
> 그의 가족관계는?
> 자녀들 이름은?
> 취미는?
> 최근 관심사는?

감동은 기대를 뛰어넘을 때 일어나는 것

얼음골 사과는 정말 맛있다. 하지만 처음 먹을 때와 두 번째 먹을 때는 느낌이 다르다. 매일 얼음골 사과를 먹으면 그게 그거다. 이게 그 유명한 한계효용체감의 법칙이다. 이는 동기부여에도 적용된다. 뭔가를 정해 놓고 포상을 하면 약효가 떨어진다. 사람들은 예상 가능한 것에 감동하지 않는다. 감동이란, 예상하지 않았던 것이 올 때 일어난다. 기대를 뛰어넘을 때 감동한다. 그런 면에서 뭔가 예상 가능하게 하는 것은 동기부여의 적이다.

돌고래를 훈련시킬 때도 이 방법을 사용한다. 재주를 넘을 때 생선을 왕창 준다. 하지만 어떨 때는 주지 않는다. 돌고래로서는 헷갈리는 일이다. 언제 줄지 모르기 때문에 늘 열심히 할 수밖에 없다. 사람도 마찬가지다.

자동적으로 휴가를 주는 것, 일정 기간 근무하면 근속상으로 여행을 보내주거나 반지를 선물하고, 때가 되면 진급을 시키는 것은 바람직하지 못하다. 당연하게 여기기 때문에 아무런 감동이 없다. 그보다는 예측하지 못하게 하는 것이 좋다. 필요할 때 필요한 것보다 더 주는 것이 효과적이다. 휴가가 3일 필요했다면 일주일을 주고, 100만 원이 필요하다면 300만 원을 주는 것이다.

DYB 최선어학원의 송오현 원장은 수석팀장들에게 어느 날 갑자기 BMW를 선물했다. 기껏해야 30대 중반의 미혼여성들이다. 다른 학원에 비해 급여가 높긴 했지만, 전혀 예상하지 못한 엄청난 선물이었다. 이 사건의 여파는 컸다. 우선 받은 사람들은 원장님의 기대를 어떻게 해서든 충족시켜야겠다고 결심을 했다. 나머지 사람들에게는 나도 언젠가는 저 자리에 올라 BMW를 받아야겠다고 생각하게 만들었다.

4가지 인간 유형에 따른 4가지 동기부여

한국 쇼트트랙을 세계 최강으로 이끈 전명규 감독은 선수들 각각에 맞는 방법을 쓰는 감독으로 유명하다. 그는 선수의 특성 파악을 위해 노력한다. 일기를 쓰게 하고, 말로 할 것과 글로 할 것을 구분한다. 이런 식이다. 전미경은 노력파이기 때문에 여건 조성에 힘을 쓴다. 분위기가 되면 알아서 하기 때문이다. 김동성은 파이팅이 좋기 때문에 자신감 불어넣기에 주력한다.

케네스 토머스 미국 해군대학원 교수는 사람을 4가지 유형으로 구분하여 거기에 맞게 동기부여를 해야 한다고 주장한다.

첫째, 선택받고 싶어 하는 사람이다. 이들에게는 과감한 권한 이양, 정확한 목표 제시가 중요하다. '자네만을 믿네' 같은 말을 하여 깊은 신뢰를 보내야 한다. 실수는 솔직하게 인정하고, 확실한 정보를 주어야 한다.

둘째, 의미를 찾는 사람이다. 이들은 가치 지향적인 인물이다. 자신이 하는 일이 가치가 있는지를 가장 중요하게 생각한다. 이들을 위해서는 우호적인 분위기를 만들어야 한다. 당사자의 열정을 이해하고, 비전을 정교하게 다듬고 잘 전달해야 한다. 의미 있는 업무를 주어야 한다. 조각 난 일보다는 전체 업무를 주거나, 당신의 업무가 전체에서 어떤 비중을 차지하고 어떤 의미가 있는지를 명확하게 알려주어야 한다.

셋째, 자신의 역량에 민감한 사람이다. 뭔가 자신이 나아지고 있다는 사실에 큰 가치를 두는 사람들이다. 연구소에 근무하는 연구원들 중에는 이런 성향의 사람들이 많다. 월급이 적은 것은 참을 수 있지만 자신의 전공에서 밀린다는 사실은 못 견뎌 한다. 이들에게는 지식과 스킬을 연마할 기회를 제공하는 것이 중요하다. 능력을 인정하는 피드백을 주고 스킬을 인정해야 한다. 무엇보다 적당한 수준의 도전거리를 주어 이들을 자극해야 한다. 그래서 스스로 자신이 나아지고 있다는 사실을 알게 해야 한다.

넷째, 성취 지향적인 사람이다. 자신의 커리어에 민감한 사람들이다. 지금 하는 일이 미래 자신의 커리어에 도움이 되느냐 아니냐가 중요한 사람이다. 이들에게는 지금의 일이 어떤 형태로 도움이 되는지를 설명할 수 있어야 한다. 주기적으로 그들의 성취를 축하해야 한다. 고객에게 직접 접근하게 하고 성과를 측정해주어야 한다.

데이비드 맥클란 하버드대 교수는 사람을 성취 지향형, 관계 지향형, 권력 지향형으로 구분했다. 어떤 사람을 의미하는지 머리에 그려질 것이다. 관계 지향적인 사람에게는 진급보다는 자기하고 맞는 사람과 일하게 하는 게 좋다. 도전적인 일보다는 조화를 이루는 일에 적합하다. 성취 지향적인 사람에게는 힘들고 도전적인 일을 주는 것이 중요하다.

무엇보다 중요한 것은 모든 사람은 다르고, 그렇기 때문에 각자에게 맞는 방법을 써야 한다는 사실이다. 그렇게 하기 위해서는 다음 질문을 던져보아야 한다.

> 그가 해야 할 일과 해서는 안 되는 일은 무엇일까?
> 그에게 잘 맞는 역할은 무엇일까?
> 맡기면 안 되는 역할은 무엇일까?
> 어떤 식으로 목표를 주는 것이 효과적일까?
> 어떤 식으로 격려하고 보상하는 것이 효과적일까?

모든 사람을 소중한 인격체로

사람은 자기를 알아주는 사람을 위해 목숨을 바친다. 사람은 존중받고 있다고 느낄 때 충성하게 된다. 동기부여에서 중요한 것은 존중심이다.

메리케이 회장이자 핑크 캐딜락으로 유명한 메리 케이 애시는 대통령 주재 백악관 리셉션에 참석해달라는 초청을 받았다. 보통 사람에게 일생에 한 번 올까 말까 한 기회다. 하지만 그녀는 이를 정중히 거절했다. 신입 컨설턴트들과의 선약 때문이다. 그들과의 선약이 대통령을 만나는 것보다 더 중요하다고 믿었기 때문이다. 리셉션 초청 당시 그는 사업차 워싱턴에 있었음에도 불구하고 신입사원 미팅에 참석하기 위해 댈러스로 달려갔다.

반대의 경우도 많다. 임원들을 불러놓고 나타나지 않는 사장을 본 적이 있다. 직원들과의 회의 중에 별로 중요하지도 않은 전화를 태연하게 받는 상사도 있다. 별것 아닌 것 같아 보이지만 사람들은 이런 생각을 하게 된다. '우리는 전화 건 사람보다 못한 존재구먼. 정말 아무것도 아닌 사람들이야.'

최악의 가정은 존중심이 없는 가정이다. 아내는 남편을 무시하고, 남편 또한 아내를 무시한다. 부모는 자녀를 우습게 보고, 자녀는 부모 알기를 손톱에 낀 때처럼 생각한다. 그야말로 콩가루 집안이다. 조직도 그렇다. 상사는 직원 욕을 하고, 직원은 상사를 사람 취급하지 않는다. 동료 간에도 신뢰하지 않고, 무슨 말을 해도 믿지 않는다. 이런 조직은 유지될 수 없다. 당신 조직은 어떤가?

- ☐ 진정으로 상사에 의해 동기부여되었던 사례가 있는가? 왜 그랬는가?
- ☐ 나름대로 동기부여를 위해 뭔가를 했는데 실패한 사례가 있는가? 왜 실패했다고 생각하는가?
- ☐ 불규칙성에 대해 어떻게 생각하는가?
- ☐ 케네스 토머스의 4가지 유형 중 당신은 어디에 속하는가?

5초간 기뻐하고 5시간 반성하라

리더는 구성원들에게 동기를 부여하는 주체다. 하지만 자극을 주고 영감을 불어넣기란 결코 쉽지 않다. 동기부여를 위해 리더는 무엇을, 어떻게 해야 할까?

자신의 동기부여에 필요한 질문들

밥맛이 없다가도 옆 사람이 맛있게 먹으면 따라서 맛있게 먹는 경우가 있다. 운동도 그렇다. 집에서 운동하는 것보다는 사람들이 모인 헬스장에서 하는 것이 효과적이다. 그만큼 사람들은 다른 사람의 영향을 받는다. 특히 동기부여는 그렇다. 부하직원을 동기부여하려면 상사가 먼저 동기부여되어 있어야 한다. 삶에 만족하고, 일을 좋아하고, 늘 씩씩한 목소리로 대화를 주고받아야 한다.

동기부여는 전염된다. 자신은 터덜터덜 걸으면서 직원들이 힘차게 걷기를 기대할 수는 없다. 이를 위해서는 리더 스스로 자기가 하는 일에 의미와 재미를 느낄 수 있어야 한다. 그 느낌을 직원들과 주고받아야 한다. "우선 다른 사람의 마음에 열렬한 욕구를 불러일으켜라. 이것을 할 수 있는 사람은 전 세계를 얻을 수 있고, 그렇지 못한 사람은 외로운 길을 걸을 것이다." 미국 심리학자 해리 오버스트리트의 말이다.

자신을 동기부여하기 위해서는 다음의 질문을 던져보아야 한다.

> 내 업무에서 가장 만족스러운 부분은 무엇인가?
> 어떤 종류의 과제를 좋아하는가?
> 내가 못 견뎌 하는 일은 어떤 것인가? 왜 그럴까?
> 내가 이상적으로 생각하는 경우는?
> 가장 힘이 빠지는 상황은?
> 미래에 하고 싶은 일은? 그 일의 어떤 부분이 맘에 드는가?

내 경우에는 규격화된 일, 루틴한 일, 누군가를 기다리는 일, 내 의견이 반영되지 않고 남의 의견에 쫓아가는 일을 싫어한다. 변화가 있는 환경을 좋아한다. 다양한 고객, 장소, 프로젝트를 좋아한다. 힘들어도 그 과정에서 무언가 배우는 것을 좋아한다. 배운 것을 정리하여 글로 쓰고, 남 앞에서 그 결과물로 강의하고 피드백을 듣는 것을 좋아한다.

먼저 욕구를 파악하라

사람은 자신이 하고 싶은 일을 할 때 신이 난다. 하기 싫은 일을 억지로 하면 효과가 나지 않는다. 그렇기 때문에 동기부여에서 가장 중요한 일은 사람의 욕구를 파악하는 일이다. 데일 카네기의 말을 음미해보자.

"사람들로 하여금 어떤 일을 하게끔 만드는 단 하나의 방법은 그 일에 다른 사람의 욕구를 불러일으키는 것이다. 소리 치고, 위협하고, 때리는 방법으로 당신이 원하는 것을 시킬 수는 있지만, 이런 원시적인 방법은 단기적으로만 작동될 뿐 아니라 심한 반발을 불러온다.

사람들이 진정으로 원하는 것은 무엇일까? 사람들은 많은 것을 원하지 않는다. 건강과 장수, 음식, 수면, 돈과 돈으로 살 수 있는 물건들, 미래의 삶, 성적인 만족, 자녀들의 행복, 존경을 원한다. 그중에서 위대해지고 싶은 욕구, 중요한 사람으로 대접받고 싶은 욕구는 우리가 쉽게 간과하는 인간의 본능이다. 가치 있고 중요한 목표를 위해서 일한다는 느낌과 의미를 사람들에게 부여하는 일이 중요하다. 이런 것을 충족시키면 진정으로 동기가 부여된다.

사람들을 인정하고 참여시키고 격려하라. 그들을 훈련시키고 의견을 묻고, 칭찬하라. 그들 자신이 결정하게 하라. 그들과 함께 영광을 나누어라. 그들의 충고를 구하고 받아들일 수 있는 것은 받아들여라. 그들이 얼마나 소중한지를 인식시키고, 위험을 무릅쓰라고 격려하라. 그들이 스스로 일할 수 있도록 자유를 주고 그들의 능력에 대한 당신의 믿음을 전하라."

상대의 니즈를 파악하기 위해서는 그들에게 물어보고 관찰해야 한다.

지금 하는 일이 좋은지, 혹시 다른 일을 하고 싶은지, 일하는 데 어떤 애로사항이 있는지, 어떤 부분을 해결해주기를 원하는지… 상사 앞에서 솔직한 이야기를 하지 못하는 경우도 있기 때문에 다른 경로를 통해서도 체크해야 한다. 중요한 점은 그들의 솔직한 의견을 듣는 것이다.

다른 사람을 움직일 수 있는 유일한 방법은 그가 원하는 것에 관해 이야기하고, 어떻게 하면 그것을 얻을 수 있는지를 보여주는 것이다. "네가 진정 원하는 것을 알아내면 쓸데없이 나비를 쫓지 않고 금을 찾게끔 노력하게 될 것"이라는 미국 심리학자 윌리엄 몰턴 마스턴의 말처럼 말이다.

적당한 긴장감을 부여하라

잘해주고 분위기가 좋다고 사기가 올라가는 것은 아니다. 중요한 것은 건강한 긴장감을 유지하는 것이다. 긴장감은 적절한 목표가 있을 때 생겨난다. 그런 면에서 리더는 계속해서 부하직원을 자극하고 적당한 긴장감을 갖게 하는 사람이다. 중요한 것은 목표에 대해 동의를 얻어내는 일이다. 목표가 너무 과중하면 좌절하고 포기한다. 반대로 목표가 너무 느슨하면 권태를 느낀다. 에너지는 역량과 목표 사이에 적당한 긴장감이 있을 때 생겨난다.

델컴퓨터의 마이클 델은 이런 면에 능한 사람이다. 그는 늘 '5초간 기뻐하고 5시간 반성하라'고 주장한다. 자기만족을 경영의 최대 적으로 간주한다. 엄청난 판매실적을 거둔 직원들에게도 칭찬은 짧게 하는 대신, 향후 더 나은 판매방법을 찾아보라고 독려한다. 이 같은 분위기가 전 사업부문으로 확산되면서 '5초간 승리를 기뻐한 뒤, 무엇을 더 잘할 수 있었는지 5시간 반성하라'는 슬로건까지 생겼다. 인터넷 직접판매라는 독특한 사업모델 외에 긴장을 결코 늦추지 않는 '압력솥 기업문화'가 델의 또 다른 경쟁력이다.

"정신적 건강은 어느 정도의 긴장 속에서 얻어진다. 우리가 이미 성취한 것과 앞으로 성취하고자 하는 것 사이의 간격, 지금의 나와 앞으로 되고자 하는 나 사이의 간격이 빚어내는 긴장 속에서 정신은 성장한다. 우리에게 필요한 것은 아무런 긴장도 없는 안락한 상태가 아니라 스스로 선택한 가치 있는 목적을 위해 애쓰고 노력하는 것이다." 오스트리아의 정신과의사 빅터 프랭클의 말이다.

긍정적인 피드백을 주어라

잘하는 것은 잘한다고, 못하는 것은 못한다고 이야기하는 것이 피드백이다. 사람은 피드백에 의해 변화할 수 있다. 최고의 리더는 피드백을 통해 부하직원을 성장시키는 사람이다.

프로축구 제주 유나이티드는 2009년 꼴찌에서 2010년 2위로 급상승했다. 비결은 긍정적인 피드백이었다. 박경훈 감독은 이렇게 말한다.

"저는 선수들의 실수 장면보다는 멋진 장면을 자주 보여줍니다. 그리고 기를 불어넣지요. 실수 장면을 자꾸 보여주면 자기도 모르는 사이에 또 다른 실수를 합니다. 효과가 없지요. 그보다는 잘했다는 이야기를 자꾸 해주는 것이 낫습니다."

건강한 피드백, 긍정적인 피드백이 동기부여의 좋은 방법이다. 사람들은 자신이 나아지고 있다는 사실에 쾌감을 느끼고 더욱 잘하려고 노력하게 된다. 리더는 피드백의 달인이 되어야 한다.

체크리스트

- ☐ 위의 동기부여 방법 중 공감한 사례가 있는가?
- ☐ 나 자신은 동기부여가 되어 있는가? 그렇지 않다면 어떻게 할 것인가?
- ☐ 직원 중 태생적으로 느슨한 사람이 있는가? 어떻게 자극할 것인가?
- ☐ 긍정적인 피드백을 주기 위해 무엇을 할 것인가?

9장 한가함을 즐겨라
리더십의 완성 '임파워먼트'

직함은 상무, 업무는 대리

박 전무는 깐깐하기로 소문난 사람이다. 또한 호불호가 뚜렷해서, 그의 눈에 들면 문제가 없지만 그렇지 못하면 두고두고 애를 먹는다. 눈에 든 사람들은 그의 논리성과 꼼꼼함을 칭찬하지만, 찍힌 사람들은 그 사람 이야기만 나오면 진저리를 친다. 그가 다른 곳으로 인사발령이 나자 찍혔던 사람들이 크게 기뻐하며 파티를 열고 그에게 구박받던 무용담(?)을 신나게 이야기한다. "결재를 받으러 들어가도 앉으라는 말조차 하질 않아요. 저는 2시간 동안 그냥 서서 야단맞은 적이 있어요. 하도 머릿속이 하얘져서 답변을 못하겠더라고요. 아주 좋은 아이디어라고 생각하고 있었는데, 그가 몰아세우니까 내가 큰 잘못을 저지르고 있는 기분이 들더군요. 사람의 기를 꺾는 데 타고난 재능이 있는 것 같아요."

김 상무는 사내에서 치밀하면서도 의사결정이 느리기로 유명하다. 사원들은 그를 김 대리라고 부른다. 부장, 이사를 통과한 결재서류도 토씨 하나까지 살펴보고 틀린 점을 발견하는 예리함(?)을 보여 부하직원의 탄성을 자아낸다. 해외출장 결재는 가는 시간, 오는 시간, 현지 일정을 시간대별로 체크하면서 하루라도 줄여야 직성이 풀린다. 6일이면 될 텐데 왜 8일을 가느냐, 일요일에 출발해도 되는데 왜 근무하는 월요일에 떠나느냐, 주말을 이용해 들어오면 되는데 왜 외국에서 주말을 낭비하느냐고 따져대니, 정작 출장 자체보다는 일정을 어떻게 합리화하느냐에 신경을 쓰게 된다.

우리 회사 사장님이 강등당했어요

대기업 고위 임원과 사장들의 별명 중에서 가장 많은 것이 '대리'다. 어느 모임에서 참석자 한 분이 "그래도 대리는 낫지요. 우리 회사 사장님 별명은 반장이었는데, 얼마 전 조장으로 강등당했습니다"라고 해서 다들 엄청 웃었던 적이 있다. 얼마나 쪼잔한 사장이 많으면 그런 농담에 많은 사람들이 공감할까? 직급에 맞는 행동을 못하고 실무자처럼 구니 그런 별명이 붙은 것이다. 대리급 사장들의 마음속에는 사람에 대한 깊은 불신이 숨어 있다. 세상에 믿을 놈 하나 없다, 잠시만 한눈팔면 회사 돈을 물 쓰듯 쓸 것이다, 쓸데없이 출장이나 가려고 한다는 생각으로 가득하다. 그러니 직원들의 일거수일투족을 확인하고 통제하려는 것이다.

전에 다니던 회사에서 임원으로 24시간 가동되는 공장의 책임을 맡은 적이 있다. 낮에는 공장장부터 모든 관리자들이 다 있고, 야간에는 최소한의 현장 감독자들만 근무한다. 모든 관리자들이 다 근무하는 주간에 생산성이 높을 것 같지만 오히려 야간에 생산성이 더 높다. 현장 감독자에게 이유를 물어보니 이렇게 이야기한다.

"야간 근무시간에는 물어볼 사람도, 도움받을 사람도 없습니다. 간섭하고 잔소리하는 사람도 없지요. 책임감은 크지만 소신껏 결정하고 신속하게 움직입니다. 머리도 맑고 일하는 맛은 더 좋지요."

극단적인 통제는 조직의 에너지를 빼앗는다. 무조건적 방임 또한 조직의 활력을 떨어뜨린다. 그것의 대안이 바로 '임파워먼트empowerment'다. 단순한 권한이양과는 다르다. 임파워먼트는 말 그대로 조직에 힘power을 공급하는 것이다. 박 전무나 김 상무 같은 사람 앞에서는 그 누구도 창의적인 생각을 할 수 없다. 하라는 대로만 하는 로봇 같은 인간이 된다.

상사가 자신의 잣대를 가지고 사람을 일정한 틀에 끼워 맞추려 하는 것은 한계가 있다. 임파워먼트는 방향을 설정하고 일정한 가이드라인을 제시한 상태에서 나머지는 부하직원에게 맡기는 것이다.

□ 어떤 일을 임파워먼트할 것인가?
□ 그 일을 임파워먼트하기에 최적의 인물은 누구인가?
□ 임파워먼트의 수준을 어떻게 정할 것인가?

위임하면 더 강해진다

리더가 임파워먼트를 중시해야 하는 이유는 분명하다. 임파워먼트를 통해서 더 중요한 일을 하기 위한 여건을 조성함은 물론, 조직을 강하고 지속가능하게 만들 수 있기 때문이다. 좀 더 자세히 알아보자.

첫째, 시간 확보가 가능하다. 현대에 가장 귀한 자원은 시간이다. 직급이 올라갈수록 시간 부족에 시달린다. 돈은 있어도 시간이 부족해 할 일을 제대로 못한다. 임파워먼트의 가장 큰 이유는 자신이 정말로 해야 할 일을 하기 위해서다. 그러기 위해서는 하지 않아도 될 일, 아랫사람이 할 수 있는 일, 외부업체가 더 잘하는 일을 과감하게 넘겨야 한다.

세종이 한글 창제라는 역사적 프로젝트를 성공시킬 수 있었던 것은 임파워먼트를 제대로 했기 때문이다. 그는 통치 말기 왕권의 많은 부분을 의정부에 이양함으로써 한글 창제에 몰두할 수 있었다.

둘째, 부하직원 육성을 위해서다. 사람을 키우는 최선의 방법은, 배울 기회를 제공하는 것이다. 그것은 과감한 임파워먼트를 통해서만 가능하다. 만약 상사가 모든 일을 움켜쥐고 부하직원에게는 자잘한 일만 준다면 그 부하직원은 성장하기 어려울 것이다. 그런 면에서 카리스마가 너무 강해 모든 일을 혼자서 좌지우지하는 상사 밑에서는 부하직원이 크기 어렵다. 아버지가 너무 강한 집안의 아들들이 힘을 못 쓰는 이유도 마찬가지다.

GE에서는 2,500만 달러 이하의 사업은 본부장 선에서 모든 것이 결정된다. 적은 돈이 아니지만 이런 과정을 거치면서 본부장은 성장한다.

"나는 무대에서 인생의 모든 것을 배웠다. 막이 오르면 연기는 배우에게 맡겨야 한다. 그렇지 않으면 배우는 성장하지 못하고, 배우가 성장하지 못하면 연극은 망한다. 기업도 마찬가지다. 막이 오르면 경영자는 사원이라는 배우에게 모든 걸 맡겨야 한다. 사원 스스로 감동하여 열심히 하지 않으면 기업은 성장하지 못한다." 야마다 아키오 미라이공업 대표의 말이다. 경영이란 사람을 제대로 채용해 그에 걸맞은 일을 주는 것이고, 그 근본이 임파워먼트다. 그런 과정을 통해 직원들이 성장한다.

셋째, 현명한 의사결정을 위해서다. 현명한 의사결정을 위해 리더는 혼자만의 시간을 가져야 한다. 영국의 윈스턴 처칠 총리는 시간이 나면 방음장치가 된 자기 방에 홀로 있기를 좋아했고, 프랑스의 샤를 드골 대통령은 집무실에 들어가면 전화기가 울리지 못하도록 했다. 퇴근 후에도 급한 일이 아니면 연락을 하지 못하게 했다. 침묵을 통해 자신을 되돌아보는 시간을 가졌던 것이다.

열심히 활동하기 위해서는 충분히 쉬어야 한다. 촌철살인의 이야기를 하기 위해서는 침묵하면서 생각해야 한다. 현명한 결정을 내리기 위해서 리더는 임파워먼트하고 숙고의 시간을 보내야 한다.

자네를 믿지 못하면 누굴 믿겠어?

넷째, 동기부여가 된다. 부하를 믿고 모든 것을 맡겨주는 상사와 일한 적이 있다. 한번은 결재를 올렸는데, 그분이 보지도 않고 서명을 했다. 액수가 크니 살펴보시라고 하자 "한 박사가 했는데 볼 것 뭐 있어. 한 박사를 믿지 못하면 누굴 믿겠어?"라고 말씀하셨다. 결재를 마치고 나오면서 나는 속으로 '저런 분을 위해서라면 목숨이라도 바칠 수 있겠다'는 생각이 들었다. 반면 나를 믿지 못하고 미주알고주알 따지는 상사 밑에서는 늘 기분이 나빴다. 신이 나지 않았다.

"임파워먼트는 지시만 기다리던 사람을 생각하는 사람으로 변화시킨다. 자율성이 강한 조직은 4배의 생산성을 낼 수 있다. 관리는 순종 위에 있고 리더십은 임파워먼트 위에 있다." 김재우 방송문화진흥회 이사장의 말이다.

다섯째, 강하고 빠르고 응집력 있는 조직을 만들 수 있다. 사람들은 자신이 결정할 수 있을 때 몰입하고, 책임도 기쁜 마음으로 지려고 한다. 반대로 자기는 그렇게 생각하지 않지만 상사가 시켜서 일을 할 때는 빠져나갈 구멍만 생각한다. 일이 되게끔 하는 것보다 일이 되지 않았을 때 어떻게 면피할지에만 골몰한다. 독재가 위험한 이유도 그래서다. 독재자가 모든 정보와 권력을 독점하다 보니 다른 사람들은 모두가 꼭두각시로 변해

버린다. 그러다 독재자가 사라지면 콩가루 집안이 된다. 요시프 티토 대통령 사후의 유고만 봐도 이를 알 수 있다. 북한이 위험한 것도 김정일 한 사람에게 모든 권한이 집중되어 있기 때문이다. 임파워먼트를 해야 자율적이고 독립적이고 빠른 조직을 만들 수 있다.

"솔직히 기분이 좋아서가 아니라 직원의 재능을 자유롭게 펼치도록 하는 것이 사업의 성공에 밀접한 관계가 있다고 생각하기 때문에 권한을 위임한다. 무한경쟁시대에 기업이 변화에 재빨리 반응하려면 고객과 가까이 있는 사람들의 손에 책임, 권한, 정보를 주는 것은 당연하다"는 리바이스의 로버트 하스 회장의 말은 솔직하고도 타당한 고백이다.

체크리스트

- □ 나는 임파워먼트를 잘하는가? 직원들도 동의하는가?
- □ 임파워먼트를 하는 이유 중 동의하는 것과 그렇지 않은 것은?
- □ 나만의 임파워먼트 철학이 있는가?
- □ 주변 사람 중 임파워먼트를 잘해서 성공한 사람과 그렇지 않은 사람이 있는가?

다들 좋다는데 왜 안 될까?

임파워먼트라는 단어를 모르는 관리자는 없다. 그 중요성을 모르는 리더도 없다. 그런데 임파워먼트를 제대로 하는 관리자를 발견하기 어렵다. 왜 그럴까?

리더가 직원들을 믿지 못하기 때문이다. 세상에 나보다 이 일을 더 잘할 사람은 없다고 생각하는 교만 때문이다. 사소한 것까지 모두 챙겨야 안심이 된다. 기안이 올라오면 기초 자료부터 모두 확인해야 직성이 풀린다. 그러니 일이 몰리고 혼자 바쁘다. 마치 홍길동 같다. 동에서 번쩍 서에서 번쩍한다. 대신 나머지 직원들은 한가하다. 직원들은 관리자가 고군분투하는 모습을 고소하게 바라본다. 속으로 이렇게 생각한다. '똑똑한 우리 상사 참 애쓰시는구먼. 잘해보세요. 우리야 시키는 일만 하면 되지.'

파워를 즐기는 리더도 임파워먼트를 하지 못한다. 임파워먼트를 하고 나면 뒷방 늙은이처럼 할 일이 없어 혼자 있게 될까봐 불안하기 때문이다. 그에게 정말 중요한 것은 조직의 성공이 아니다. 자기가 스포트라이트를 받는 것이 훨씬 중요하다. 그야말로 파워에 중독된 상태다. 그래서 일은 주되 권한은 주지 않는다.

저명한 조직경영 컨설턴트 수전 헤스필드는 임파워먼트의 실패 이유를 다음과 같이 10가지로 정리했다.

임파워먼트에 실패하는 10가지 이유

- 늘 의심하고 확인한다. 그러니 자기 일을 절대 넘겨주지 않는다. 넘겨받은 사람도 이 사실을 알고 있다. 그렇기 때문에 일을 받아도 제대로 실행하지 않는다. 늘 윗사람 눈치를 보고 그에게 기대려 한다.
- 임파워먼트를 왜 해야 하는지 모른다. 임파워먼트가 왜 중요한지, 이를 실행했을 때 나와 조직에 어떤 효용성이 있는지를 절감하지 못한다. 당연히 겉치레로 일을 한다.
- 범위를 설정하지 못한다. 일을 너무 큰 덩어리로 주면 실패할 가능성이 높다. 음식물도 덩어리가 크면 씹기도 삼키기도 힘들다. 먹는다 해도 체할 가능성이 높다. 일도 그렇다. 준비되지 않은 선수에게 너무 큰 프로젝트를 맡기게 되면 제대로 소화 못할 가능성이 높다. 이럴 때일수록 잘게 쪼개고 범위를 나누어 넘겨주어야 한다. 일단 여기까지 하고 일의 성과를 봐서 그다음 단계로 넘어가자고 말해주면 넘겨주는 사람도 받는 사람도 부담 없이 일에 몰입할 수 있다.

- 세세한 간섭을 함으로써 일을 망친다. 간섭이라는 단어는 임파워먼트의 키워드 가운데 하나다. 간섭할 것인가 말 것인가, 한다면 어디까지 할 것인가, 어떤 방법으로 간섭을 할 것인가가 중요한 조건이다. 너무 많이 해도 안 되고 그렇다고 방치해도 안 되고…. 그런 면에서 임파워먼트는 과학이라기보다 예술에 가깝다. 하지만 일정 부분 간섭을 자제하는 것이 중요하다. "선장은 피가 나올 때까지 혀를 깨문다." 미국 해군사관학교에 써 있는 말이다. 리더의 이상적인 모습은 맡겼으면 간섭하지 않는 것이다. 경영이란 위임에 대한 내면의 고통과 남모르게 싸우는 과정이다. 부하의 시행착오를 참지 못하면 본인은 물론 부하와 조직도 성장하지 못한다

- 딴소리를 하고 비판한다. 이런 리더들이 제법 있다. 분명히 일을 하라고 지시를 하고 권한까지 주었는데, 일이 잘못되자 안면을 싹 바꾸는 것이다. 왜 맘대로 일을 하느냐, 왜 사전에 보고를 하지 않았느냐며 따지는 것이다. 임파워먼트는 일은 맡기되 책임은 끝까지 지는 것을 의미한다. 나는 당신에게 일을 맡겼으니 책임도 자네가 져야 한다는 태도는 곤란하다. 이런 오리발형 리더는 리더로서의 자격이 없다.

- 기회가 없다.

- 학습의 기회를 주지 않는다. 모든 일은 한 번에 이루어지지 않는다. 사람들은 실패와 시행착오를 반복하면서 배운다. 임파워먼트는 시행착오를 전제로 한다. 관리자는 늘 그 일을 하던 사람이다. 일을 넘겨받은 사람은 그 일이 처음이다. 당연히 헤매고 실수를 반복한다. 하지만 그런 기회를 통해 배울 수 있는 것이다. 세상에 한 번도 넘어지지 않고 자전거를 배우는 사람이 있을까? 물 한 번 먹지 않고 수영을 배운 사람이 있을까? 임파워먼트는 바꾸어 말하면 기회 제공이다. 실패할 기회, 학습 기회를 제공하는 것이다.

넘어질 기회도 주지 않고 단번에 자신의 일을 넘겨받는 것을 기대한다면, 그 사람은 너무 세상을 모르는 것이다.

- 수수방관한다. 심한 간섭은 물론, 수수방관 역시 피해야 한다. 임파워먼트를 하는 사람은 맡긴 사람을 관찰하고 그 사람이 원하거나 힘들어 할 때 도와줄 의무가 있다. 시간을 투자하고 자신의 전문성으로 그를 도와야 한다. "나는 이미 자네에게 일을 넘겼으니 죽이 되든 밥이 되든 자네가 알아서 해야지"라며 냉정하게 자르면 위험해진다.

- 장애요소를 없애지 않고 지원하지 않는다. 신규사업을 하라고 하면서 사람도 돈도 주지 않고 출장도 허락하지 않는다면 어떻게 될까? 수익을 한 푼도 창출하지 못하는 신규사업을 맡기고 첫 분기부터 돈을 벌어오라고 하면 어떻게 될까? 있을 수 없는 일이다. 무슨 일에나 장애요소가 있고 애로사항이 있는 법이다. 하고 있던 사람에게도 버거운 일인데, 새롭게 일을 맡은 사람에게 이런 것까지 해결하라고 요구하는 것은 무리다. 사전에 장애요소를 제거해주어야 한다. 모든 지원을 아끼지 말아야 한다. 그래야 성공할 수 있다.

- 보상과 격려가 없다. 일이 힘들어도 이 일이 제대로 되었을 때 내게 돌아오는 게 있다면 일이 고달파도 참을 수 있다. 하지만 고생은 고생대로 하고 돌아오는 것이 비난뿐이라면 그런 일을 견딜 위인은 없다. 그렇기 때문에 끊임없는 격려와 명확한 보상이 필요하다. 보상은 꼭 금전적인 것이 아니어도 좋다. 이 프로젝트를 통해 '영양가' 있는 사람을 알게 되는 것, 새로운 분야의 전문성을 확보하는 것, 회사 내에서 영향력이 커지는 것도 다 보상이 될 수 있다. 중요한 것은 사전에 보상과 격려에 대해 서로 이야기를 나누는 것이다.

임파워먼트는 이처럼 어렵다. 리더들이 실패하는 경우가 많은 데에는 다 까닭이 있다. 어떻게 하면 어려움을 딛고 임파워먼트에 성공할 수 있을까?

임파워먼트에 성공하려면…

제일 먼저, 한가함을 견뎌낼 수 있어야 한다. 인간의 비극은 쓸데없이 너무 돌아다니고, 참견하고, 나서고, 말하기 때문에 생긴다. 누군가에게 끊임없이 전화하는 사람을 본 적이 있다. 도대체 어디에 저렇게 전화를 해대는 것일까? 혼자 있는 것에 익숙하지 않은 사람이다. 심심하면 소외당하고 있다고 여긴다. 남들과 잘 어울리기 위해서는 혼자서도 잘 놀 수 있어야 한다. 심심함을 견디지 못하면 비극이 올 수 있다.

성공적인 임파워먼트가 되기 위해서는 받는 사람의 입장에서 생각해야 한다. 여러 회사를 다니면서 문제점이 무엇이냐는 질문을 해보면 빠지지 않고 등장하는 답변이 몇 가지 있다. 부서 간 협조가 되지 않는다, 커뮤니케이션이 이루어지지 않는다, 임파워먼트를 하지 않는다 등이 그것이다. 그러나 윗사람과 아랫사람 이야기는 전혀 다르다. 윗사람은 임파워먼트를 다 했다고 주장한다. 얼마 이상 결재권한도 주었고, 인사권도 주었고, 무엇무엇도 주어서 사실 자신이 할 일이 별로 없다고 이야기한다. 하지만 아랫사람은 일만 받았지 권한은 전혀 받지 못했다고 한다. 한마디로 임파워먼트가 실패한 것이다.

임파워먼트의 성공 여부는 상사가 판단할 일이 아니다. 받는 사람이 인정해야 비로소 성공한 것이다. 세상만사가 다 그렇다. 사랑도 그렇고 커뮤니케이션도 그렇다. 내가 상대를 사랑한다고 백날 이야기하기보다 상대가 사랑받는다고 느껴야 그게 진짜 사랑이다. 내가 어떤 말을 했다는 사실이 중요한 것이 아니라 상대가 제대로 받아들여야 비로소 커뮤니케이션이 이루어지는 것이다. 임파워먼트에 대해서 당신의 직원은 뭐라고 할 것 같은가?

마지막으로, 리더에게 자신감이 있어야 한다. 부하직원이 내 자리를 넘본다는 생각을 하면 절대 임파워먼트를 할 수 없다. 부하에 대한 애정도 있어야 한다. 부하가 일 잘하는 것이 곧 내 성과라고 생각해야 한다. 자신의 공을 부하직원에게 넘길 아량이 있어야 한다. 또한 내가 할 역할과 부하직원의 역할에 대해 끊임없이 커뮤니케이션할 수 있어야 한다.

직급이 높을수록 임파워먼트의 중요성은 커진다. 만약 영향력이 큰 사람이 모든 일을 자기가 해야 한다고 생각한다면, 자신이 없으면 조직은 죽는다고 생각한다면 임파워먼트는 일어나지 않는다. 그런 조직은 꽉 막힌 조직이 된다. 임파워먼트는 리더십의 핵심이다.

체크리스트

☐ 임파워먼트가 실패하는 것을 본 적이 있는가?
☐ 왜 그랬다고 생각하는가?
☐ 만약 임파워먼트를 해야 한다면 그 이유는 무엇인가?
☐ 임파워먼트가 필요 없다고 생각한다면 그 이유는 무엇인가?

제일 먼저, 리더부터 할 일을 정하라

　모든 것이 중요한 사람에게는 정작 중요한 것이 없다. 모든 일에 나서는 사람은 아무것도 하지 않는 사람일 경우가 많다. 사람들은 번잡한 사람을 신뢰하지 않는다. 그런 사람은 생각하지 않고 행동할 가능성이 높기 때문이다. '저렇게 싸돌아다니고, 약방의 감초처럼 온갖 참견을 다 하는 사람이 언제 책을 읽고, 언제 사람들 이야기를 듣고, 언제 자기 생각을 정리할 시간이 있을까?'라고 생각한다. 그저 유명세를 빌어 여기저기 얼굴 내밀고 사람들이 자신을 떠받드는 데 중독되어 있다고 생각한다.
　한 정신과의사는 어느 재벌의 몰락 이유를 총수의 번잡함에서 찾았다. 전혀 쉬지 않고 혼자만의 시간 갖기를 두려워한 결과 그렇게 되었다는 말이다. 그렇게 정신없이 살다 보니 정확한 의사결정을 할 수 없었다는 것이다.

바쁘다는 것은 결코 자랑이 아니다. 스스로 리더 자격이 없다고 광고하고 다니는 것이다. 임파워먼트는 내 사전에 없다고 천명하는 격이다. 이런 사람들이 가장 먼저 배우고 깨달아야 할 것은 일의 우선순위에 관한 것이다. 우선순위를 알면 수많은 일이 정리되고, 자신이 할 일과 위임할 일을 분간할 수 있다.

제대로 된 임파워먼트를 위해 리더가 알아야 할 프로세스를 소개한다.

리더가 알아야 할 임파워먼트 프로세스

우선순위 결정 능력은 리더의 가장 중요한 덕목이다. 남덕우 전 부총리는 우선순위를 중요하게 여겼던 박정희 전 대통령에 대해 이렇게 평가했다.

"어떻게 보면 우리나라의 경제발전 전략은 요충공격식이라고 할 수 있는데, 그럴 수밖에 없었던 거죠. 저는 지도자의 첫째 조건은 우선순위에 대한 투철한 감각이라고 생각하는데, 박정희 대통령은 그 우선순위를 확실히 갖고 있었어요. 첫째는 경제이고, 다음은 반공이다. 이것이 뚜렷했거든요. 처음부터 균형발전이다 공동분배다 해가지고는 흔히 유행했던 남미 스타일의 개발이 되어 실패했을 것입니다. 문제가 다양하고 복잡할 때는 순위를 결정하여 우선적인 과제에 대해 역량을 집중해야 합니다. 우선순위 결정은 지도자의 첫째 요건이 되는데, 박정희 대통령은 그것을 잘 지킨 분입니다."

닛산을 부활시킨 카를로스 곤 사장 역시 우선순위의 부재가 회사를 위기에 빠뜨렸다고 생각하고 우선순위를 바로잡는 데 많은 에너지를 썼다. 그의 말이다.

"닛산은 사소한 분야에서 이것저것 경비삭감을 하고 있었습니다. 임원경비에 대해서도 과감한 조치를 취했는데, 예를 들면 비즈니스클래스 사용을 금하고, 종이나 사무용품의 절약을 부르짖고, 냉난방 사용을 줄여 저녁시간에는 가동을 중지하는 조치까지 취했습니다. 이런 조치는 실제 직원에게 벌을 가하는 것과 같습니다. 난방 온도를 1도 낮춘다고 본질적인 문제가 해결되는 것은 아닙니다. 괜히 사기나 꺾는 것이지요."

임파워먼트하는 리더가 제일 먼저 할 일이 우선순위 결정이다. 이어서 리더의 역할과 부하직원의 역할을 점검하고, 각자 역할에 따른 업무를 명확히 해야 한다. 이때 주의할 점이 있다. 해야 할 일을 먼저 결정하는 것이다. 다음에 하지 말아야 할 일을 결정하라. 먼저 자기 역할을 생각하고 할 일을 결정한 다음, 하지 않아도 될 일을 정리해야 한다. 그래야 부족한 시간문제도 해소하고, 구성원들의 일에 쓸데없이 간섭해서 조직을 혼란에 빠지게 하는 어리석음을 피할 수 있다.

리더는 다음과 같은 질문을 던져보아야 한다.

> 내 일의 우선순위 3가지는 무엇인가?
> 왜 그것이 가장 중요한가?
> 부하직원들도 거기에 동의하는가?
> 우선순위에 따라 일을 하고 시간을 쓰는가?
> 해야 하는데 하지 못하고 있는 일은 무엇인가?
> 하지 말아야 하는데 하고 있는 일은 없는가?

개인별로 임파워먼트의 수준과 일을 결정한다

당신 머리 위에 사과를 올려놓았다. 10미터 떨어진 곳에서 낯선 사람이 단도를 던져 머리 위 사과를 맞추려 한다. 이를 허락하겠는가? 그럴 사람은 없다. 똑같은 상황이다. 이번에는 투수 출신의 친한 친구가 테니스공을 던져 당신 머리 위 사과를 맞추려 한다. 허락하겠는가? 나라면 허락하겠다. 왜 전자는 허락하지 않고, 후자는 허락하는가? 전자는 너무 위험하고 던지는 사람이 검증되지 않았지만, 후자는 별로 위험하지 않고 던지는 사람이 믿을 만하기 때문이다.

임파워먼트의 핵심은 임파워먼트의 수준과 업무를 결정하는 일이다. 가장 중요한 고려사항은 상대의 역량과 업무의 중요성이다. 생명을 위협할 수 있는 머리 위 사과 맞추기도 윌리엄 텔 같은 활쏘기 명인한테라면 맡길 수도 있을 것이다. 또 하나 고려할 것이 시급성이다. 비행 중 여객기 엔진 하나가 꺼졌을 때 최선의 방법은 순간적으로 기장이 결정해서 시행하는 것이다. 그의 결정에 반발하는 승객은 없을 것이다. 전문성 측면에서 기장을 따를 사람이 없고, 긴박한 상황에서 이것저것 따질 여유도 없기 때문이다.

개인별로 임파워먼트 매트릭스를 그려보는 것도 좋은 방법이다(도표 참조). 임파워먼트할 일과 사람을 매치시킬 때는 다음의 몇 가지 사항을 고려해야 한다.

> 역량이 되는가, 즉 그 일을 수행할 만한 지식과 기술을 갖고 있는가?
> 동기부여가 되어 있는가? 그 일에 대해 흥미를 갖고 있는가?

> 자신감이 있는가?

> (시간적으로나 정신적으로) 여유가 있는가?

임파워먼트 매트릭스

업무:		직원 이름			
기준	비율 (100%)				
역량(업무 수행에 필요한 지식과 기술)					
업무 수행을 위한 동기부여와 흥미					
업무 수행을 위한 자신감					
개발 기회(업무에 대한 직원의 관심·목표 정도)					
여유 (업무를 수행할 시간)					
기타 사항(필요 시)					
합계					
이 업무에 가장 적합한 직원은?					

무엇을 임파워먼트할 것인가?

내가 맡은 주요 업무	▶ 최근에 위임한 업무	▶ 위임하지 않은 업무	▶ 위임할 계획이 없는 업무

임파워먼트의 수준

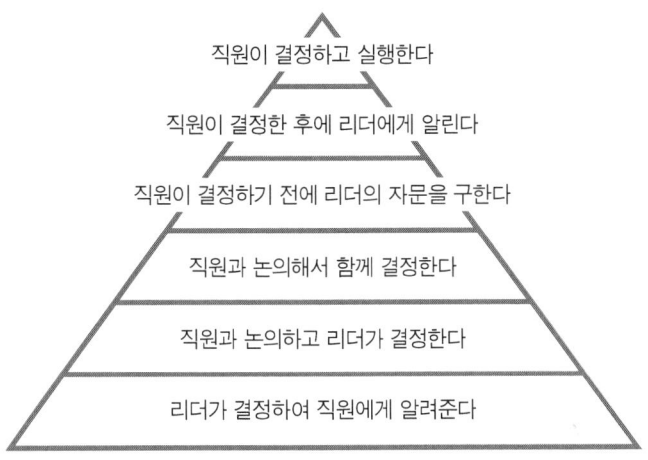

모니터링

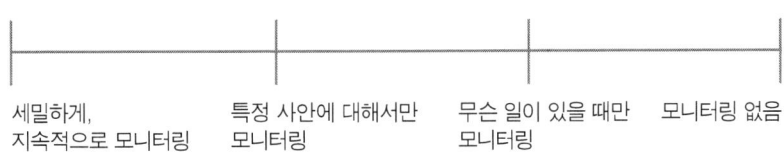

커뮤니케이션과 임파워먼트

커뮤니케이션은 임파워먼트에서도 중요하다. 그저 일을 던지듯 맡기는 것이 아니라 일에 대해 자세히 설명해야 한다. 일의 의미와 배경이 무엇인지 친절하게 알려주어야 한다. 일을 했을 때 조직과 개인에게 무엇이 돌아올지도 이야기해주어야 한다.

말로만 하기보다 '승승합의서'라는 것을 작성하면 더 효과적이다. 이것을 쓰게 되면 복잡한 사항들을 정교하게 정리함으로써 불필요한 오해를 예방할 수 있다. 프로세스를 간단하게 살펴보자.

> 목표를 분명히 한다. SMART를 기억하는가? 구체적이고Specific, 측정 가능하고Measurable, 달성 가능하고Achievable, 결과 지향적이고Result-oriented, 데드라인이 정해진Time-bound 목표여야 한다.
> 임파워먼트할 직원에게 일에 관한 정보를 주고 그를 훈련시킨다.
> 목표 달성을 위해 가능한 모든 방법에 대해 열린 태도를 갖는다.
> 일을 넘긴다.
> 직원이 급하거나 스트레스를 받는 상황에서도 결정할 수 있게끔 도와준다.
> 데드라인을 정하고 주기적으로 미팅을 갖는다.

이를 위해 승승합의서라는 계약서를 만들면 서로에게 유리한 결과를 얻을 수 있다. 승승합의서는 다음의 5가지 항목으로 이루어져 있다.

첫째, 기대성과. 서로 기대하는 성과에 대해 명확히 기술한다. 신기술 개발이 될 수도 있고, 신제품의 성공적 출시, 영업망 안정, 매출 목표 달성 등이 될 수도 있다.

둘째, 실행지침. 기대성과를 낼 때 꼭 지켜야 할 가이드라인 같은 것이다. 수단과 방법을 가리지 않는 것은 곤란하다. 성과는 내되 반드시 유념하고 지켜야 할 것들이 있다. 이런 지침을 사전에 확실하게 해야 나중에 쓸데없는 잡음이 없어진다.

셋째, 가용자원. 뭔가 일을 제대로 하기 위해서는 그 일을 제대로 할 수 있는 여건을 만들어야 한다. 예산이 얼마인지, 어떤 사람의 협조를 받을 수 있는지, 사람을 몇 명 쓸 수 있는지를 명확히 하는 것이다. 하지만 흔히 이를 명확히 하지 않는다. 그러다 나중에 왜 그렇게 돈을 많이 쓰느냐, 왜 협조를 해주지 않느냐며 서로에게 볼멘소리를 한다.

넷째, 성과 측정. 내가 일을 제대로 하고 있는지 아닌지를 언제 어떻게 평가할 것인지를 명확히 해야 한다. 매주 보고를 할지, 구두로 할지, 아니면 서면으로 할지를 정하는 것이다. 그래야 성공 여부에 대한 견해 차이를 줄일 수 있다.

다섯째, 보상수준. 이 일을 제대로 할 때 내게 돌아오는 것에 대해 명확히 해야 한다. 그래야 '헛고생을 했네', '무리한 요구를 하네' 하는 시비가 없어진다.

임파워먼트에 관한 통찰

임파워먼트를 해도 리더의 책임은 100% 남는다. 이 사실을 기억해야 한다. 일에 대한 권한은 넘기되 책임은 끝까지 지는 것이 임파워먼트다.

부서의 과업과 자신의 역할을 혼동하지 말아야 한다. 역할과 과업은 완전히 다른 개념이다. 역할은 과업을 성공적으로 수행하기 위해 마땅히 져야 할 책임과 의무를 말한다. 예를 들어 인사부서 임원의 역할은 인사에 관한 전략적 방향을 설정하고, 핵심 과업에 대한 의사결정을 하고, 장애물을 제거하는 것이다. 인재를 확보하고, 양성하고, 인사제도를 운영하는 것은 임원의 역할이 아니라 인사부서의 과업이다.

인사에 관한 것은 임파워먼트하면 안 된다. 직급이 올라갈수록 실무적인 일보다 사람에 관한 일의 비중을 늘려야 한다. 제대로 된 사람을 뽑아 제대로 된 자리에 배치하면 조직은 수월하게 돌아간다. 조직에 큰 영향을 미치는 중요한 결정, 예를 들어 기업의 인수합병, 신제품 개발에 대한 대규모 투자 등도 위임하면 안 된다.

워런 버핏 버크셔 해서웨이 회장은 자신이 해야 할 일과 하지 않아도 될 일에 대한 명확한 생각을 가지고 있었다. 그의 이야기는 우리에게 임파워먼트에 관한 통찰력을 준다.

"나는 2가지 일만 한다. 하나는 경영자를 뽑고 그를 나가지 않도록 하는 것이다. 다른 하나는 자원의 분배다. 과중한 업무는 모두 하부 경영진에게 위임한다. 퇴직 때까지 위임할 것이다. 직원이 3만 3,000명이지만 본사에서는 단지 12명만 일을 한다."

- 일에 대한 나의 우선순위는 어떠한가?
- 그 우선순위가 제대로 되었다고 생각하는가? 직원들도 동의하는가?
- 우선순위에 따라 일을 하는가? 아니면 따로 노는가?
- 우선순위에 따라 일을 한다는 증거는 무엇인가?